U0772487

· 大家读马克思 ·

写给马克思的信

【德】海尔曼·艾韦贝克 等　著

本书编译组　编

中央编译出版社
Central Compilation & Translation Press

图书在版编目（CIP）数据

写给马克思的信／（德）海尔曼·艾韦贝克等著；
本书编译组编. —北京：中央编译出版社，2024.4
ISBN 978-7-5117-4334-3

Ⅰ. ①写… Ⅱ. ①海… ②本… Ⅲ. ①国际共产主义
运动-史料-1844-1873 Ⅳ. ①D11

中国版本图书馆 CIP 数据核字（2022）第 258367 号

写给马克思的信

选题策划	张远航	
责任编辑	郑永杰　宋　妍	
责任印制	李　颖	
出版发行	中央编译出版社	
网　　址	www. cctpcm. com	
地　　址	北京市海淀区北四环西路 69 号（100080）	
电　　话	（010）55627391（总编室）　（010）55627319（编辑室）	
	（010）55627320（发行部）　（010）55627377（新技术部）	
经　　销	全国新华书店	
印　　刷	北京印刷集团有限责任公司	
开　　本	880 毫米×1230 毫米　1/32	
字　　数	295 千字	
印　　张	14.25	
版　　次	2024 年 4 月第 1 版	
印　　次	2024 年 4 月第 1 次印刷	
定　　价	78.00 元	

新浪微博：@中央编译出版社　**微　信：**中央编译出版社（ID: cctphome）
淘宝店铺：中央编译出版社直销店（http://shop108367160. taobao. com）
　　　　　　（010）55627331

本社常年法律顾问：北京市吴栾赵阎律师事务所律师　闫军　梁勤
凡有印装质量问题，本社负责调换，电话：（010）55627320

目　录

威廉·魏特林（伦敦）给卡尔·马克思（巴黎）的信

1844 年 10 月 18 日

1844 年 10 月 18 日于伦敦

亲爱的马克思：

我认为您对《前进报》上的几篇文章所作的估计是正确的，因为我已把它们的精神同您对我说的话作了比较，并向您表示感谢。对此，我就不再多费唇舌了，说得够多了。我们是朋友，而作为朋友就应该经常互通消息，即互相通信。

《前进报》的处境如何，能否维持下去？如果它也遭到早先在巴黎出版的德文报纸的那种命运，那就太可悲了。看起来仿佛是一场失败了的运动。

今天，这里的德国商人俱乐部里有个人对我说，《前进报》极尽猥亵谩骂之能事，他们再也不愿订阅了。据我所知，这也是我来到这里以后未被吸收为共产主义者协会会员的症结所在。我虽然并不太喜欢这样的局面，但是当我被其他［报纸上］的超自然王国的胡说八道弄得眩晕不堪时，我就更喜欢这种局面了。

您结婚了吧？请转达我对您亲爱的夫人的问候，祝您安好，请立即给我写信。

您的

威·魏特林

索霍广场贝特曼大厦5号。

弗兰茨·梅林编《卡尔·马克思和
弗里德里希·恩格斯的遗著
（1841—1850年）》1920年斯图加
特（第3）版第2卷第32—33页
（恩斯特·巴尼科尔《囚犯魏特林
及其"正义同盟"》1929年基尔版
第265—266页）

海尔曼·艾韦贝克（巴黎）给卡尔·马克思（布鲁塞尔）的信

1845 年 6 月

亲爱的朋友：

威·魏特林的近况怎样？你能否告诉我，是否你们建议他本月 2 号访问你们的？你们是怎样接待他的？他不愿同你们通信吗？现在又有谣传，说什么我在你们面前诽谤了他，以致你不愿再同他通信。据说这类友好的谎言是一个名叫克利盖的先生对他说的；听说克利盖现在伦敦，同威·魏特林情同手足。可怎么能说我扮演了诽谤者的角色呢？我请求把你们同威·魏特林的关系以及他本人的所作所为写信告诉我。

这个人不愿意读书吗？据说他的确说过，他觉得不必再致力于**读书**。他同伦敦其他人的关系也不和睦。海尔维格募集的捐款还没有到，无产者海尔维格遇到了一些困难。从我这方面讲，我能为威·魏特林做的事都做到了；和解信、援助、善意的建议。我觉得这一切都是白费劲。而他则继续进行不友好的诬告，私下里竟说我诽谤他！

恩格斯的书①我已看到了，可是没有买到。听说那是一本相当出色的书。这里有 100 本《社会明镜》，销路不太好，我

---

① 指弗·恩格斯《英国工人阶级状况》1845 年莱比锡版。

给罗亚尔宫的阅览室寄去了一本。现在给你们寄去几本。

祝你安好。

通讯处：茹尔·奥诺雷街1—4号迈尔收。用双层信封邮寄。

手稿　　　　　　　　　　　　　　　　　　第一次发表

莫斯科苏共中央马列主义研究院

中央党务档案馆，F. 1，op. 5，Nr. 72

海尔曼·克利盖（伦敦）给卡尔·马克思（布鲁塞尔）的信

1845 年 6 月 9 日

亲爱的马克思：

拙作至今还放在这里，因为我没有钱，不能把它寄走，现在我不想付排了，我想再作一些补充。

你责怪我吧，怎么责怪都行，现在我不得不到美国去，我这样做实为可笑的不能容忍的家庭关系所迫。我至今还一直希望，如果我临行前能同你面谈一次，那我就不难使你相信，这并非激情驱使，并非夸大其词，也并非年轻人对功名的渴求，而是布鲁塞尔的那种令人感到百无聊赖的、没完没了的困扰的必然反映。随它去吧，爱怎么着就怎么着，往事简直不堪回首。你也许会觉得可笑，这一切是何等可悲。因此，你就当我的美国之行已成事实，就只当我**在海上跟你谈话**。

你谈到欧洲的运动时总拿美洲的运动作对比。而我是个怀疑论者，并没有看到任何运动。你夸奖法国人，恩格斯则赞扬英国人。可我暂时还怀疑［……］① 一切，因为我不懂历史。你们最后就拿巴黎和伦敦的共产主义者同魏特林作对比，称他是自然神论者。我听说了，但不完全相信，因为我喜欢魏特

---

① 这里有一词无法辨认。

林。亲爱的马克思，恩格斯倍加赞扬的英国人究竟在哪里？我有幸结识了这里社会主义者的几个头面人物，我不妨告诉你，他们都是我所见到过的最微不足道的庸人。这些社会主义者同无数工人群众相比是何等渺小！［……］

魏特林反对有时在这里①确实存在的那种言过其实的夸夸其谈，反对"人类、理性、心灵、意志、**道德**、**荣誉**、自由、平等"等诸如此类的空话。他认为共有共享是一种非常固定的朴实的制度。他主张废除私有制，而别的人都在胡扯什么人类的王国。不应在多数人决定赞成这种王国之前就开始胡扯什么人类的王国（!）。他绝对不是自然神论者。他的唯一弱点就是不愿放弃"上帝"一词，认为它是内心冲动的表现；他把基督当做共产主义的先知来利用。除此而外，他彻头彻尾都是革命的，竟不知罪犯、道德和荣誉为何物，而这就首先为自己招来了敌人。［……］

亲爱的马克思，你以为我就是这样在德国虚度光阴吗？我读了一些人的著作，就爱上他们了，我不亲眼见到这些人，就觉得忐忑不安，那么，我难道就不能非常明显地表现一下对见到这些人时的激动场面的渴望心情吗？——你就是我要寻找的最后一个人。毕尔格尔斯认为我是想在你身上寻找权威，让他去说吧，因为我知道他无法理解，有人往往只要说一句话，递一个眼色，就能比那些一辈子闭门死抠书本的人更能同别人进行亲密无间、相互信任的接触。不过，我告诉你，正是你的法

---

① 指伦敦工人教育协会的讨论。

哲学大作的结束语①，使我对你爱慕不已。［……］

手稿　　　　　　　　　　　　　　　　　　　　　　　　　节录
莫斯科苏共中央马列主义研究院　　　　　　　　　　第一次发表
中央党务档案馆，F. 1，op. 5，Nr. 71

---

① 卡·马克思：《〈黑格尔法哲学批判〉导言》，《马克思恩格斯全集》德文版第 1 卷第 391 页，参看《马克思恩格斯文集》第 1 卷第 18 页。

海尔曼·艾韦贝克（巴黎）给卡尔·马克思（布鲁塞尔）的信

1845 年 8 月 31 日

收信人姓名地址：教堂林荫路 6 号，

海德克先生收。

1845 年 8 月 31 日于巴黎

亲爱的朋友：

我托一个画家顺道把一件令人非常感兴趣的事转告你，你可以把你的答复等等让他带给我。这里的情绪非常低落；法国人已丧失信心；原来一直自命不凡的《和平民主日报》声明说，德国走到前面去了，美丽的法国正在体面而忧伤地完成自己的使命。可怜的《工场》似乎想同我们进行辩论，但它简直虚伪透顶，原来只不过是装模作样而已。在上一期上，它渴望看到我们的文章，对此我们写信告诉它：这种苛求是值得怀疑的 [……] 法国工人进步很大，但我认为不如我们德国工人进步那样彻底；关于英国工人的进步，我不能妄加评论，你和恩格斯都去过英国①，我只能根据你们的体会进行评论。至于我们德国人，我没有按照你在这里和布鲁塞尔得到的那种印

---

① 指马克思和恩格斯 1845 年 7—8 月在英国的逗留。

象去评价他们。一年来，从这里的德国细木工中又产生了一批新型的激昂的无神论者和共产主义者，如果撇开若干例外的话，他们远比裁缝先进。这批勇往直前、血气方刚的年轻人善于进行引人注目的讨论，研读费尔巴哈以及其他人的著作，而原先那帮人却成天喋喋不休、庸庸碌碌，除此之外，就是专靠诽谤污蔑、嫉恨学者等愚蠢举动消磨时光。被舒适安逸的生活方式毁坏了的这帮人对年轻人所抱的态度，同 1830 年的人们对 1840 年的人们所抱的态度如出一辙。对于伦敦的年轻人，我们要不断提醒他们研究"古代语言文学"，看来已经是时候了。你也许会对他们的生活规律和能言善辩感到惊讶；但是，他们还会始终那样庸庸碌碌吗？我真担心。对付威·魏特林难道就毫无办法吗？伍珀塔尔人刚给我寄来 5 英镑，给亨利希·海涅寄来 10 法郎；海尔维格给了 50 法郎。但按比例计算，手工业者比海尔维格给得多，他现在海滨浴场。[……]

手稿
莫斯科苏共中央马列主义研究院
中央党务档案馆，F. 1, op. 5, Nr. 74

节录
第一次发表

威廉·魏特林（伦敦）给卡尔·马克思、弗里德里希·恩格斯和莫泽斯·赫斯（布鲁塞尔）的信

1845年9月22—27日

1845年①9月22日于伦敦

亲爱的伙计：

你们的来信对我来说各方面都很有意义。维尔特突然走了。② 今天我到旅馆去看他，听说他前天就起程离开了。本来我想问问他，如果到布鲁塞尔作一次纯粹拜访性的旅行是否同样非得要护照不可，我到布鲁塞尔来，并非为了（虽然我很希望，并且确实想）向人渲染我的狱中生活③，而是想看看你们。我非常想见见你们的夫人，在你们那里喝几杯啤酒，品尝一番你们的饭菜，聆听你们的心声，抽抽你们的雪茄，其他的就更不用说了。

《社会明镜》在这里很受欢迎。协会④也订阅了，我也已

---

① 原件上是"1844年"。

② 马克思的信是由格奥尔格·维尔特从布鲁塞尔带往伦敦的。

③ 魏特林出狱后就根据记忆记下了他的狱中生活，并试图寻找出版商为他出版，但未能如愿，直到后来才得以出版威·魏特林《正义。500天的研究》（恩·巴尼科尔编）1929年基尔版。

④ 工人教育协会。

写了这方面的报道，但是我犯了一个错误，因为我发现，应该捆好了再邮寄，我没有想到不盖邮戳。而我从瑞士和法国收到的未盖邮戳的邮件相当便宜，从瑞士寄来的德文印刷品每个印张为 2 德尼，法文印刷品为半个德尼。这是很不一定的，平时根本无法估计到。总之，除了协会外，下面的人也要求订阅《社会明镜》：

莫尔，索霍广场大礼拜堂街 20 号；

鲍威尔，索霍广场第恩街 64 号；

洪特，圣詹姆斯广场公爵街 17 号。

现在我不知道，这些订户和未来的订户是否能顺利地收到捆扎好的德国杂志。如果你们考虑通过书商更合适，那么你们就使用或让人使用下面的地址：西蒂区弗利特街福辛书店老板纳特。但是，你们要把邮包寄给他，就只能通过书店的代理人，即巴黎的布罗克豪斯和阿芬那留斯，或者汉堡的布拉库施公司。

由于护照不太好办，下次你干脆来信谈谈你们对《社会明镜》的稿酬有什么看法。

沙佩尔问你们大家好。我相信，他的境况不太妙，痔疮还没有治好，听说还要割第五次，已经割过的地方至今还不断出现新的瘘管，而且很严重，这样下去势必要影响他的体力。

维尔特来看我时，哈尼正好也在我家。第二天我们在我的餐厅举行了晚宴，我炒了一盘鸡蛋，做了一盘沙拉，大家喝着啤酒，抽着烟，非常开心。莫尔也在场。

几天以后，星期六。

上个星期一我们参加了一次大会。① 大家都认为这次大会比预期的好。你们将在《北极星报》上看见哈尼的演说，我很喜欢这个演说，就像喜欢他这个人一样。看来他是一个政治上非常激进的机灵鬼，这家伙完全有能力带领一批人。

关于维尔特，我没有什么可说的了，只有一点，这位大烟枪给我留言说，他突然离开是由于资金短缺。我很愿意结识这位新人。

祝你们安好。

魏特林

手稿
莫斯科苏共中央马列主义研究院
中央党务档案馆，F. 1，op. 5，Nr. 71

---

① 在伦敦举行的各族人民庆祝大会。

海尔曼·艾韦贝克（巴黎）给卡尔·马克思（布鲁塞尔）的信

1845 年 10 月 31 日

1845 年 10 月 31 日于巴黎

亲爱的朋友：

您的身体很健康，我很高兴。这里的一切都很顺利，翻译和写作、演讲和检查等等，简直忙得不亦乐乎。[……]

我以为马车夫①已经死了，我给他写信，而他却不给我回信。我给他去信后大约六个月，终于收到了他的回信，他在信中证明他身体健康，生活愉快，在进行活动和从事宣传。他向你们致以衷心的问候，他对丹尼尔斯的狂妄自大感到惊讶，丹尼尔斯竟然没有给他写过一封信。马车夫认为荷尔斯泰因的禁酒协会非常重要，协会会员是彻底的民主主义者。共和国已经成为这些人的口头禅。社会主义则不完全是这样；不过劳动组织化还算可以。他好久没有写信了（在他开始相当勤奋地从事通讯工作以后），因为他的情绪不佳。[……]

手稿　　　　　　　　　　　　　　　　　　　　　　　　　　　　节录
莫斯科苏共中央马列主义研究院
中央党务档案馆，F. 1，op. 5，Nr. 78

---

① 指格奥尔格·韦伯。

格奥尔格·韦伯（基尔）给卡尔·马克思（布鲁塞尔）的信

1845 年 11 月 22 日

1845 年 11 月 22 日于基尔

亲爱的马克思：

前不久，我托我的友人画家拉尔捎给你一封短信。如果你没有收到，今天我把迟复的原因说明一下。[……]

在我们这个地方，社会原则正**开始**冲击资产阶级。在丹麦，农民掀起了小型的社会暴动，反对地主。在基尔，我们建立了一个手工业者联合会，现有 160 名会员。它正在发展中。这些人都是共产主义者吗？绝对不是。但是，恶劣的社会败坏了良好的道德风尚。

致以衷心祝愿，我再次等待你的来信。

你的
格·韦伯

手稿　　　　　　　　　　　　　　　　　　　　　　　　　节录
莫斯科苏共中央马列主义研究院
中央党务档案馆，F. 1, op. 5, Nr. 79

罗兰特·丹尼尔斯（科隆）给卡尔·马克思（布鲁塞尔）的信

1846 年 1 月 30 日

1846 年 1 月 30 日于科隆

亲爱的马克思：

[……] 你知道，我们之间的团结须经努力力才能维持，这是由来已久的事了。近来我们融洽多了。尽管如此，我们在舆论面前还是拥有多数。你也许知道，荣克已到柏林去了。而你还不太清楚他是反对我们的，我要向你透露的就是这一点。他设宴（和解宴？）向这里他所熟悉的资产者告别以后，没有向我们打招呼便突然离开这里了，我们除了一些小道消息之外，对他的这一决定毫无所知。

他的朋友贝根罗特则相反，正如荣克夫人在离开这里时所说的，是一个可爱的人。近来，我们之间的关系越来越亲密，并对我们讲了他去柏林的动机。他说，在那里更能为自己的思想从事活动。关于荣克，你要详细了解一下，怎样才能为他消除在这里的老朋友中间所引起的背叛嫌疑，然后通知我们。

你倘有什么东西要带往德国，弗伦茨①一定会帮助你的。

---

① 丹尼尔斯的表兄；丹尼尔斯给马克思的这封信就是由他转交的。

请你也把赫斯、恩格斯和日果介绍给他，他很想结识他们，同时也请你代我向他们问好。毕尔格尔斯的工作进展缓慢，但很可靠。他向你问好。

向你的夫人问好。

你的
丹尼尔斯

我们准备停止出版《人民总汇报》，或者说，准备让它同即将出版的《卢森堡日报》① 合二为一。

手稿	节录
莫斯科苏共中央马列主义研究院	第一次用原文发表
中央党务档案馆，F. 1，op. 1，Nr. 179	

---

① 这个办报计划没有实现。

罗兰特·丹尼尔斯（科隆）给卡尔·马克思（布鲁塞尔）的信

1846 年 3 月 7 日

亲爱的马克思：

直到现在我才想出一个办法，使我的信件直接到你手里而免遭被拆开的危险。这就是我迟迟没有回复的原因。[……]

关于赫斯，你谈得很少。① 你把他称做一块"海绵"，简直再恰当不过了。我非常欣赏这个说法。这个人由于具有海绵的特性，在埃尔伯费尔德也待不长；他必须有一个他能赖以汲取思想的人，否则他就会头脑僵化。我听说，现在他又感到得心应手了。注意，他竟把关于你的区区琐事拿来款待我们，实在幼稚可笑。你的信使我明白了这一点。为了"**审查**"共产主义的哲学，你想必已把再次尝试出版《德法年鉴》[……]②的计划告诉他了。于是他立即就写信对我说："我们下一步将进行'**审查**'，以便区别精华和糟粕！"他还说了一些带有侮

---

① 马克思的信可能是 1846 年 2 月底写的，这封信没有保存下来。从丹尼尔斯的这封信中可以看出，马克思那时就已在考虑出版一个共产主义的杂志，丹尼尔斯也曾为它写过一篇文章。马克思设想先出季刊，后改为月刊，为此他一直考虑到 1847 年底甚至 1848 年初，但这一设想未能实现。

② 这里有一词难以辨认。

辱性的话，主要是针对我们科隆人的。此外，你在给我的信中还说，你打算到列日去。赫斯早在几个星期以前就写信到威斯特伐利亚说，"春天，**我们**将前往列日"等等。这些以及诸如此类微不足道的琐事，除了令人发笑的一面，还有另外一面，否则我就不会来打扰你了。特别是审查计划，就赫斯给我的信的措辞来看，还存在某种有害的、家长制的东西。似乎**你们**要把布鲁塞尔变成共产主义的总部，而赫斯则要充当大祭司（他非常适合扮演这个角色）。我之所以对**你们**说这些，是因为你必然要平白无故地遭到人家的攻击——这里我说的不是我和毕尔格尔斯两个人①——而这正是由此产生的后果。

关于《德法年鉴》，我不明白你怎么能把这件事同你信中提到的那两个人联系起来，因为至少我在赫斯那里见到的无非是哲学。收拾了他的青年学派是件大好事。恩格斯也反对使用这个人来批判哲学，何况他还是哲学家。因此，相信赫斯的就只有你了。我也认为资产者②要合适得多。我记得，他曾经满腔热情地解释过这种思想。不过，他本人会给你写信的。

到目前为止，我们在这里干的事情很少。搞宣传鼓动我们还没有想到，我相信，我们是能更好地利用在这方面所必需的时间的。目前，我们正在编写一个年鉴。这里的**我们**，也就是指毕尔格尔斯和我。我同意荣克对德斯特尔大夫的评价。《人民总汇报》已经停刊。情况很奇特。如果荣克的"同情"强

---

① 这个插入句是丹尼尔斯后加的。
② 指亨利希·毕尔格尔斯。

烈到足以采取行动，那就会有救了。

最新的消息是，预言家库尔曼博士几天前已来到这里。这个家伙头脑非常简单。起初他只相信个人的作用，对我们非常粗暴，好为人师，老教训我们。他想争取我们［……］①，在我们公开向他表示我们对他的看法以后，他终于变得［……］②。尤其是，资产者经常同他在一起大吹大播。我对这个家伙马上感到厌恶。结果他在这里的一家小酒馆里喝得酩酊大醉，我们不得不把他弄回来。不过他也会渐渐清醒过来的，在这个时代，预言就像直接的宣传鼓动一样糟糕。

我非常乐于接受你的友好邀请，到你们那里去一次，但是，我们大家正在煞费苦心地进行的工作暂时还不容我脱身。如果4月份有可能，我一定去。

我们渴望在这里看到你的国民经济学。我深感惋惜的是，插进来的这项工作竟然妨碍了你，尤其是在这个节骨眼上简直是对你的剥削。请你注意《德法年鉴》!③ 你谈到荣克给资产者写信一事，这里并没有收到这封信。

如果你觉得不再需要布鲁塞尔的图书馆，你可以前往列日。那里的周围环境简直是一个乐园，对你夫人的健康一定会大有好处。到列日去，我还可以给你介绍［……］④ 一个年轻

---

① 手稿缺损。
② 手稿缺损。
③ 这句话是后加的。
④ 手稿缺损。

律师，共产主义俱乐部的成员。① 同时，你那里距离边境很近，而从这里到布鲁塞尔却需要一天的路程。［……］

毕尔格尔斯也要给你写信②，因此，我就此搁笔，余言我乐意面谈。［……］

你的
丹尼尔斯

手稿　　　　　　　　　　　　　　　　　　　　节录
莫斯科苏共中央马列主义研究院　　　　第一次用原文发表
中央党务档案馆，F. 20, op. 1, Nr. 1

---

① 可能是维克多·特德斯科。
② 毕尔格尔斯的信保存下夹了，它虽未标明日期，但肯定是在丹尼尔斯的信以后写的（莫斯科苏共中央马列主义研究院中央党务档案馆，F. 1, op. 5, Nr. 86）。

约瑟夫·魏德迈（希尔德舍）给卡尔·马克思（布鲁塞尔）的信

1846 年 4 月 30 日

1846 年 4 月 30 日于希尔德舍

亲爱的马克思：

我至今还在枉费心机地盼望你的来信，照例我该收到了。很遗憾，我在同迈耶尔会面之前很需要这封信。你已在正式函件中看到，这里的情况简直糟透了；不过我相信一切都会井然有序的。因此，请你把尚未寄来的手稿①尽快寄来，不管怎样，最好由我们把它送到目的地去。[……]

我觉得我在上封信②中有点冤枉丹尼尔斯了，关于缴纳会费的事他已同那些人谈过了。此外，他能否满腔热忱地干这件事，我有些怀疑，因为他对那些人的冷漠感到厌恶，对其他狭隘的警察式的和中世纪的关系感到恼怒。你说什么批判"施蒂纳"是多余的这样一种观点，我在另一些人那里也领教过了，尤其是毕尔格尔斯，我同他为此进行了长期的争论。相反，我觉得这种批判的必要性比以前更显而易见了。这种观念

---

① 指马克思恩格斯的《德意志意识形态》手稿。
② 这封信没有保存下来。

在这些人的头脑中，特别是在共产主义者本身的头脑中还是根深蒂固的；这种荒谬的想法虽然不像施蒂纳的思想表现得那么明显，但在一些具有现实内容的著作中也不乏堆砌范畴学和结构学的现象，在这些著作中真实思想是比较容易掩盖和伪装的。唯一者，即你的唯一者①的绝大部分，我和路易莎②都已看过了，她很喜欢。此外，整个改写的部分可以说是写得最出色的。

魏特林为《威斯特伐利亚汽船》写的文章简直拙劣不堪，关于爱尔兰问题的论述，他全利用了报纸的报道，除此之外，他在上述文章中还用了可能是从某个旧书商那里搞到的古代英国的消遣作品中的摘录，同时他以通常的诙谐方式攻击我们的现状，这样的段落不下 100 处。我立即把我的看法告诉了吕宁，现在我已知道，我的大多数看法他是不会接受的。我想再去同他谈谈，可至今一直没有机会；但《汽船》眼下是我们唯一可以利用的月刊，我们无论如何要设法完全掌握它。如果不成，我们往后就必须创办一个新月刊。请你马上告诉我，你现在的经济状况怎样，或者更确切地说，你需要多少钱。出版社的事虽然还没有眉目，但迈耶尔仍然要求预支必要款项。你务必要把国民经济学尽快搞完；实际上，对这些人不必作任何

---

① 魏德迈从布鲁塞尔带走了《德意志意识形态》的一部分手稿，这里指的是该书批判麦克斯·施蒂纳及其主要著作《唯一者及其所有物》的第 3 章《圣·麦克斯》(《马克思恩格斯全集》德文版第 3 卷第 401—435 页，参看《马克思恩格斯全集》中文第 1 版第 3 卷第 487—529 页)。

② 路易莎·吕宁。

说明，他们很想读一些关于共产主义的货真价实的东西，因为他们已经不满足于一般的空话，不相信具有一般的文化知识就能读懂关于共产主义的东西。《德法年鉴》（如果还能弄到的话）和《神圣家族》实际上已经透彻地阐明了这个问题。我在这里暂时还干不了什么，而且，我还要到几个地方去走走，在此之前，看来是干不成什么事情了。除了翻译，我很想写一本关于普鲁士现状，特别是财政现状的供资产者看的小册子。① 因此，你尽快给我搞一些论述这个问题的英国书籍，此外，给我提供一些你所熟悉的资料。[……]

祝你安好，立候回复。

你的

约·魏·

手稿　　　　　　　　　　　　　　　　　　　　　　节录

莫斯科苏共中央马列主义研究院　　　　　　　第一次发表

中央党务档案馆，F. 1, op. 1, Nr. 5538

---

① 魏德迈曾在《威斯特伐利亚汽船》（1847 年 4 月号第 189—196 页）上发表《普鲁士的财政》一文。

约瑟夫·魏德迈（希尔德舍）给卡尔·马克思（布鲁塞尔）的信

1846 年 5 月 14 日

1846 年 5 月 14 日于希尔德舍

亲爱的马克思：

有关出版社的问题，日果将会通知你的。我希望这件事很快就能办妥。［……］我在迈耶尔那里只逗留了几天，不过我最近还要去。我把你们手稿中的《政治自由主义》①读给他听了，他感到很满意。总的说来，我们深感遗憾的是，你们又介入了这样一场争论；这里的人，就连那些相当能干的人，也确实对一切稍有名气的人，如鲍威尔兄弟、施蒂纳、卢格表示同情，同时对他们又有极不舒服的感觉。这些家伙都明哲保身，唯恐棍棒打到他们自己头上，如果这种防范措施失灵，他们就对执行者摆出一副怒不可遏、咄咄逼人的面孔。为此，前几天我在一次乡村远足中，就同好些人，其中也包括雷姆佩尔进行了相当激烈的争论，涉及的主要就是上面提到的那三个权威。不过攻击首先应当坚持纯学术性，完全心平气和，就像讲台上的老师，绝不能对学生讽刺挖苦，因为讥笑一个写了 20 个印张的书的人，简直就是一种犯罪行为，这种犯罪行为首先应按

---

① 这是《德意志意识形态》中针对施蒂纳的那部分的小标题（《马克思恩格斯全集》德文版第 3 卷第 176—186 页，参看《马克思恩格斯全集》中文第 1 版第 3 卷第 211—224 页）。

照叛逆罪受到惩罚。我确实由衷地感到高兴，你们的批判将在德国各地引起不满的大声叫嚷。真的，如果有朝一日要我写一篇批判文章，我就要尽可能地恶语相加，借以激怒我亲爱的同胞们。他们那非常脆弱的神经需要强烈的刺激，才能最终抛掉他们那过分的敏感。糟糕的是，我们这里的党派斗争至今只是文字斗争，还没有形成党派激情，或者只有很少几个人有这种党派激情，因此，对这些人再体谅也无济于事。最敏感的一点就是人格，即使只攻击一个著作家在他发表的著作中所表现的人格，那也是极大的不公平；但是，如果连他的私人关系也在攻击之列（而且情况的确如此，因为私人关系很能说明一个人在公开场合的特征），那简直是活见鬼。就连迈耶尔这样一个平时从不注意这类琐事的人（他是我在这里认识的所有共产主义者中最能干的人）也不会忘记，海涅曾那样无情地揭露过白尔尼同女人的关系。[……]

有机会请给我寄几份克利盖的《人民代言者报》，这里的人喜欢读它，而我的那几份肯定遗忘在科隆了。[……]

祝你安好，永远爱你的

约·魏德迈

手稿　　　　　　　　　　　　　　　　　　　　　　　　节录
莫斯科苏共中央马列主义研究院　　　　　　　第一次发表①
中央党务档案馆，F. 1, op. 1, Nr. 187

---

① 弗兰茨·梅林曾把该信摘要发表在《卡尔·马克思和弗里德里希·恩格斯遗著（1841—1850年）》1920年斯图加特（第3）版第364—365页。

海尔曼·艾韦贝克（巴黎）给卡尔·马克思（布鲁塞尔）的信

1846 年 5 月 15 日

1846 年 5 月 15 日于巴黎

忠实的朋友：

你的信我已收到，你的朋友帕维尔·安年科夫带着介绍信也已到了。我答复如下：

你写的有关魏特林的事，我并不感到十分意外。可惜事情这样发生了，但我早已预料到。对魏特林该怎么办，我不知道。他的外来语词典是动人的。我们想看一看，是否很快会出更好的，这是大家都在谈论的话题。但是，如果你们能够阻止出版他写的荒谬的东西①，**那就请吧**。他在德国工人中不再有那么大的威望了。特别是在**细木工**（这里干脆把他们叫做**乡下来的小伙计**）当中，他们十个月以来一直在嘲笑这位独裁者以及其他独裁者候选人和准候选人。请注意，亲爱的朋友，现在我不得不再向你说一遍，关于你对格律恩的恼怒和怨恨，我不敢苟同，原因之一，我不知道你们私人间有什么纠葛；原因之二，我是根据他在这里的**细木工**（他们应感激他）中的功绩客观地评价他的影响的。朋友，如果你认为**我的**看法有些

---

① 指威·魏特林《普通的逻辑和语法及人类通用语言的基本特点》。

牵强——我觉得这是很自然的事，如果你对我的看法毫不介意，那我反而会感到惊讶！——那么，我**恳求**你，19 世纪的亚里士多德（我一直是这么称呼你的，而且现在和将来仍然要这么称呼你），以你所说的我们所追求的目标——幸福和人类的名义**恳求**你，不要误认为我是在为格律恩评功摆好。你也许会笑话我"人情味太浓"，那好吧，反正我不在乎。我对你不止说过一次，自去年冬天开始在细木工和制革工人中间开展的出色的宣传工作，是我和**他**的唇舌之功，在这种时候，我宁愿让人说我是人情味太浓的人，也不愿让人称呼我别的。在文字宣传方面，我们主要是使用你们都很熟悉的著作，我们作出"通俗的"解释，也就是说，**去说服别人**！是的，是去说服别人，你不要笑话。长话短说，你我都讨厌啰唆。我们的手工业者当时干了一些该诅咒的事。请你仔细听，格律恩在这里可至今没有干过有损宣传的事。他说得好，他对宣传工作简直着了迷。他主要是在大学生中间开展工作，由于警察和地方当局阻止在巴黎搞宣传，所以大学生们三四个月才得以在学生会中见我一次，他们**自己**一周聚会一次，脱了鞋安安心心地讨论问题，例如：**在人性的社会里或人性化的社会里还存在各种法律吗？——不存在。——那取而代之的是什么呢？——是唯一的劳动法律**。后一个问题他们讨论了三次，其中一次唱了歌，并朗诵了卡尔·贝克的《穷人之歌》中的某些段落，等等。格律恩带着这些大学生中的优秀分子去参观卢浮宫不下 20 次，给他们作关于艺术的演讲。你也许会感到可笑，可我敢向你证明他们在人道主义世界观、人生观方面取得的进步。这些小伙子都纷纷回到家乡去搞宣传，而新的一批又来了，我每周给他们讲授自然、历史和地理；同他们一起朗诵挑选出来的诗歌。这样做并不是为了教育他们（这样做不行），而是为了尽可能地填补他们那永不满足的欲望。**这一点我成功了**。现在我们规定每星期天晚上不顾警方禁令公开讨论四个问题。铁匠、裁缝、制革工和细木工在这个大城市里组成四个所谓的圈子，它们定期相互拜访和做客。难道这样做不好吗？这样比较好，真的，我很清楚。但是，曾像瘟疫一样流行的不幸的刀叉共产主义的影响正在减弱，而人类自由的、国民经济学的、美学的人生观正在日益扩大影响。你向你派到我们这里来的那位好样的俄国人描绘德国工人时，简直把他们描绘得太可怜了！！！应当注意，德国人不可能有政治意识强的法国人和英国人可能有的**那种**共产主义，因为他们已远离政治300年了；但他们很努力，正在批判魏特林，正在摆脱那种"仇恨学者"的阴暗心理，这是有书面的、口头的，甚至是实际的证据。格律恩的歌德①我已经读过了，虽然我也应当（注意）像你的来信中那样，对它进行批评，但我还是要说，这本书还是不错的。你指出的那些错误，我也认为是中肯的。我想的首先是**不受拘束**。如果这是一个不恰当的证明，那么可以批判，不管这种批判是长矛、投枪还是大刀都无所谓。这无须多说。如果我有著作出版，我甚至希望得到最严厉最苛刻的批判，而且毫无顾虑。但是请你三思，旧社会**各个阶层**一定会被腐蚀，因而**一定要使用**

---

① 卡尔·格律恩《从人的观点论歌德》1846年达姆施塔特版。

各种防腐剂。这就是我的观点，我历来的观点，而且是不可动摇的观点。[……]

马车夫①在基尔十分愉快，那里比他曾担忧的要好多了；他对待工人（二三百人）非常公平。柏林同样是**工人**的天下，他们能从书商那里买到**所有**被查禁的著作。最近拉福里想来看你，他是共产主义者，心情开朗，精力十分充沛，办事练达严肃，讲话锐利尖刻。你会喜欢他的。[……]

毕尔格尔斯在干什么？丹尼尔斯和恩格斯在干什么？代我向他们以及日果、你的内弟②和沃尔弗，一句话，向那个出色的通告信③的支持者们问好，特别要代我向你的夫人问好，孩子们都好吗？

再见。

艾韦·

手稿　　　　　　　　　　　　　　　　　　　　　　　　节录
莫斯科苏共中央马列主义研究院　　　　　　　　第一次用原文发表
中央党务档案馆．F. 20，op. 1，Nr. 3

---

① 格奥尔格·韦伯。
② 埃德加·冯·威斯特华伦。
③ 可能指《反克利盖的通告》。

莫泽斯·赫斯（韦尔维耶）给卡尔·马克思（布鲁塞尔）的信

1846 年 5 月 29 日

1846 年 5 月 29 日于韦尔维耶

亲爱的马克思：

刚才我收到了哥特沙克和他的朋友们，而不是勒尔根派①从科隆寄给魏特林的一张汇票，现随信寄给你，请你转交给魏特林，因为我不知他是否还在那里。我想，即使他走了，你也可能知道他的地址，请你把这封信转交给他。

至于你在上次来信中使用的那些令人愤懑的语言，我决不会计较，因为我在给你的信中也说了一些偏激过火的话。**你有权表示愤怒，恩格斯就没有这个权利**，我的信根本不是给他的，而是**向他的玛丽的"问候"**。

此外，即使你是正确的，认为个人贫困同党内的争论没有任何联系，但这两者足以使人对这个党的共同活动感到扫兴；尽管你对前者无能为力（因为你本人就吃够了贫困的苦头，而我与其说是由于我的个人贫困，倒不如说是由于你的个人贫

---

① 指以毕尔格尔斯、丹尼尔斯和德斯特尔等人为首的具有共产主义思想的科隆人，他们曾在啤酒厂主和酒店老板约翰·亚当·勒尔根家里聚会。

困确实在**指责我们的党**），但你仍然有助于阻止后者，即党内的争论。你天生就"头脑清醒"，而我也许天生就是一个十足的"和事佬"——"人各有所长，也各有所短"——我们有空时，不妨"常常"给卢格和桑乔写写信。

祝你幸福！同你个人之间，我还想保持密切的交往，但同你的党则根本不想再打交道了。［……］

你的　赫斯

手稿　　　　　　　　　　　　　　　　　　　　　　　　　　节录
莫斯科苏共中央马列主义研究院
中央党务档案馆，F. 1, op. 5, Nr. 101

伦敦共产主义通讯委员会给卡尔·马克思（布鲁塞尔）的信①

1846 年 6 月 6 日

1846 年 6 月 6 日于伦敦

亲爱的朋友：

你的来信②以及你们的反克利盖的通告，我们已经及时收到。我不能一人贸然地同你们通信，所以我邀集了这里几个最能干的共产主义者，向他们宣读了你的来信，并要他们谈了各自对这个问题的看法。在这次会议上，我们决定成立一个委员会，同你们建立通讯联系，并竭尽全力支持你们的计划。建立一个总的宣传组织，在各国共产主义者中进行思想交流，是非常必要的，所以，每一个真正的共产主义者都将乐于给予帮助。对我们来说，你们的来信很重要，也使我们格外高兴，因为你马上想到，我们从威·魏特林那里得到的消息必将激起我们的无比愤怒。他虽然说什么你们只考虑到工人的安全，而把他们排除在你们的协会之外，但是，在这里也产生了一种侮辱性现象，因为人们因此就会说，对工人什么也不能相信。但我

---

① 该信从笔迹来看无疑是沙佩尔起草的。
② 该信没有保存下来。

们以为你们有意建立一个学者—贵族的协会，并从你们的新宝座上居高临下地统治人民。当你们来信时，我们已采取了预防措施，你们的来信使这些措施成了多余的东西。你们的来信太及时了，否则，在学者和工人之间本来快要消除的仇恨又会极其激烈地表现出来。这也许是威·魏特林的意图。

至于密谋计划，我们早已克服了这类愚蠢行为，到目前为止，密谋对任何人都没有好处，而只对我们的敌人有利。我们高兴地看到，你们也持这种观点。诚然我们相信，一场严峻的革命是不会也不可能避免的，但是，试图按照魏特林的密谋和愚蠢宣言来进行革命，那是再可笑不过的了。现在业已开始了精神革命，如果当权者不屈服，精神革命一结束，物质革命便将自行到来。我们的任务是教育人民，宣传财产共有共享，但愿你们也这样做，也就是说，让我们携手并肩，团结一致，为一个美好的未来而奋斗。

至于你们同威·魏特林的分裂，我们早已预料到这是不可避免的，尽管他的最初两封信还表现出非常兴奋。威·魏特林同任何人都格格不入，只有那些盲目服从他的命令、只对他写的书感兴趣的人例外。这里发生的事情同你们那里完全一样。起初，我们友好地接待了魏特林，六个星期以后，他便不信任我们了，接着便玩弄阴谋和进行诽谤；当他遭到失败时，竟认为**所有的人都讨厌他，无一例外**；于是他郁郁寡欢地引退，最终离开了这里。可惜，魏特林自以为是绝顶聪明的人，这是千真万确的；他以为只有他才掌握真理，只有他才能拯救世界，而别人写的东西都是拙劣之作；因此，他不搞研究，也不要自己的**信徒**搞研究，只要他们满足于他的福音。在我们协会里，每当有人提出购买一本科学书籍，或要求听一次科学讲演，他总是表示反对。他说，大家主要应当悉心钻研共产主义，其他一切对工人都是无济于事的。在这里，我们也反对魏特林的那套可笑的交易小时体系和他的那种宗教胡说，但我们不能同他展开辩论。他不接受任何忠告，只要有人同他的意见不一致，他便大发雷霆，不过，他在这里也找到了自己的人。现在，我们已完全中断了同他通信，而且将来也不想再同他打交道。

下面我们准备简单地同你们谈谈本协会的情况和活动范围，至于详情以后再谈。目前，本协会约有250名会员，每周举行三次集会。每星期二是当前的政治问题报告和讨论，每隔一个星期二，我们逐章讨论费尔巴哈的未来宗教，中间的一个星期二则讨论会员们提出的问题。我们最近讨论的一个问题是在共产主义国家中对青年进行教育的问题。在这方面，我们打算给所有的会员提供机会，就我们原则中他们觉得还不明确的每一个问题展开讨论，从而使他们自己弄清问题。星期六晚上是唱歌、音乐、朗诵和阅读报纸上的好文章；星期天举办有关古代史和近代史、地理、天文等等的报告会；此外，每隔一周讨论一次工人的当前状况以及他们同资产阶级的关系。在古代史部分，最近一次报告谈到了莱喀古士的立法问题；关于近代史的报告则谈到了宗教改革及其结果。最近我们还讨论了现代社会中工人和师傅的关系问题以及他们相互的义务和权利。

每星期一是法国协会讨论共产主义体系的日子，它虽然还有共和主义的味道，但我们在这里也得到了启迪，并有机会向法国人介绍我们的思想。

我们每两周同英国人（民主派兄弟协会）聚会一次，可以说，这种聚会对我们双方都获益匪浅。哈尼真是一个了不起的人，我们大家都很喜爱他、尊敬他。他会而且必将会成为英国一次新运动的奠基者。本协会约由130名德国人，40名斯堪的纳维亚人，20名匈牙利人，以及波兰人、俄国人、意大利人、瑞士人、比利时人、法国人、英国人等等组成。

每星期三晚上是音乐课，每星期四是语言课和绘画课，每星期五是舞蹈课。我们的图书室约有500册图书，此外，我们还有地球仪、天球仪、地图以及德文、法文、英文和斯堪的纳维亚文报纸。我们同法国、瑞士、斯堪的纳维亚、匈牙利、德国、美国等建立了联系，在这些国家里，有些人曾经是本协会的会员，目前，他们经常向我们报告在其所在地取得的成就。

在最近四周内，我们在伦敦倾注全力搞宣传鼓动，否则早就给你们写信了。我们的会议厅太小，所以，我们在霍尔博恩车站德鲁里巷三间房租了一个大厅，租期为两年，这个大厅可以容纳300人，我们每周支付5先令租金，下星期二我们就准备搬迁。此外，我们作了不懈的努力，试图在住着数千名德国人的怀特查珀尔①建立一个立足点。我们终于获得了成功，上星期五我们在那里建立了一个协会，作为本协会的分会，现在我们对它寄予厚望。这些男人和女人接受新学说的喜悦之情简直溢于言表。让我们奋勇前进吧！

关于书的事，请将你们认为合适的各种书籍都寄一点来，

---

① 位于伦敦东区，是伦敦工人最集中的地方。

每种书先各寄一本。如果受欢迎，而且价钱也不贵，那么，我们就要一些，设法卖出去。瑞士人和巴黎人至今还在拿我们卖不出去的一批书纠缠我们（其中有 125 本是库尔曼-耶稣的《新世界》），所以我们不得不谨慎从事。

最后，我们还要请你们把你们的计划详细告诉我们。你们虽然说过你们打算干什么事，但没有说打算怎么干，你们准备吸收什么人参加，以及通过什么方法使他们和衷共济。在这里，我们竭尽全力支持波兰革命，因为我们认为，一旦发生了什么事情，人们就不该往后退缩，而是应该提供帮助；在这种时刻退缩的人，多半是貌似聪明，实际上则胆小如鼠。

祝你们安好，请立即写信给卡尔·沙佩尔、罗森塔尔、约·德珀尔、格伯尔、亨·鲍威尔、斯滕、阿·列曼、格·凯尔特伯恩、约·莫尔。

巴门的威·奥特堡来过这里，我们都很喜欢他。这个人比你们这些哲学家更善于同工人打交道。[①]

又及：你们对克利盖是不是太严厉了，除了你们的通告，友好的警告是不是不再起作用了?! 我们私下也给他写过信，提醒他正视自己的错误。克利盖还年轻，还能学习。

手稿　　　　　　　　　　　　　　　　第一次全文发表

莫斯科苏共中央马列主义研究院
中央党务档案馆。F. 20，Nr. 83

---

① 这段和下面一段是写在信纸边上的。

罗兰特·丹尼尔斯（科隆）给卡尔·马克思（布鲁塞尔）的信

1846 年 6 月 24 日

亲爱的马克思：

公民云格①（在巴黎的科隆工人，是一位想象力极其丰富的年轻人）准备给你带去这封短信。威斯特华伦（他正在为接受他申请到的职务而前往莱比锡的旅途中，或者说是在见习旅途中）同我讲了关于你想在这里借款的打算。很遗憾，我对这件事实在是无能为力。在我的所有具备借款能力的熟人中，我只能向唯一的一个人开口。我跟他讲了，结果也等于零。毕尔格尔斯已给你写了信，也许已向你介绍了云格，这是我同意的。云格是我在巴黎结识的所有人中最能干的一个。我的信就写到这里。你知道有关威斯特伐利亚的情况吗？我觉得，威斯特伐利亚的那帮老爷简直是一群蠢驴。

向你的夫人和其他熟人问好。

你的

丹尼尔斯

1846 年 6 月 24 日于科隆

手稿　　　　　　　　　　　　　　　　　第一次发表

莫斯科苏共中央马列主义研究院

中央党务档案馆，F. 1, op. 5, Nr. 109

---

① 在原件上是"云根"。

约瑟夫·魏德迈（贝克罗德）给卡尔·马克思（布鲁塞尔）的信

1846 年 6 月 28 日

1846 年 6 月 28 日于奥斯纳布吕克
附近的贝克罗德

亲爱的马克思：

[……] 我把反克利盖的通告一事搞错了，我以为这个通告是要公之于众的，你们要把通告寄给克利盖，让他在他的杂志上刊登。而他将很可能根本不会采纳。我想，你们下一步可以在另一家美国报纸上发表。显而易见，现在《威斯特伐利亚汽船》也不会全文刊登这个通告，但它会刊登其中的一大部分，而读者又不知道这是从什么地方来的，这样就不会有什么害处。克利盖在这里是很有名气的，而且他的同伙也几乎都是这个地方的人，他们给这里写的信，在描述他们的巨大影响时无一不是令人厌恶的夸夸其谈，因此，读者如能详细了解关于他们活动的某些情况，无疑是件大好事。在《社会明镜》上，我们没有看到有关这方面的文章。第 10 期刊登了一篇极可悲的评论《人民代言者报》的文章①，下一期还没有出版，

---

① 指赫斯出版的《社会明镜》1846 年第 10 期第 55—56 页《消息和札记》专栏刊登的一篇正面评论《人民代言者报》前三号的文章。

至少我们还没有收到。你如果认为我上封信中的那句话的意思是说赫斯发表了一篇东西，那你是误解了我的意思。我的意思是说，第10期上的第一篇文章①很好地利用了反克利盖的通告中的部分内容。

我确实不知道，格律恩散布的流言蜚语，至少在同你关系比较密切的人中间还能有多大影响。这里的大门对他们是完全封闭的。艾韦贝克的近况如何？他倾向于哪一方面？［……］

你如能再给我寄几份反克利盖的通告（我只发给可靠的人）我将非常高兴。［……］

祝你安好。代我向你夫人致以衷心的问候，请立即回信。

你的　魏德迈

迈耶尔也向你问好。

请把附信转交给沃尔弗。

手稿　　　　　　　　　　　　　　　　　　　　　　节录
莫斯科苏共中央马列主义研究院　　　　　　　　　第一次发表
中央党务档案馆，F. 1, op. 1, Nr. 192

---

① 弗·维达尔《法国的社会主义者》。

海尔曼·艾韦贝克（巴黎）给卡尔·马克思（布鲁塞尔）的信

1846 年 6 月 30 日

1846 年 6 月 30 日于巴黎

亲爱的朋友：

云格刚好到我这里来，这太好了。我对弗里茨①的到来也甚感欣慰。我现在已把我的住处——奥德翁街 33 号告诉他，他可以到那里去跟我谈谈。但是，只有在紧急情况下，写信才能使用这个地址，如果信在路上多走几天也没关系，那就按以下通讯处写信：小草坪街，哈森托伊弗尔先生寓所，恩斯特·哈尔谢先生收。

我们现在才听说威·魏特林已经走了。现在，我们只好悄悄把上个星期给他写的信烧掉，因为你可能也不清楚他的确切地址。［……］

手稿　　　　　　　　　　　　　　　　　　　　　　　节录
莫斯科苏共中央马列主义研究院　　　　　　　　　　第一次发表
中央党务档案馆，F. 20，Nr. 5

---

　① 弗里德里希·恩格斯。

罗兰特·丹尼尔斯（科隆）给卡尔·马克思（布鲁塞尔）的信

1846 年 7 月初①

亲爱的马克思：

通过维尔特②我们知道了关于你的点滴消息，还有关于恩格斯及其妻子的一些我们颇感兴趣的消息。我们迫切地等待你的回信，简直望眼欲穿。巴黎的情况变得越来越有利了，也就是说，我们对云格寄予很大希望。你难道一点没有听说吗？两卷集的出版情况怎样？你自己的著作进展如何？等等。[……]

巴黎的艾韦贝克给这里的赫斯写了一封信，从信中可以看出，他要同格律恩决裂。而格律恩似乎同皮特曼建立了联系。随信附上关于这个人的新近一套设想的一份说明。日果现在《社会辩论报》工作，我们对此非常高兴。他的外交才能将使他轻而易举地把该报的主要领导权抓到手。

---

① 关于这封信所注明的日期有下列根据：这封信是丹尼尔斯在1846 年 6 月 24 日给马克思的信以后写成的，它谈的是云格 1846 年 6 月 30 日回到巴黎一事。丹尼尔斯在 1846 年 7 月 17 日给马克思的下一封信中说，他收到了马克思 7 月 15 日的信，也许马克思当时还没有收到上面说的那封信。

② 丹尼尔斯的这封回信也是通过维尔特带到布鲁塞尔去的。

致以亲切的问候，盼即回信。

丹①

手稿　　　　　　　　　　　　　　　　　　　节录
莫斯科苏共中央马列主义研究院　　　　　第一次发表
中央党务档案馆，F. 1，op. 5，Nr. 110

罗兰特·丹尼尔斯（科隆）给卡尔·马克思（布鲁塞尔）的信

1846 年 7 月 17 日

1846 年 7 月 17 日于科隆

亲爱的马克思：

你 7 月 15 日的来信我们已经收到。威斯特伐利亚的老爷们的所作所为远远超出了我们的预期。我们原来只认为他们胆怯愚蠢，但不认为他们卑鄙无耻。在这种情况下，新书的出版，即使不被完全拒绝，暂时也可能要放一放。

恩格斯在来信中谈到格律恩的小花冠①，我们对此一无所知，但我可以打听一下。赫斯已放弃《社会明镜》。（我们猜测恩②可能在巴黎。）赫斯准备搞半年研究工作。

祝你安好！

手稿　　　　　　　　　　　　　　　　　　　　　　节录
莫斯科苏共中央马列主义研究院　　　　　　　　　　第一次发表
中央党务档案馆，F. 1，op. 5，Nr. 114

---

① 原件上关于小花冠的脚注很滑稽：卡尔·格律恩的追随者很可能作了想在科隆站稳脚跟的尝试。但这方面的详情不明。

② 可能是指恩格斯。

海尔曼·艾韦贝克（巴黎）给卡尔·马克思（布鲁塞尔）的信

1846 年 7 月 22 日

[……] 关于基尔的朋友韦伯的近况，我不太清楚，他似乎正像他自己所说的，正在"拼命干"。我从报上看到，基尔人正在进行十分紧张的讨论（约有 200 人参加），甚至引起了汉堡人的忌妒。朋友 Y① 是一个非常正直的人，他刚刚周游了德国南部的几乎所有极乐乡，并赢得了巨大的支持。我们的小麦长势虽然良好，但不知何时才能收割。[……]

手稿   节录
莫斯科苏共中央马列主义研究院   第一次发表
中央党务档案馆，F. 1, op. 5, Nr. 117

---

① 可能是正义者同盟的特使。

海尔曼·艾韦贝克（巴黎）给卡尔·马克思（布鲁塞尔）的信

1846 年 7 月 27 日

1846 年 7 月 27 日于巴黎

最亲爱的朋友：

请原谅，我又来打扰你了。刚才接到伦敦人的来信说，他们已经同你们建立了你在半年前曾经兴致勃勃地对我提到过的那种联系。① 根据你的嘱咐，我立即销毁了文件，我当时也认为（坦率地承认），这对巴黎人可能不太合适。在此期间，这里的有些情况已经发生了变化。我觉得比以前好多了；但愿云格也是这么对你们说的。现在，伦敦人认为这样活动很合适，这件事（如上所说）通过人事变动和其他发展在巴黎已有所改善，当时盛行的那种绝对尊敬对**某些人**来说已不复存在了，所以，我请求你把新的宣传方式尽快通知我。请你把此事单独写在一张纸上，不要同信上的其他事情写在一起。让你再写一次，我感到遗憾，但也是不得已而为之，请相信我，我在这里定将坚持我的奇特的进军，并可能改变我以往的一些想法。

此外，我们正直的伦敦的朋友们已把主要情况告诉我了，所以，我只请求你把最迫切的问题再扼要地对我谈一下。

---

① 指共产主义通讯委员会的联系。

我的通讯地址仍然是：

小草坪街银行附近哈森托伊弗尔寓所，恩斯特·哈尔谢先生收。

如果这种通信联系切实可行的话，我还想知道，你们的活动究竟要达到何种规模。这一点，如果不便讲，那就算了。我打算秋天去拜访你，可是又担心坐火车发生意外。真的，多可笑！

我非常希望弗里德里希·恩格斯能到这里来。

祝你顺利。大家同魏特林根本合不来；还有别的什么办法吗？此外，看来他还过得不错，可以说过得很好，而且还过得非常好。

赫斯来信说，他希望同你保持经常联系。我也希望这样。但是，我在给你的信中已经提到一个原因，为什么我没有像我想象的那样满足这个愿望；其他原因我以后写信另告或与你面谈。

再见。

你的　艾·

我的朋友拉福里从科隆和耶拿都给我写过信，他很能干，同时也十分**诚实**；他十分尊敬你。

手稿　　　　　　　　　　　　　　　　　第一次全文发表
莫斯科苏共中央马列主义研究院
中央党务档案馆，F. 20，Nr. 7

莫泽斯·赫斯（科隆）给卡尔·马克思（布鲁塞尔）的信

1846 年 7 月 28 日

［……］我完全同意你新近对丹尼尔斯所谈的关于共产主义创作的观点。起初，共产主义目标同德意志意识形态相结合是必要的，而如今根据历史和经济的条件加以论证同样也是必要的，否则我们既对付不了"社会主义者"，也对付不了形形色色的敌人。［……］

手稿　　　　　　　　　　　　　　　　　　　　　　　　　　　摘要

莫斯科苏共中央马列主义研究院

中央党务档案馆，F. 1, op. 5, Nr. 115

亨利希·毕尔格尔斯（科隆）给卡尔·马克思（布鲁塞尔）的信

1846 年 8 月 11 日

1846 年 8 月 11 日于科隆

亲爱的马克思：

我们一直担心邮路不安全，特别是担心关于委员会事务的信件的安全问题，否则我们早就回复你 7 月 29 日的来信了。现在，我让埃尔旺根人、符腾堡的陪审推事霍尔德将当前的一些情况转达给你。这个人是我昨天晚上在赫斯的协会里见到的，还谈不上熟悉；可是他马上就要起程，所以我只能谈一些最重要的事情。

关于在这里建立通讯委员会一事，我们，即我和丹尼尔斯，经过反复考虑后确认，就目前的条件看，让这里的人发表一项关于目前形势的明确声明，是不会成功的。如果我们问他们是否愿意参加这个拟议中的委员会，那无疑没有人会拒绝，但是，除了德斯特尔以外，可能没有一个人会积极参加通讯活动。这就是目前的症结所在。他们听说过以前人家写的东西，听说过我们，即丹尼尔斯和我，可能还有德斯特尔的通讯内容。这种情况越早改变越好，因为这些人根本无讯可通，首先必须加以引导，使他们感到有集体讨论的需要，认识到以某种方式有效地参与宣传鼓动的必要性。他们中间的有些人也许根本是不可救药的。最近，这里群情十分激昂，一是因为对市议会选举展开公开辩论，二是因为最近发生了军警暴动。关于这两件事容后再详谈。这里只谈谈德斯特尔的事，由于这两件事，他成功地博得了这里小资产阶级领导人的信任，甚至好感。我认为这一胜利很重要。上面所说的那些人已经认识到，他们同这里**公然**以克莱森、奥本海姆、屈尔韦特、律师赫伯茨等人为代表的大资产阶级之间有着不可逾越的鸿沟。不过，仍然可以看出，他们尚未明白他们二者利益之间的真正区别；他们试图通过自己的政治信条同那些人——他们切齿痛恨的金钱贵族和精神贵族①——实行公开的决裂，但纯属徒劳。这时，德斯特尔擦亮了他们的眼睛，使他们在公开集会上表明，当前的社会贫困是由"资本的力量造成的"，他们赋予未来市议会的使命是投票支持不加任何限制的出版自由，投票支持以普选权为基础的人民代议制；今天他们要投票支持征收累进所得税（这在各方面看都是毋庸置疑的了），投票支持"能确保全民各阶级的福利的劳动关系和货币关系的改革"。这些意见是他们中的一个人在我们的鼓动下提出来的，但愿不致遭到太多的反对，因为德斯特尔由于最近几天的事件，在他们中间已赢得了很高的威望。真的，他在几天以前参加了一次主要是这些人参加的晚会，会上，他们要求他下次作共产主义的报告。如上所述，这是他们自己提出的要求；当德斯特尔保证他肯定能争取他们拥护他的思想时，他们几乎一致表示赞许他的保证。

---

① 破折号内的这句话是后加的。

这些小市民虽然孤陋寡闻，但多数人心地并不坏。只要他们愿意发挥一些另外的作用，其自然地位就会迫使他们支持第三、第四等级。如果说他们对社会状况关心不够，那主要是由于他们被迫越来越多地考虑自身生存问题。我是说，如果我们能够通过经济研究把这些人争取到我们一边来，那么，我们的党就会在这里得到很大发展。可是我不想沉醉于对未来的幻想之中。

所以，我有时这样想，还是让我们一如既往地通讯。如果以前那种讨论会有朝一日得以恢复（奇怪的是，在这里，有些微不足道的情况竟然起着决定性作用），那么，其他问题自然就迎刃而解了。

还有一点，雷姆佩尔先生最近让人一再恳求我和丹尼尔斯，把为《威斯特伐利亚汽船》募集的捐款给他寄去。早在你们同他们完全破裂之前，我就为他们募捐了，那完全是缺乏资金的缘故。吕宁博士先生在一周前的一封来信中竟然对我说："如果您收到恩格斯先生和马克思先生写的反对［……］①和迈耶尔等人的声明（据我所知，在这个声明中，后者竟被卑劣地贬称为资产者和剥削人的资本家，而原因只是他们本想出于好意资助办一家出版社，但没有办成），那么，您在答复以前先作一番评价。这篇东西似乎是恩格斯的狂妄和虚荣的产物，而马克思则完全是听信了一面之词。"

你看，这些人似乎想进行自卫。对此，我什么也没有回

---

① 手稿缺损。

答，但我也没有中断联系。我觉得，在我们这方面使年轻人脱离这种关系，也许更好些。这一点也许会为那个出版社计划，即赫斯别出心裁地称之为私有财产的出版社计划提供最好的理由。我对你谈这些，无非是想避免因反对这些人而引起对我的误解。关于赫斯，正如他自己说的，想这里的"革命"简直快想疯了；他热衷于极其可笑的可能性，大谈什么市民用武力占领科隆，什么莱茵省的起义和社会前景，等等。他对这些胡说异常认真，简直太可笑了。

手稿　　　　　　　　　　　　　　　　　　第一次全文发表

莫斯科苏共中央马列主义研究院

中央党务档案馆，F. 20，Nr. 89

海尔曼·艾韦贝克（巴黎）给卡尔·马克思（布鲁塞尔）的信

1846 年 8 月 14 日

1846 年 8 月 14 日于巴黎

亲爱的朋友：

首先我向你转达贝尔奈斯和莫伊勒对你的问候。你的来信我已经收到了，我为你们身体健康感到欣慰，但同时我也要坦率地告诉你，我也感到忧虑。我知道，你同威斯特伐利亚人决裂了。这简直太糟糕了。这样一来，我们的美好事业就要受到损害。我只认原则而不认人，我只是从**你的**来信中了解到一些详细情况，不过请你三思，你们的这种决裂是毫无好处的。我们的共同敌人从来就是那么几个！现在就连一些讨人嫌的家伙也来反对我们，这些家伙只有通过**联合一致的**活动才能消灭，但不是用决裂的办法来消灭他们！——海因岑这个人我不太熟悉，不过听说他虽然心胸狭隘，却是一个性格刚强的人。值得指出的是，**格律恩激烈地反对他**。为什么？我不知道，这同我也没有什么关系。可是，这么相互攻击，岂不可悲？格律恩在苏黎世拜访了卢格，不过他们俩似乎谁也不为此感到高兴。有人说，卢格又想回到这里来！据说，他在那里待腻烦了。我同他没有什么联系。在这些人看来，"党"已经彻底垮了。我知道，你们在布鲁塞尔曾经风雨同舟、和衷共济，可我不知道你究竟为什么又同威斯特伐利亚人决裂。如果你不告诉我，我是无话可说的。**考虑到你本人可能有被人误解的危险，我请求你尽可能不要把你同至少还有高尚意志和金钱的资产者之间的裂缝搞得太深了（也许他们并不太明智，尽管我对他们并不了解），因为现在的关键问题是出版你的著作。**出版一个批判性的季刊也是好事，可我不能想象，他们竟对这种评论性季刊突然感到厌烦了！而他们起初是完全同意的！朋友，如果我们这帮穷人不再使用对我们友好的资产者的财力（尽管这一数量少得可怜！），结果将会怎样呢？

我听说，你是不满意费尔巴哈的功绩的，当然是因为他没有坚决而彻底地走向社会主义。在此期间，他在补遗①中直言不讳地说：他在研究脑病病理学，而脑病往往就是胃病的起因。因此，你也许不愿给他作序，关于这个问题以及其他一些问题，恕我下次再详谈。我在这里等待恩格斯，但我不希望等得很久。这里需要他。现在，我正在定期地在晚上作报告（历史和自然史），每周三次，讲稿就是我的手稿。另外，我也讲一点国民经济学，可恩格斯和赫斯（听说他也要来）才是这方面的行家！格律恩可能**不再**愿意作他的美学报告了，**他的报告没有引起特别大的兴趣。可见，我一个人不能肩负这么**

---

① 路德维希·费尔巴哈《宗教的本质》，载于 1846 年《爱比格尼》（莱比锡）第 1 卷；参看恩格斯 1846 年 8 月 19 日和 10 月 18 日给马克思的信（载于《马克思恩格斯全集》德文版第 27 卷第 33—34、55—58 页，参看《马克思恩格斯全集》中文第 2 版第 47 卷第 386—390、415—421 页）。

多的重担，因为朋友莫伊勒是个不能承重的支柱，体弱多病，被家庭困扰拖垮了，不过他愿意承担文学史。我的报告首先必须打好基础，我是非常严格地按规定做这件事的，听众可作记录，而且我要检查。这一切，请注意，当我需要同时做两件大事的时候，我往往奋不顾身，全力拼搏。我几乎撑不住了，而且我还要摆脱一切旧的管理框框。我想，但愿这些人最终能**自己管理自己**；他们已经学了 10 年。① 我只想从现在起在这里当个老师。此外，警察又在鬼鬼祟祟地活动了，正在里昂迫害卡贝分子和我们的人，我们的人的家里遭到了搜查和卑劣的询问，拆检巴黎的来信和书刊等等。在这里，两个细木工因深更半夜在巴士底广场用德语私下议论法国国王而被监禁了三个星期，并被注销签证，遣送**伦敦**。这一切都使人感到恼怒和愤慨。外加上面提到的我们党内无尽无休的争吵，我简直生气极了，你感到奇怪吗？达摩克利斯剑从长远看是一种坏东西。

　　祝你安好。向大家问好，代我向你亲爱的燕妮问好。孩子们在干什么？

你的　艾·

手稿　　　　　　　　　　　　　　　　　第一次发表
莫斯科苏共中央马列主义研究院
中央党务档案馆，F. 20，Nr. 8

---

　　① 艾韦贝克在这里显然是指正义者同盟的组织领导工作，此项工作秋天转交给了伦敦组织。

亨利希·毕尔格尔斯（科隆）给卡尔·马克思（布鲁塞尔）的信

约 1846 年 8 月中旬

[……] 我在上一封信中谈到的提案，经过这里选举大会的激烈辩论获得了通过。尽管有人无聊透顶地污蔑在经济一章中阐述的共产主义，这个提案还是以压倒多数通过了。资产者们气得咬牙切齿，像挨了打的狗一样在城里乱窜，对惊讶不已的公民们说，我是这里共产主义者协会的主席（我在这次有利于提案的辩论中取胜，是一个偶然事件促成的），而说德斯特尔是主要鼓动家，是受人欢迎的宣传家。对这种可笑的说法你能说些什么呢？此外，这次辩论已经取得圆满结果。我在辩论中尖锐地抨击了自由派的德文报纸，它们为资产者的利益而无视社会问题，从不鼓励对社会状况的研究，而且还充当保护关税和自由贸易的庸俗无聊的工具等等。[……]

手稿   第一次发表

莫斯科苏共中央马列主义研究院
中央党务档案馆，F. 1，op. 5，Nr. 120

约瑟夫·魏德迈（雷达）给卡尔·马克思（布鲁塞尔）的信

1846 年 8 月 19 日

1846 年 8 月 19 日于雷达

亲爱的马克思：

我的住处很不固定，所以给我的来信往往很久才到我的手里。我今天才给你回信，也是这个原因。

有人估计，我在回答你们的抨击时，曾想同你大闹一场，这一点确实使我十分惊讶，但我实在不知道该从何谈起。如果我有意同你闹翻，只要干脆中断通信就行了，因为你们直接给迈耶尔和雷姆佩尔写信，我的调解就成了多余的了。你们之间的纠葛确实令人不快，我也不例外。可我始终不认为这就是导致党内分裂的原因。我想第一个原因是误解，我写这封回信的主要目的就是想消除这些误解。因此，我在获悉关于谈判的确切日期以前，不能发出这封信。我不想同你辩解，而是想用从另一个侧面说明这整个事件的事实来驳斥赫斯的论断。① ［……］

---

① 下面描述了关于出版社问题的谈判，特别描述了赫斯在谈判开始前的发言。

关于你们信①中的某些不得体的地方的修改问题，我看你就不必修改了；至于别人对我怎么看，我无所谓。你信中的某些地方只伤害了我一个人，因为我觉得你是有意这样伤害我的。你认为迈耶尔的话是什么意思，如果我像你一样激动，很可能得出同你一样的结论。迈耶尔说这类话即使很隐晦，但我也看得出。[……]

反克利盖的通告在《威斯特伐利亚汽船》上几乎是逐字逐句发表的。你对此不必再有什么顾虑，因为《人民代言者报》已全文刊登了这个通告。不过在《汽船》上发表时删去了署名。我告诉过你，结束语是吕宁写的，这样你以后就可以作出判断，《汽船》的批判究竟有多大必要："如果细心的读者在这个结束语的某个地方发现了《汽船》的自我批判，那我们一点不觉得羞愧。我们从来没有声明我们的阐述是总结性的，我们要共同对时代、对现实的人的运动、对现实关系进行研究和学习。我们一贯认为，不能停顿，不能退却，只能勇往直前。此外，外部情况常常迫使我们不能说大实话，而说一些华而不实的漂亮话，这使我们感到十分难堪。"[……]

如果这种纠葛会影响我们的私人关系，那会使我感到异常难受。但是，按照我的信念，我不能采取别的行动。如果你想招致党的分裂，那我会不假思索地就知道该站在哪一边。在这个问题上，我只能说这就是你们的过错了。

---

① 这封信没有保存下来。

祝你安好！

你的

约·魏德迈

附信请转交给沃尔弗。

手稿　　　　　　　　　　　　　　　　　　　　　　　节录
莫斯科苏共中央马列主义研究院　　　　　　　　　第一次发表
中央党务档案馆，F. 1，op. 5，Nr. 122

海尔曼·艾韦贝克（巴黎）给卡尔·马克思（布鲁塞尔）的信

1846 年 8 月 20 日

1846 年 8 月 20 日于巴黎

忠实的朋友：

　　我很高兴地在这里见到了弗里德里希·恩格斯。他来的那天，我刚把我的信寄出去，而他立即把事情的经过告诉我了。所以，你就当没有收到那封信，现在，关于威斯特伐利亚人的一切我都知道了，这就够了。此外，关于格律恩其人的禀性，我现在也更清楚了。我刚刚读完他的《我被驱逐出巴登》①，这部拙劣的著作使我长了不少见识。现在，对这个人，我已同意你们的看法。余言以后再谈。

　　再见。我谈这些，是想避免误解。弗里茨向你和你夫人问好。

你的　艾·

手稿　　　　　　　　　　　　　　　第一次用原文发表

莫斯科苏共中央马列主义研究院

中央党务档案馆，F. 20，op. 1，Nr. 9

---

　　① 卡尔·格律恩：《我被驱逐出巴登，被武力引渡出莱茵巴伐利亚的经过和我在德国人民面前的辩护》1843 年苏黎世—温特图尔版。

约瑟夫·魏德迈（希尔德舍）给卡尔·马克思（布鲁塞尔）的信

1847 年 1 月 8 日

1847 年 1 月 8 日于希尔德舍

亲爱的马克思：

这次又有一封魏特林的信落到了我的手里，这封信他虽然没有公开通过书店，而是私下寄给克利盖的，但克利盖并没有完全把它当做私人信件处理，而是郑重其事地把它寄回了欧洲。据我对信的内容和对魏特林的性格的一般了解，我能猜到其用意，但是，有些事实，不了解其详情就很难对付。我把这封信寄给你，希望你给我和这里的人说明一下，应该怎样处理这封信。同时你将从中看到，美国方面最近可能会对我们全党，特别是对你发起什么样的进攻，因为魏特林目前在那里亲自出马，加强了克利盖的实力。但是，如果你不在这封信上另做文章，至少不供给报纸使用，我将很高兴。看来魏特林以为我们这里除了反对他就无事可做了，其实，除了奥斯纳布吕克的那一帮手工业者外，几乎没有人把他放在心上。据我所知，《人民代言者报》也只是在那里生存，自从它刊登那篇批判文章以来，我再也没有读过它。[……]①

---

① 下面是魏特林 1846 年 5 月 16 日给克利盖的信的一段。

请把信中的附条转交给沃尔弗。

请转达我对日果的问候。埃德加①躲到哪里去了？

祝你安好！

你的

约·魏·

---

① 埃德加·冯·威斯特华伦。

海尔曼·艾韦贝克（巴黎）给卡尔·马克思（布鲁塞尔）的信

1847 年 6 月

1847 年 6 月于巴黎

亲爱的：

我已经很久没有写信了，因为恩格斯可以处理一切事务。不过我今天去信是想打听一下你的健康情况，打听一下你亲爱的夫人和孩子们的近况。正像你从恩格斯那里知道的那样，这里发生了很大变化：过时的施特劳宾人①已被恩格斯和他的一些积极拥护者搞垮了。我之所以做不到这一点，是因为我现时已是老朽无能；在立宪国家中，老朽无能这个词的意思，就是必须换个新官上任去放三把火。另一方面，我想，有目的地同卡贝老爷子建立更密切的联系是必要的。我相信我是了解这个老撒旦的，所以我认为这是再好不过的事了，因为只要你对他**献一点殷勤**，他就会**对你有很好的看法**。比如你不妨从他把《人民报》改为**周刊**的那个月起就订阅该报；他改出周刊已经

---

① 施特劳宾人是德国的手工业者帮工。马克思和恩格斯用这个名称来称呼那些在很大程度上还受着落后的行会意识和成见支配的德国手工业者；马克思和恩格斯也用这个绰号来称呼某些参加德国工人运动、暴露出小资产阶级宗派主义倾向的人。

有好几个月了，仅仅这一点就足以证明，他的实力，经济实力和其他实力都大大地加强了。[……]

请你不要对我的建议感到奇怪，它对卡贝将会产生良好的影响。我觉得他在我们中间物色反对傅立叶派和蒲鲁东派的同盟者。[……]

矮子①的情况我一点也不知道。恩格斯为他吃尽了苦头，这一点我可以作证。**自去年秋天以来**，我就没有见过他。目前，我同莫泽斯·赫斯根本没有什么来往。他多次邀请我，可我总共同他见过三次面。我知道他是肺结核病患者，理应给予同情，但我不能同情他。**他满嘴尽是谎言，一味毫无意义地吹嘘**，为此我很讨厌他。不过，你们似乎对这种喜欢饶舌的人已习以为常了。他独断专行，**不时**往卡贝那里跑，关于这一点，无论他还是卡贝，对我和恩格斯都只字不提，还自以为有理。要留神。

尊敬的牧师卡尔·格律恩博士我只是在明信片上见过。有一次他在给我的信中称我**为莫逆之交，我严词拒绝了，**同时还附带**说明了理由**。我受人愚弄已经够多了，再也不想同干这种事的人称兄道弟了，今后我要加倍小心。[……]

手稿　　　　　　　　　　　　　　　　　　　　节录
莫斯科苏共中央马列主义研究院　　　　　　第一次发表
中央党务档案馆，F. 20，Nr. 11

---

① 指卡尔·路德维希·贝尔奈斯。

乔治·朱利安·哈尼（伦敦）给卡尔·马克思（布鲁塞尔）的信

1847 年 12 月 18 日

亲爱的马克思：

　　我的身体至今一直非常不好，所以这里只能告诉你，关于明年 9 月在布鲁塞尔举行民主派代表大会的提议已经在民主派兄弟协会、德意志工人协会、首都宪章派委员会和宪章派执行委员会的每月例会上一致通过。

　　1848 年的第一周再给你写信。

乔·朱·哈·

1847 年 12 月 18 日于伦敦

手稿

莫斯科苏共中央马列主义研究院

中央党务档案馆，F. 20，Nr. 14

约瑟夫·魏德迈（哈姆）给卡尔·马克思（布鲁塞尔）的信

1848 年 1 月 2 日

1848 年 1 月 2 日

　　致以衷心的新年问候，亲爱的马克思！感谢你又给我提供了一点你的生活信息。[……] 这里的一切虽然有些进展，却缓慢得可怕。如果在此之前没有什么来自外界的巨大干扰，无疑我们能等待来年第二届联合省议会的召开。那时资产阶级可能会战胜封建主义，但到目前为止，反动派还是那么恬不知耻、趾高气扬。而最可悲的是，在资产阶级同专制制度之间的这场胜败未决的斗争中，我们党根本不能有什么表现，当然，正式建党就更不可能了。我们到处都只有几个人聚集在一块儿，也就是说，到处都只有一个领导人懂得把年轻资产阶级中的一些革命分子聚集在自己的周围。只有过一次像巴登那样的自由，只召开过一次奥芬堡大会①，而事情会发生变化。但在取得更大的斗争场所之前，人们不得不以德国式的耐心来伪装自己，为取得一点小小的成就而沾沾自喜。我还没有放弃我的办报计划，我想立即抓住书报检查制度刚刚实行的时刻，呼吁

---

　　① 1847 年 9 月 12 日，巴登的民主派在奥芬堡提出了一项资产阶级民主纲领。

在莱茵省创办一家民主报纸。我的奋斗目标至今还是通过对外通讯为自己获得必要的生活资料，使我不再受外来工作的影响，致力于研究和宣传。我是否能成功，还不得而知。

《德意志—布鲁塞尔报》我只有几号，而且我只读了一篇你反对海因岑的文章，它颇合我意。不过从 1 日起，我们就有几份报纸了。你们掌握了这家报纸，简直太棒了。我相信，它不久就会征得足够的订户。为保障它眼前的生存，我们无产者能捐赠多少就应该捐赠多少。当然只能捐助少许钱，但是我想，这少许钱也是值得欢迎的，何况同别人的少许钱加在一起，也许就足以保证它的生存了。你们也将会从我们这里收到通讯，不过，要是信件付邮资不被列为通讯员的必要条件，至少不被列为知名通讯员的必要条件就好了。请尽快通过可靠的途径给我答复，再把可靠的通讯处告诉我。你如能给我搞到一本去年第四季度的《德意志—布鲁塞尔报》，我将非常高兴。我原先根本没有这份报纸，但我很想从头至尾拜读你的大作。[……]

格律恩这个无赖还没有给我答复。① 我早已估计到，我把此事泄露给编辑部②会激起极大的义愤，对此我很高兴。但是，如果没有必要的话，我可以对他不屑一顾。他的污点是够多的，我们从现在起就必须立即防止同他接触，以免玷污我们自己。

我的夫人和我向你和你的全家致以衷心的问候，并请转达

---

① 指在《威斯特伐利亚汽船》上刊登马克思的批判文章。
② 指《特里尔日报》，魏德迈在 40 年代中期曾担任过该报编辑。

我对日果和沃尔弗的问候。巴枯宁现在可能也在布鲁塞尔吧，他没有从俄国抢救出什么财产来吧？

　　请尽快回信。

你的

手稿
莫斯科苏共中央马列主义研究院
中央党务档案馆，F. 1，op. 5，Nr. 156

节录
第一次发表

约瑟夫·魏德迈（哈姆）给卡尔·马克思（布鲁塞尔）的信

1848 年 1 月 17 日

1848 年 1 月 17 日于哈姆

亲爱的马克思：

现给你寄去20 本《威斯特伐利亚汽船》的试刊号，请把其中的一部分交给沃尔弗①，如果你们对它的传播有兴趣，请寄几本到伦敦去。如果 20 本不够，还可以再给你寄一些。目前，我正在为了宣传和革命的目的而忙于筹建一个储金处。我想，由此至少可以在我们党内根据这里的条件建立相应数量的组织。吕宁也赞同我的建议。所以我想，我们不久就能拥有比以前更多的经费。在这里，我们正在为《德意志—布鲁塞尔报》的发行而共同奋斗；该报非常适合于事先耕耘这块土地。[……]

手稿　　　　　　　　　　　　　　　　　　　节录
莫斯科苏共中央马列主义研究院　　　　　　第一次用原文发表
中央党务档案馆，F. 1，op. 5，Nr. 157

---

① 可能是斐迪南·沃尔弗。

格奥尔格·维尔特（科隆）给卡尔·马克思（巴黎）的信

1848 年 3 月 25 日①

1848 年 3 月 25 日于科隆

亲爱的马克思：

我来到科隆已经有好几天了，这里的一切全都武装起来了，人们不相信柏林的诺言，他们只有争得普选权、绝对的出版自由和结社权才会感到满足。旧的邦议会在人民心目中已成了一具僵尸，而现在还能见到的不完全民主的所有前议员都被撵下了台。今天有 5 名议员前往柏林，去向国王汇报这里所发生的一切情况。而人们只同意通过普选产生的新的邦议会。至于法兰克福国民议会，人们也将采取措施，派几个人到那里去，严密监督其议员。

尽管这里所实行的一切相当民主，但是，只要一提起共和国这个词，人们就感到毛骨悚然。而这里是不会欢迎巴黎的德国人进驻的。

与此相反，据说科布伦茨和上莱茵河一带则比较赞成共和国。

---

① 这封信包括一小段 3 月 26 日或 27 日来自布鲁塞尔的附言。

共产主义是一个非常可怕的字眼，共产主义者如果公开抛头露面，有人可能会用石块把他们砸死。丹尼尔斯、毕尔格尔斯和德斯特尔正在商量创办一家新报纸。他们认为可以筹得基金，但我觉得还值得怀疑。

你别待在巴黎了，如果你到这里来，肯定会有好处，如此等等。因为目前在这里无论如何有许多事情可做。警察当局是无能为力的，到现在为止，大赦似乎已为期不远。

致以衷心的问候。

你的　维·

特德斯科又到布鲁塞尔去了。迈因茨和我们都在科隆。科隆人可能要派毕尔格尔斯去美因河畔法兰克福。① ［……］

手稿　　　　　　　　　　　　　　　　　　　　　　节录

---

① 参加1848年3月31日至4月3日在美因河畔法兰克福举行的所谓预备议会的科隆议员，除了亨利希·毕尔格尔斯之外，还有卡尔·德斯特尔。

约翰·席克耳（美因茨）给卡尔·马克思（科隆）的信

1848 年 4 月 14 日

1848 年 4 月 14 日于美因茨

亲爱的马克思：

我在曼海姆我弟弟那里逗留了几天，今天刚从那里回来。到家后，发现了一封你夫人的来信，因此，我赶紧寄给你。从这里，我没有什么喜讯告诉你。美因茨人就像所有这些德国南部的黑红黄三色蠢驴一模一样，全是可鄙的、怯懦的却是爱吹牛皮放大炮的蠢猪！在这群流氓中间，我感到深恶痛绝，必须经常同他们作斗争。在这里，一个人如果以共产主义者的身份出现，肯定就会被人用石头砸死，尽管这群蠢驴对于什么是共产主义一窍不通。但我由于不善于隐瞒自己的观点和信仰，或者说不善于说服这些家伙收回他们的那一套胡说，所以我并不怎么喜欢这个地方。工人—资产者联合会有 300 名成员，瓦劳任主席，而我总觉得这一切都非常滑稽，就像一所小学，工人在那里学习朗读、书写和计算，而卡利施每周上一堂课，也使这群蠢驴学习说话！这简直是发疯！同盟组织进展缓慢，因为必须谨慎从事；施土姆普弗在非常积极地活动，我也是，可该死的美因茨笨蛋呢？如果我还在这里待下去，又要开始变成傻瓜了。我什么也不想，只是一心想回到你们身边，紧跟你，就像从前信徒们紧跟他们的基督那样！噢，赶快使我摆脱这帮可怜的自由派资产者和共和派畜生吧，否则我就要被这帮人感染了。

代我向恩格斯兄弟和德朗克等人转致衷心的问候，祝好，别忘了永远忠实于你的

约·席克耳

写于奥古斯丁纳巷

下周我将给恩格斯寄去他的最后一笔存款，给我写信！

手稿　　　　　　　　　　　　　　　　　　第一次全文发表

莫斯科苏共中央马列主义研究院

中央党务档案馆，F.1，op.5，Nr.171

恩斯特·德朗克（美因河畔法兰克福）给卡尔·马克思（科隆）的信

1849年4月29日

亲爱的马克思：

我有意这么长时间没有写信，因为我总希望能有更好的消息告诉你。就拿股份①来说吧，到现在一份也没有征到，或者说同没有征到一样。现在，这帮狗崽子就是抓住他们的钱不肯松手，好像他们知道将来不付给他们利息似的；而我愿意与之共担风险的少数几个人则首先要一个计划，你知道，一个银行家所理解的计划并不是什么报纸的出版计划，而是财政上的计划。怎么办？我争取到的都是订户，而就连这些订户也总是表现得那么可怜，似乎他们只想证明是在为办报效劳。在法兰克福这里，如果你们愿意给我寄一份由一名**银行家**签字的价目单或预告之类的东西，我也许还可以争取到一些人认股。莫泽斯②在这里，我总觉得这个人阴险狡猾；尽管我没有见过他本人，但我还是得知了他在勒文塔尔和老奥本海姆那里干了些

---

① 为《新莱茵报》征股。
② 莫泽斯·赫斯。

什么。

我在科布伦茨创建了一个同盟组织，当然它现在还很弱小。我把这些人指派到美因茨去，但我后来发现，美因茨人漫不经心到了极点，而且已陷入无政府状态。因此，我在返回科布伦茨的时候，将让这些**非常**需要监护的科布伦茨人到科隆去。在法兰克福，我已经找到**两个人**，并委托他们从手工业者联合会中招募人员，因为那里有能干实在的人，但我却把这些人列为美因茨人，真可悲。不过，如果报纸不马上出版，我将亲自再去一趟，设法使这个组织长期维持下去。在美因茨，这些汉子全都不满意梅特涅，连他们自己都不知道为什么；与此相反，我曾到班贝格尔（可能是此人，而不是齐茨将被选入议会）那里去过，我认为他是可以被吸收入盟的；这一点，对于美因茨同盟组织的存在十分重要。我没有到哈瑙去，因为我同我老头子完全闹翻了，他在经济上把我弄得非常拮据，体面扫地。明天我回科布伦茨，继续办理我的国籍问题①；我到那里以后，如果你愿意把有关报纸的消息（现在正**需要**）告诉我，我将非常高兴。在哥特沙克处，我已给你留下我的地址："考夫曼·A. 多米尼库斯。"［……］

在科布伦茨工人俱乐部的成员中，有非常优秀的工人，成员总数已达150—200人，并且还在迅速增加。如果对这个俱乐部的领导人进行适当的监督，该俱乐部是不难控制的。有关情况我在这封信中就不多谈了，因为我按照哥特沙克处的地址

---

① 试图重新获得普鲁士国籍。

写给你的信通过邮局可能不太安全。详情来日面谈。

向你和你夫人致以由衷的问候!

你的　矮子

又及：恩格斯知道奥托·维干德已将他的书①的第 2 版寄出去了吗？我觉得斯蒂凡②在柏林扮演了颇为可疑的角色?!如果你给我来信，请详细谈谈这一切。

手稿　　　　　　　　　　　　　　　　　　　　　　　　节录
莫斯科苏共中央马列主义研究院　　　　　　　第一次用原文发表
中央党务档案馆，F. 20，Nr. 17

---

① 实际上指的是恩格斯《英国工人阶级状况》1845 年第 1 版的剩余部分。1848 年，维干德为这部分加了新的书名，并作为"第 2 版"出版。
② 斯蒂凡·波尔恩。

斯蒂凡·波尔恩（柏林）给卡尔·马克思（科隆）的信

1848 年 5 月 11 日

1848 年 5 月 11 日于柏林

亲爱的马克思：

你也许已从某家报纸上获悉，我在这里同警察当局进行了斗争，因为他们蓄意驱逐我。这就是我没有顾上立即给你复信的原因。我马上回答你的 3 点要求。

1. 这里现有 4 家报纸。《福斯报》和《施本纳报》是你知道的，它们还是老样子。《柏林阅览室》在革命一结束就大搞激进主义，因而失去了许多订户。看样子，它维持不了多久了。还有一家新出版的报纸，即鲁滕堡编辑的《国民报》，这家报纸要维持下去似乎也很困难。它向各党派卖弄风情，是一家带有温情主义色彩的非常灰色的报纸。这 4 家报纸都愿意刊登我的文章。至于杂志，这里有：（1）为工人出版的《人民之声》，非常无聊，眼看着就要完蛋了；（2）《德意志工人报》(有一个由手工业者组成的编辑委员会)①，是一只喇叭，人人

----

① 《德国工人报。工人和雇主的刊物》每周出版两次，它的编委有：比斯基、黑策尔和施瓦尔茨以及波尔恩（从 1848 年 5 月 20 日第 13 号起），吕霍夫为它捐了一些款。共产主义者同盟盟员曾力图确定该报的方针，未能成功。

都可以去吹，因此我离开了编辑部；（3）施勒弗尔①的《人民之友》，一般说来还算健康，有时充满激情，不懂经济学问题，总的说来，它是主张社会主义和共产主义的，因此，无产者喜欢读它。另外还有几家报纸，但都不值一提。我编辑的工人报纸《人民报》将从6月1日出版，每周出3次。我在这里有很多熟人，因此可望受到欢迎。

2. 各党派逐步开始清醒，它们日益分化。不久，每个人就将知道自己属于哪个党派了。立宪派俱乐部（银行家、枢密顾问、教授、犹太人、交易所的行情、法律、丑闻、流言蜚语、柏林的俏皮话，这些就是它的内容）变得越来越无聊了，特别是在选举之后——他们在选举中一败涂地。政治俱乐部（荣克、邦议会议员迈耶尔、施勒弗尔、扎斯、大学生、马拉派和罗伯斯比尔派和反对一切庸人的人）现在似乎在争取博得激进派的好感。社会主义在一切阶层（柏林的资产者们——酒店的常客们除外）中间获得很大成绩。慈善事业打开了门路，把人们手中的金钱拿过来让工人分等等。无产阶级愈来愈革命。因此，我尽量阻止发生无益的暴动，但同时又处处把分散的力量组织成一支强大的力量。可以说，我在这里领导着工人运动。资产者们相信我的组织才能，他们不了解我正在把工人团结起来，目的只是为了避免引起不必要的惊慌。他们反对驱逐我的意图。我是这里的类似由很多行会和工厂的代

---

① 古斯塔夫·阿道夫·施勒弗尔深受社会主义思想的影响，在该报奉行革命民主主义政策。

表组成的工人议会的主席。商业大臣①现在和我们建立了联系。② 此人不知道他该干什么，正在瞎干一气。总的说来，激进派最近取得了成绩，这些人不再害怕共和国这个字眼了。

3. 关于同盟本身（它在这里现有的那种样子）的情况，我现在无可奉告。谁也没有时间按照从前的方式去建立一个巩固的组织。它瓦解了——它在各地，并且没有一个地方不是如此。这一点在目前并不使人感到遗憾，因为每一个人都在尽他的义务，等稍微安定一些，有了时间再干也不迟。

我欣然接受你提出的为你的报纸写通讯的请求。我只希望看到你的计划立即付诸实现。向你的夫人以及哥特沙克和恩格斯问好，把你那讨厌的议员、大主教③派到我这里来，我要管教管教他。

忠实于你的　斯蒂凡

于菩提树街 28 号

手稿 　　　　　　　　　　　　　　　　第一次全文发表

莫斯科苏共中央马列主义研究院

中央党务档案馆，F.1，op.5，Nr.173

---

① 冯·帕托男爵。

② 波尔恩、比斯基和柏林市议会的成员一起参加了商业、工业和公共工程部的一次会议，会上讨论了下层的劳动问题。

③ 指德斯特尔，他在迈恩地区当选为出席 1848 年 5 月 22 日在柏林举行的普鲁士制宪议会的议员。

恩斯特·德朗克（美因河畔法兰克福）给卡尔·马克思（科隆）的信

1848 年 5 月 15 日

5 月 15 日于法兰克福

亲爱的"丘比特"：

我刚刚收到一封你于 4 月份写的信，它经过富尔达、科布伦茨，最后到达这里。此外，我还收到一封你于本月 8 日写的信，它似乎只在科布伦茨耽搁了一段时间。

关于股份的事，我没有什么新的情况可以告诉你，无非就是我暂时在一些庸人那里碰了钉子，**不过我确信**，如果你们给我寄一份由一名银行家签字的正式计划来，我就能争取到大约 25 股，**但这件事要尽快办！**

在科布伦茨，我已经吸收那里的手工业者联合会主席、市参议员 F. **加布里埃尔·德里姆伯恩**入盟，并嘱咐他**尽快**给你们写信。这时，这些人都在忙于他们的牧师事件。在选举中，牧师们获胜了，赢得了一名候选人，当然这一候选人是一文不值的。你的朋友①赖辛施佩格也当选了。[……]

---

① "朋友"一词在这里是带讽刺性的，指的是奥古斯特和彼得·赖辛施佩格兄弟中的一个，他们俩作为反普鲁士的天主教教权主义的代表均被选入了柏林普鲁士立法国民议会。

我被迫回到了法兰克福，因为我急需钱用，并且要为某一书商写一本关于《普鲁士法律的归宿》的小册子。你的下一封信请寄到我用午餐的"符腾堡饭店"。我可能要到哈瑙去一次，在那里待一天，设法在那里建立一个支部。法兰克福的成员在我不在的时候，由尤利乌斯·弗勒贝尔先生带头干了一件背信弃义的事，而我从昨天开始就跑遍了全城，寻找两个巴黎工人，据说他们在这里，要在这里帮助建立同盟。

　　恩格斯在干什么？我在轮船上从一个商人（他把恩格斯说得很可怕）那里得知，前一段时间他回巴门去了。沃尔弗①在科隆吗？

　　许多人都准备为预订报纸的事而在摩泽尔河流域，在科布伦茨及其周围地区，以及在黑森选帝侯国积极活动，事情一有眉目，我就把他们的通讯地址告诉你。［……］

手稿　　　　　　　　　　　　　　　　　　　　　　节录
莫斯科苏共中央马列主义研究院　　　　　第一次用原文发表
中央党务档案馆，F. 20，op. 5，Nr. 18

---

① 这里指的是斐迪南·沃尔弗还是威廉·沃尔弗，难以确定。

恩斯特·德朗克（美因河畔法兰克福）给 卡尔·马克思（科隆）的信

1848 年 5 月 17 日

5 月 17 日于法兰克福

亲爱的马克思：

如果你在收到这封信时尚未回复我前天写的那封信，那就请立即给我回信！我只能在火车鸣笛启动之前赶紧向你报告一下：

1. 弗勒贝尔和爱德华·佩尔茨那个蠢驴想**征股**在这里创办一家报纸（《民主》）；如果你不立即给我寄一份出版《新莱茵报》的正式计划来，这帮畜生将从我这里夺走仅有的一点股份来源（在科布伦茨，**我起码**能征到 10—15 股）。

2. 请考虑一下，如果报纸在一个新季度开始之前**一个月出**版，会得到怎样的好处啊！第一批订户总是不太多的，因此，如果在出版 4 周之后，订户扩大了，那么，损失就会减少。

3. 今天晚上，在美因茨举行工人集会；佩尔茨（！）要去参加，以便要求人们加入一个法兰克福佩尔茨—弗勒贝尔中央委员会！① 我立即作了安排，今天也要前往美因茨，参加为今

_____

① 当时在法兰克福工人联合会中起领导作用的小资产阶级民主主义者埃塞伦、弗勒贝尔、勒文施坦和佩尔茨，试图把该联合会变成德国工人联合会的组织中心。

天准备的"资产阶级和无产阶级"的辩论，以便推迟佩尔茨的提案，如不行，就直接进行抨击。但是，我认为必要的是，你们可以通过中央委员会决议，指示同盟各支部，争取工人联合会，让他们（工人）不要同法兰克福建立联系，而同美因茨人（瓦劳、克路斯）建立联系。

4. 瓦劳被安排在美因茨工作，即安排在那里的《**莱茵报**》工作！《美因茨日报》出版人察伯恩根本不想过问他的事，目前，他在哪个印刷所工作都无所谓，可他偏在美因茨《莱茵报》工作！

尽快给我来信！

恩格斯在干什么？你夫人在干什么？

你的　矮子

手稿　　　　　　　　　　　　　　　　　第一次全文发表

莫斯科苏共中央马列主义研究院

中央党务档案馆，F. 20，Nr. 19

海尔曼·艾韦贝克（巴黎）给卡尔·马克思（科隆）的信

1848 年 5 月 21 日

[……] 我向你简单谈谈这里的情况；如果你觉得我这样谈还可以，那么我可以经常同你这样谈，只要你愿意。

请你也来信同我谈谈德国的情况，让我借此去见弗洛孔和《改革报》，而不致让无赖们霸占报纸。贝尔奈斯在拉马丁那里，后者派他到巴登去，以全权代表身份负责对法国的商务工作；据说现在这个小人竟以此四处炫耀，简直让人无法容忍。我觉得，我们党已被那帮人狡诈地利用了；我越来越感到讨厌，而你还明确地让我留在这里充当什么副代表。你的报纸出版了，我们的工人对此非常高兴！工人的人数增加了，他们的积极性也提高了。我们讨论了宣言，沃尔弗①在非常积极地活动，并且很讨人喜欢。

祝好。

艾韦贝克

（向你亲爱的夫人问好）

<table>
<tr><td>手稿</td><td>节录</td></tr>
<tr><td>莫斯科苏共中央马列主义研究院</td><td>第一次用原文发表</td></tr>
<tr><td>中央党务档案馆，F. 1，op. 5，Nr. 174</td><td></td></tr>
</table>

---

① 斐迪南·沃尔弗。

约瑟夫·魏德迈（达姆施塔特）给
卡尔·马克思（科隆）的信

1849 年 1 月 22 日

1849 年 1 月 22 日^①于达姆施塔特

亲爱的马克思：

　　下星期日，工人代表大会将在海德堡举行，人们非常热切地邀请我们参加。我迫不及待地想知道德国南部工人们的表现，他们是否将完全放弃旧的行会杂念，是否将同意革命的发展。一场艰巨的斗争肯定是不可避免的。我没有看过最近召开的民主派代表大会通过的纲领，仅仅从艾韦贝克最近发表的一篇文章中对纲领所作的评论中略知一二，该纲领同在伦敦通过的共产主义纲领非常相似。因此，我在即将召开的代表大会上将会受益，原因是我可以根据这个纲领申请加入民主派中央委员会。劳驾你，给我找一份纲领来。

　　昨天的会议^②是我在这里所见到的最好的一次会议。三月

---

　　① 信上注明的日期辨认不清，也可能是"1 月 23 日"，但从信中提到 1 月 21 日举行的大会这一点看，该信是在"1 月 22 日"写的。

　　② 魏德迈在他发表于 1849 年 1 月 26 日《新莱茵报》第 205 号上的一篇通讯中报道了关于这次大会的情况。

同盟①的倾向很快就被我们克服了，我们利用了由三月同盟召集的这次会议。许多人都直言不讳地表示，有必要进行第二次革命，因此下次再演出一系列新的审讯闹剧，我将不会感到惊奇。

　　我的夫人和我衷心地问候你和你的全家。

你的　约·魏德迈

手稿
莫斯科苏共中央马列主义研究院
中央党务档案馆，F. 1，op. 5，Nr. 191

———————

　　① 三月同盟即中央三月同盟；美因河畔法兰克福的中央三月同盟及其在德国各城市的分支，是在 1848 年 11 月底由法兰克福国民议会的左翼议员们组织的。同盟宣称它的宗旨是保卫德国 1848 年三月革命的成果。同盟是由小资产阶级民主派弗勒贝尔等人领导的，他们用空话代替革命行动，同反革命斗争时无能为力。马克思和恩格斯多次尖锐地抨击弗勒贝尔等人的不彻底和不坚决的政策，指出这种政策对革命的敌人有利。

卡尔·德斯特尔（莱比锡）给卡尔·马克思（科隆）的信

1849 年 2 月 12 日

亲爱的马克思：

如果波尔恩新近不带来关于你们的点滴消息①，如果我不读《新莱茵报》，那么我还真以为你们已经不存在了，因为我从来没有从你们那里得到一鳞半爪的消息。[……]

现在，我正遇到一个特殊问题，需要向你请教。早在去年 10 月和 11 月，就卢格这位大人物的《改革报》问题，在国民议会内外的党员中间引起了对他的极大不满，他们不满的理由，每一个稍微认真阅读《改革报》的读者都能明白。[……]

现在，在柏林创办一个坚定的民主派机关报已势在必行。[……] 在各方面的要求下，我们已为在柏林创办一个民主派机关报采取了一些步骤，而这种可能性，我说的是极大的可能性，目前已经存在。现在我向你提出请求，请你在这个问题上给我出主意，尤其是你能否给我们这个报纸指定一位主编，特别是指定一位能负责该报国民经济学部分的编辑。请你尽快回信，因为戒严一解除，我们就要开始进行这项工作。[……]

---

① 波尔恩在科隆拜访过马克思。

向大家问好。

永远是你的忠实朋友

德斯特尔

1849 年 2 月 12 日于莱比锡

我在伯尔尼通过工人联合会向恩格斯转达的致敬信,他可能没有收到。

通讯处:莱比锡 C. L. 布特。

手稿　　　　　　　　　　　　　　　　　　　　　　　　　　　　节录
莫斯科苏共中央马列主义研究院　　　　　　　　　　　　　第一次发表
中央党务档案馆,F. 1,op. 5,Nr. 200

J. P. 施米茨（宾根）给卡尔·马克思（科隆）的信

1849 年 2 月 22 日

科隆的卡尔·马克思先生①：

由于涉及一个崇高的目标，所以我冒昧地给您略写几行。我深信，这寥寥几行是不会白写的，因为我意识到，［您］现在对我的这件事情能够起很大作用，而且我还知道，您现在身居多高的位置。尽管我是科隆人，但对我这个人和我的名字您也许一无所知。自从本月 11 日以来，我在宾根这里创建了一个工人教育协会②，旨在对这里的工人进行民主的宣传教育，而这里却非常缺乏这种宣传教育（我是这样看的）。本协会现有 30 名会员，大部分是工人，我也是其中之一。在这期间，我暂时还是这些未开化人的头头，可惜，牧师们传授的教义问答在这些人的脑子里还太根深蒂固，如果不通过宣传教育来制止牧师们的胡作非为，那么，这种教义问答通过现在主要由君主制度使用的那种工具而将在他们脑子里继续存在。我请求您趁我开始时就在（您认为恰当的）方面给我以支持，并给我

---

① 信封上的称谓是：莱茵河畔科隆，《新莱茵报》编辑，卡尔·马克思先生。

② 宾根工人教育协会 1849 年 4 月底也加入了以科隆为中心的莱茵省和威斯特伐利亚工人各联合会的组织联合。

寄一些著作来，让我根据它们尽可能写一个真正民主主义的报告，给这些人一些启迪，吸收您的富有特色的思想。因为我是工人，不可能把很多时间都花在学习上。像我这种没有受过教育的人自己写一篇报告，要是没有您这样的人帮忙，是决不能给工人留下什么印象的。

希望尽快得到您的有利于我的目的的答复。

永远忠实于您的

J. P. 施米茨

1849 年 2 月 22 日于宾根

手稿　　　　　　　　　　　　　　　　第一次用原文发表

莫斯科苏共中央马列主义研究院

中央党务档案馆，F. 20，Nr. 20

斐迪南·弗莱里格拉特（科隆）给
卡尔·马克思（巴黎）的信

1849 年 6 月 22 日

1849 年 6 月 22 日于科隆

亲爱的马克思：

我从阿姆斯特丹回来后就已立即通知你夫人，在目前情况下，波斯特未经在吕登沙伊德的格施泰因的特别同意，是不愿把那 1000 塔勒交出来的。关于我这次旅行的不愉快后果，想必她已立即告诉你了。从那时起，我就再没有得到有关波斯特的其他消息，这一点或许可以说明：格施泰因并没有同意。

至于楚劳夫的问题①，楚劳夫（就是为了不让银行出卖他的股票）已用另外 3 张股票（每张通常为 100 塔勒）自行弥补了因股票行市下跌而由银行要求的 100 塔勒差额，所以，现在必须用 340 塔勒去赎回每张为 100 塔勒的整整 13 张股票。我准备听从瑙特的劝告，让人扣留这 340 塔勒以及波斯特还在期待的这笔钱的可能费用；采取这个步骤，你会发现，是完全

---

① 1849 年 1 月，亨利希·楚劳夫给《新莱茵报》资助了 13 股贝尔格—马尔克铁路股票，此事由马克思作保。

对你有利的。［……］

手稿   节录

莫斯科苏共中央马列主义研究院

中央党务档案馆，F. 1，op. 5，Nr. 228

克里斯蒂安·约瑟夫·埃塞尔（科隆）给卡尔·马克思（伦敦）的信

1849 年 9 月 28 日

1849 年 9 月 28 日于科隆

亲爱的马克思：

我没有收到过比您康复更可喜的消息。① 我们大家感到非常高兴的是，您担任了救济委员会的领导，为这些穷鬼奔波。这里的情况如旧，新近有人被捕。总之，司法当局现在比过去更加肆无忌惮；我不相信情况会长此下去。沙佩尔于 10 月 8 日接受威斯巴登刑事陪审法庭审理，诺特荣克于 9 日因为乌滕霍芬事件在科隆被传讯，我在 12 日由于冒犯国王的尊严被传讯，贝克尔在 13 日由于亵渎君王再次被刑事陪审法庭传讯②。天晓得，他们打算怎样发落我们，反正耐心等待吧，清算的日子反正已经不远了！弗莱里格拉特患重病，但已经有了好转，他得的是咽喉炎。您的号召书已经刊登在科隆报纸③上。我们

---

① 关于 1849 年 9 月初马克思患病一事，见 1849 年 9 月 5 日马克思给弗莱里格拉特的信，载于《马克思恩格斯全集》中文第 1 版第 27 卷第 535 页。——1849 年 9 月 9 日《西德意志报》（科隆）第 93 号。

② 在威斯巴登对卡尔·沙佩尔等人的审判一再推迟，最后在 1850 年 2 月举行。埃塞尔和海尔曼·贝克尔在科隆受审时被宣告无罪。

③ 《科隆日报》；号召书发表在该报 1849 年 9 月 30 日。

的朋友几乎都还健康，我非常希望我们大家能够再次相会。在我看来，这种政治上的平静比去年的汹涌波涛危险得多。

祝您诸事如意并愿您不忘您的忠实的朋友。

克里斯蒂安·约瑟夫·埃塞尔

问候您亲爱的夫人和您可爱的孩子。

再见。

如果您打算回信，那么我的地址是：

科隆参德考尔街34号

《西德意志报》出版者克·约·埃塞尔。

手稿

阿姆斯特丹国际社会史研究所

马克思恩格斯遗著 D IV85/D 1885

(《马克思恩格斯全集》历史考证版

第3部分第3卷第396页)

弗里德里希·许纳拜恩（埃尔伯费尔德）给卡尔·马克思（伦敦）的信

1849 年 10 月 3 日

亲爱的马克思：

有您参加署名的《救济伦敦德国流亡者呼吁书》使我确信，您的霍乱病已经痊愈，我感到十分高兴。我们事业的失败，我自己坐牢，甚至由此给我的至为珍贵的家庭所造成的不幸，都没有像《西德意志报》上关于您身染霍乱的报道①那样让我痛心。

您知道，我不会奉承人，我从来没有奉承过任何一个在智力上或物质条件上远远超出我的人。但是，我不得不向您承认，您教给我思考政治问题，您是我的北极星，它在当前的政治船只遇难中将会引导我找到码头。在这个码头，人们可以享受到天赋予的权利，而直到现在少数人还拒不承认这种权利并加以剥夺。因此，我现在又鼓足了勇气，并希望不久将看到人的权利受到充分的尊重、我们对我们的压迫者进行正当报复时刻的到来。

现在，我在这里已经坐了 5 个月的牢，而且还不知道，我们的案件在原定于 10 月或 11 月的刑事审判庭中是否会得到审

---

① 见 1849 年 9 月 9 日《西德意志报》（科隆）第 93 号。

理。调查工作已告结束，您将会从报纸上看到，全体在押的五月案件被告人已经向科隆诉讼院提出不在埃尔伯费尔德这里，而在莱茵省的其他刑事审判庭接受审判。直到现在，我们还一直没有得到有关这个要求的最新消息，起诉书已经送交给我们。因此，我担心，有人故意把我们的案件拖下去，打算让我们在待审中度过三四个月。如果我们在埃尔伯费尔德受审，那么我们必定要吃亏。因为此地的资产者由于怯懦而在任何情况下都打算再次充当老粗①的忠顺臣民，向这个魔鬼请示，我们有罪还是无罪。为了表明埃尔伯费尔德城的忠顺，我们必定会被判刑。而如果我们到了科隆或杜塞尔多夫，那么我丝毫也不怀疑我们会被宣布无罪。

我被捕后一直同老米尔巴赫一起被关在一个大约有 50 口②的小房间里！他们让我们两人供出检察官所需要的一切。我们可以喝酒、吸烟等等。相反，其他的穷鬼受到的待遇不如牛马，不区分他们是政治犯还是已经被判刑的强盗或杀人犯。

米尔巴赫和我感到快慰的是，我们在一起。即使我们不是在一切问题上都持有同样的见解，至少在重大问题上是一致的，所以我们在一起可以使我们不觉得时间是那么不堪忍受的漫长。如果我没有家室，那么我就可以更坦然地承受我的一切不幸的命运，但是，我明明知道我亲爱的妻子和 3 个孩子被抛弃在世上而又不能帮助他们，这使我感到内疚，现在我的生活

---

① 弗里德里希–威廉四世。
② 50 莱茵地区平方尺，相当于 5 平方米。

一刻也不能平静。虽然我的家庭现在还没有到一贫如洗的地步，但是，如果我再继续坐牢的话，那么会有这么一天的，因为我的生意几乎完全被砸了。正像所预料的，罪该万死的巴门资产阶级已宣布不再当顾客，并且扬言，谁还敢出于对我的同情而继续在我妻子那里订购，就要受到追究并一律停止食物供应。这不是仅仅针对我自己，而且是针对一切有民主派名声的人。他们这样干，也不是坏事，尽管暂时要吃些苦头。人民当中的愤怒情绪显然在高涨。现在只是需要有一个新的冲击，就可以达到完全报复的目的。但是这个冲击还可能拖延很长一段时间，到那时我的家庭就会陷入贫困之中。［……］但愿我能活到再次参加街垒战的那一天，到那时我希望感到满足并有勇气在此以前承受一切不幸。［……］

手稿 　　　　　　　　　　　　　　　　　　　　　　　　节录

阿姆斯特丹国际社会史研究所

马克思恩格斯遗著 D IV 268－1/D 2377

(《马克思恩格斯全集》历史考证版

第 3 部分第 3 卷第 397—398 页)

斐迪南·弗莱里格拉特（科隆）给
卡尔·马克思（伦敦）的信

1850 年 1 月 1 日

亲爱的马克思，新年好！

您最近的来信已收到，非常感谢，这封信我等了很久，所以倍感高兴。今天我的回信由于有拖延的危险而只能谈一下最必要的事情，即《新莱茵报。政治经济评论》。

我们已经传阅名单。据反映，这份名单已有了好的开端，近期便可以给你们寄去。可是我们对此有两个问题：（1）此地的订户是由舒伯特公司负责，还是在这里指定一个经销人，从伦敦经过奥斯坦德直接把所需的一定册数寄给他？（2）评论是否全部在伦敦付印以及您是否已经同舒伯特签订了固定合同？

无论如何，看来必须在科隆这里物色一个专门的经销人来办理事务。[……]

我相信，只要**瑞特**参与这件事，就一定会愿意接受这样一个职位。

如果您不受舒伯特的约束，还能够把向**德国西部**推销书籍和其他东西的业务委托给**此地**一家书店，那么我向您推荐艾森店铺。这家店铺自从由年轻人掌管以后生意兴隆。我和丹尼尔斯已经同现在的店主阿森海默交涉过，他把给您的信①交给了

---

① 1849 年 12 月 31 日威廉·阿森海默致马克思的信，载于《弗莱里格拉特与马克思和恩格斯通信集。由曼夫雷德·海克尔编辑和作序》1968 年柏林版第 2 卷第 17—81 页。

我，现附上，请您给予答复。如果《评论》真的在伦敦，而不在汉堡印刷，那么经过汉堡往莱茵地区运送无论如何是不方便的。尤其是舒伯特公司（这一点我不只是从阿森海默那里听说过）在书商界声誉最不佳。这个公司在**时间**上没有把握，因为《评论》的售书广告总是不能在《科隆日报》上刊登，因此我也不能按照您个人的指示着手在《西德意志报》（一般说来，它由于这次掉队而感到伤了元气）上刊登寄给我的广告。[……]

对于第1期，我很难再给您寄什么东西，我希望能满足您对以后几期的要求。您是否还应当留心一下书刊并开辟一个评论家栏目？在这种情况下，我将写一篇东西狠狠批一下刚刚出售的哈克兰德尔的痰盂《战时士兵生活的缩影》① 并建议您或恩格斯销毁道默的《新时代的宗教》②。后者特别重要。[……]

手稿   节录

阿姆斯特丹国际社会史研究所

马克思恩格斯遗著 D IV 39/D 1971

（《马克思恩格斯全集》历史考证版

第3部分第3卷第439—440页）

---

① 弗里德里希·威廉·哈克兰德尔：《战时士兵生活》1849 年斯图加特版第 1 卷，1850 年斯图加特版第 2 卷。《新莱茵报。政治经济评论》未发表对这本在普鲁士反革命军队中流行的书的评论。

② 格奥尔格·弗里德里希·道默：《新时代的宗教。创立综合格言的尝试》1850 年汉堡第 1、2 卷。——马克思和恩格斯写的一篇评论发表在《新莱茵报。政治经济评论》第 2 期（《马克思恩格斯全集》中文第 1 版第 7 卷第 236—242 页）。

约瑟夫·魏德迈（美因河畔法兰克福）给卡尔·马克思（伦敦）的信[1]

1850 年 1 月 2 日

1850 年 1 月 2 日于法兰克福

亲爱的马克思：

我仔细查看了《科隆日报》上的形形色色的广告，以便从中发现正在复活的《新莱茵报》，但到目前为止是徒劳的。因此，我也只能通知一下订户的名单，而无法在我们的报纸[2]上刊登出版启事。我希望在德国南部这里始终能够投放相当的份数。您来信中没有说明，这些杂志同样经过书商分发给已征求到的订户，或者也许直接寄给那些已经预订的人。后一种办法可能比较经济，因为用这种办法可以免去付给书商佣金，后一种方法无论如何比较可靠，因此在形势通常不稳定的情况下无论如何宁可采用后一种办法。以我之见，篇幅这么大，价格不算太高。如果您今后打算并能够增加篇幅，那是可以的；不过，我想价格已经定了，就不要再动了。

我已经把您的广告寄往威斯特伐利亚；如果那里的地方报

---

① 马克思让康拉德·施拉姆回复了这封信。

② 《新德意志报》（美因河畔法兰克福）。

纸也在《科隆日报》之前刊登这个广告，这没有什么关系。布伦——他顺便让我问候您——从这里到梅克伦堡和石勒苏益格—荷尔斯泰因进行活动。——只要我一知道何时需要，我就将所期望的有关南部德国的文章①如期寄去；因为我总是必须拖到最后的期限才把文章寄出，以便能够把出版日期以前的事件尽量写进去。如果我不能从广告上看到这个期限，那么您还必须特别加以规定。假如施拉姆还不能把他给布伦的答复寄来，那就让他说明一下。

我希望您在《新莱茵报。政治经济评论》上多谈一谈英国运动及其同大陆革命运动的关系。也许最适当的做法是抵制或多或少折磨我们全体德国民主派，特别是我们南德民主派的小资产阶级观点。[……]

手稿   节录

阿姆斯特丹国际社会史研究所

马克思恩格斯遗著 D VIII 92/D 4527

(《马克思恩格斯全集》历史考证版

第 3 部分第 3 卷第 446 页)

---

① 魏德迈大约在 1850 年 1 月中写了一篇文章，曾预告作为《南德通讯》在第 1 期上发表，但没有见报。

约瑟夫·魏德迈（美因河畔法兰克福）给卡尔·马克思（伦敦）的信

1850 年 1 月 16 日

1850 年 1 月 16 日于法兰克福

亲爱的马克思：

由于您最近的来信，我的文章又耽搁了几天才寄出；我本想看一看，我也许能够直接弄到钱。[①] 但这是不可能的；不过我希望在 8 天之内能够弄到一些。您无论如何不要指望有许多钱，因为这里在这种事情上能够求助的人少得可怜，而且这些人在救济流亡者和过路人时总是要被人狠狠地榨取一下。工人组织处于糟糕状况；我认为，在这方面难以发现一块更为不毛之地。我创建的这个工人协会人数不多，只是由鞋匠和裁缝组成，其他的行业还深深陷于其行会屁事里。一个更加广泛的组织几乎不能再存在；另一方面，始终不罢休的政治迫害带来严重混乱，所以重新接上头是困难的。我立刻给威斯特伐利亚方面写了信，看看那里能否弄到点钱。[②] 不过，始终有良好组织的宪章派或许总可以拿出一部分钱来。

---

① 指为康拉德·施拉姆所计划中的美国之行筹集费用（1850 年 1 月共产主义者同盟中央委员会决定派康拉德·施拉姆到美国去，由于筹款困难，这个使命未能实现）。

② 魏德迈向鲁道夫·雷姆佩尔求援。

替月刊所作的宣传工作正在顺利进行。眼下还不能确定我能够承担多少份，因为我不能估计出我在巴伐利亚等地能发展多少联系点。因此，我现在只能根据这里和附近的地区来决定我的预订数。所以请寄给我100份，我希望我还会补订，眼下就这么多吧。我无论如何一定要给你们多节约开支；我一开始就立刻把预订名单和作为信件寄出的广告印出来了。越是使人感到方便，它们就卖得越快。——要紧的是，第1期不久能够问世。

至于安内克，我认为，如果您没有什么确凿的证据，那您就是错怪了他。根据我所了解的情况，在普法尔茨没有任何地方可以坚持很久，在这种情况下德斯特尔掌握了最高指挥权。至于说安内克在一个特殊的场合干出丢人的事情，我从来没有听说过。您说是搞阴谋，没有最确凿的证据，我无法相信。维利希也同他认识多年，而且过从甚密。维利希对他有什么看法？［……］

我的妻子和我衷心地问候你的妻子、维利希、恩格斯、施拉姆和红毛①等人。

你的

魏德迈 ［……］

手稿　　　　　　　　　　　　　　　　　　　　　　　节录
阿姆斯特丹国际社会史研究所
马克思恩格斯遗著 D VIII 93/D 4528
（《马克思恩格斯全集》历史考证版
第3部分第3卷第456—457页）

---

① 斐迪南·沃尔弗。

海尔曼·艾韦贝克（巴黎）给卡尔·马克思（伦敦）的信

1850年1月25日

1850年1月25日于巴黎

我亲爱的朋友和兄弟：

经过许多周折，我终于在昨天，即1月24日收到您本月7日写的信。前几天，我偶然听说您给我写过信，我费了不少工夫才拿到它；看来它在中途耽搁了很久。其实，我很早就想给您写信，而这一次您抢到我的前面，好几天前就写了信。亲爱的兄弟，事情是这样的：我好几个月以来日日夜夜忙于发表一本用**法文**写的有关最新德国哲学（费尔巴哈、道默等人）的书。① 这本书虽然不能给我带来一个芬尼的钱，但却可以使我不仅在法国，而且在全世界博得一个不坏的名声；因为用法文出版的东西实际上是为所有的语言出版的。您可能知道，我在5年以前就已经开始写这本书，后来把它搁下了；而现在我决定不再向任何东西屈服，在短期内把它发表出去。有人想用这种或那种关于无效劳动的理由来阻止我。只要我不死，就要出

---

① 海尔曼·艾韦贝克《从最新的德国哲学看什么是宗教》1850年巴黎版。——海尔曼·艾韦贝克《从最新的德国哲学看什么是圣经》1850年巴黎版。

版这本书。

写这本著作和为一些杂志撰稿占用了我的大量时间，以至于我无法从事同盟的事情，目前有好几个月未能从事这一工作。这一点，我已经向斐迪南·沃尔弗和莫里逊讲过上百次。其次，人们似乎发觉，正像莫里逊（我请代为向他致以衷心的问候）无疑老早就同您有了分歧一样，这里的一伙人已经分裂，而且实际上必定分裂。还在1849年6月以前，就已经开始发生分裂。您不必让我给您写信谈这件不愉快的事情，莫里逊会口头向您说明这件事。即使我有时间，我也不可能再进行这样的争论，我以前喜欢干这种事情，现在我不能、不会，也不愿意干。另外，当我加入进去的时候，我发觉，这里的同盟盟员人数非常少。我不相信，现在会增加很多。从6月13日起，伦敦反正已经成为欧洲民主派领导人的主要集聚地，每周都有一些民主派被警察赶出巴黎。现在，公开的德国协会在这里就像在彼得堡一样不可能存在。至于秘密的协会，坦率地说，我认为没有任何正当的理由这样搞。您和我以及其他一些人（还有我们尊敬的尤布①，他已经穿上殉道者的棕榈叶），我们大家都为向德国人民阶级灌输真正的思想而工作了多年。结果证明，我们的努力**没有**白费，但是我觉得，今天与其通过同盟的B②，不如通过报刊来打开局面。您老老实实地说，7年来我们满腔热情地经常讲的话由于有人诽谤和挖苦是否已经

---

① 　约瑟夫·莫尔。
② 　这个缩写字母代表机构或决议。

变得令人痛苦和扫兴呢？我认为，现在德国的工人像法国的工人一样，**没有**同盟也能够很好地应付局面并成长为未来的力量，因为不缺乏书籍、小册子和报纸。我深信，下一次革命之后的第二天早晨，无论有没有同盟存在，工人们都会以同样的人数、同样的方式并在同样的地点集合在一起；而我并不想用这种观点千方百计地来贬低充满我们的影响的过去年代。您知道，**我**的确不会有这个意思。

您要倾听一下我的劝告：如果这里的一伙人真的搞出了什么事情，那么我有言在先，在这种情况下**不能**指望我来协助，理由如上；其次，我觉得（莫里逊将会证实这一点）可能会发生什么事情，除非伦敦方面派人来。虽然在巴黎存在的分裂局面不可能因此而消失，但这也许会发生深刻的影响；最后，我请您注意莫里逊的一副极好的热心肠。他一定会同您进行长谈。

您说，我始终是站在最坚决的一派一边；是的，不错，我始终是这样。

最近，厄博姆请我给《伯尔尼报》写一篇通讯。他参加该报编辑部，他说，波尔恩也在那里。厄博姆先生的地址是：《伯尔尼报》编辑部营业所。

沙贝利茨来信顺便提到，能干的同盟兄弟裁缝格布哈尔德①从巴登监狱逃出来路经他那里，现已在威尔士山区洛克尔M. 乌尔利希那里工作，不能用格布哈尔德的名字与他通信。

---

① 指奥古斯特·格贝尔特。

最好把信寄给在巴塞尔的雅科布·沙贝利茨这个后生，由他来转。

再见，亲爱的朋友。

艾韦贝克

手稿
莫斯科苏共中央马列主义研究院
中央党务档案馆，f. 20，op. 1，d. 23
(《马克思恩格斯全集》历史考证版
第 3 部分第 3 卷第 459—460 页)

斐迪南·弗莱里格拉特（科隆）给卡尔·马克思、弗里德里希·恩格斯和康拉德·施拉姆（伦敦）的信

1850年1月26日

1850年1月26日于科隆

亲爱的马克思：

我这里有大本营寄来的四封信需要回答：施拉姆的一封，您的一封和恩格斯的两封。为了简便和节省邮资起见，我写这一封信是一箭三雕。

瑙特的答复已经解决了施拉姆的信。他很愿意当《新莱茵报。政治经济评论》的科隆经销人，但眼下有些恼火。因为，据他说，你们总是不完全明确地回答重要的询问。你们的确应当考虑一下，"经销人"必须消息灵通。艾森的竞争对事情只会有益处。他自荐承担征订《评论》，这是每个零售书商在每一本书出版时所能够作的。到目前为止，他已经征求到80个订户，为此在沙贝利茨那里长期订购100份。瑙特的名单上的总结果，我还不知道，不过我知道，例如丹尼尔斯的名单上大约有50人签名。《评论》将会办好，而且必定会办好。只是要想办法，至少让第1期（或者前两期更好）一炮打响——这会给读者很大的鼓舞。

亲爱的马克思，我已经尽力"为募款而募款"。但是我公开承认，这是一件困难而又吃力不讨好的事情。**我们**、党、无产者**没有钱**（我最近穷得连一个硬币都没有，以至于连邮差都使我难堪）。因此就要靠资产阶级民主派发慈悲。但是，尤其是科隆这里的资产阶级民主派是些什么样的下流胚，从去年起您还会记忆犹新。我从他们的坚硬的乳房上**一滴一滴**挤出的全部奶汁到现在为止仅有 35 **塔勒** 16 **银格罗申**，其中的 35 塔勒已随信附上。余下的 16 银格罗申我用来作为这封信的挂号费。如果再挤出几滴，我马上就寄去。

您的美国计划可能是正确的，但在**资产阶级**听起来像女妖一样阴森可怕。您写信向荣克谈过这件事，而荣克说，他愿意尽力为您干一切事情，但对那个"女妖"他什么也不干。我不知道他私下是否寄给您一笔捐款，他没有给我任何东西。我无论如何必须坚持我的募捐的原来目的。——我只能完全普遍地要求"为《评论》的目的捐款"。希望拉萨尔能够多寄一些，而可惜我不能多寄。

我今天还是不能给施拉姆写介绍信。因为自从纽约快邮①车夫冯·艾希塔尔死后，我在美国实际上没有一个能够在这类事情上助我**一臂**之力的人。[……]

尊敬的老乡们，我不可能把梅纳尔的诗翻译出来。你们一下子寄来的"活计"太多了。找摇钱树、书商②，在"24 小

---

① 指从 1843 年到 1851 年出版的《关于欧洲形势、德国公众生活和社会生活的德意志快邮报》。

② 恩格斯在一封没有保存下来的信中请求弗莱里格拉特等人为他计划改写的《新莱茵报。政治经济评论》关于匈牙利人的文章找一位出版者。

时内"译出 26 首 4 行诗——这是不可能的！另外，这诗是用非常美妙的法文写成的，相比之下，用德文翻译出来必定会显得贫乏无力。一旦我的募捐工作有了点眉目，一定把那些诗翻译出来。

我已通过施奈德第二催促**伦敦**关心流亡者救济委员会。这些家伙多半只想到瑞士，而在最近寄的 800 法郎中，**第八部分是专门给我们的鲁普斯**①的。[……]

感谢上帝！刚才又给我流出几滴！现在寄给我的共有 40 **普鲁士-库尔塔勒**银行汇票。别让我老是为了你们的正确地址伤脑筋。另附上我妻子写给你妻子的几行字。

沙佩尔有望在 2 月 8 日被宣判无罪。哈根②到威斯巴登去监督案件的审理。

手稿 节录

阿姆斯特丹国际社会史研究所

马克思恩格斯遗著 D IV 36/D 1967

(《马克思恩格斯全集》历史考证版

第 3 部分第 3 卷第 462—463 页)

---

① 威廉·沃尔弗。

② 兰伯特·哈根；他可能没有离开科隆，而只有弗里德里希·列斯纳受审。

格奥尔格·埃卡留斯（伦敦）给卡尔·马克思（伦敦）的信

1850年2月20日

索霍区巴特曼大厦16号

亲爱的马克思：

我昨天同普芬德商定，明天即2月21日星期四晚7时半到您的寓所，洗耳恭听为我们准备的政治经济学课①并希望很快能够理解。特此通知您。

希望您的健康状况是令人乐观的，我永远是最忠实于您的朋友。

约·格·埃卡留斯
1850年2月20日于伦敦

手稿
莫斯科苏共中央马列主义研究院
中央党务档案馆，f. 1，op. 5，d. 264
(《马克思恩格斯全集》历史考证版
第3部分第3卷第482页②)

---

① 关于马克思的政治经济学报告。
② 附有真迹复制品。

亨利希·毕尔格尔斯（杜塞尔多夫）给卡尔·马克思（伦敦）的信

1850 年 3 月 27 日

亲爱的马克思：

您一定很忙，而在这样的时刻我之所以还请求您听一下我的陈述并给我写几句回话，是因为我想：（1）我平常很少打扰你；（2）我所要讲的，大概不是无关紧要的。

关于后者，简述如下。我过去所干的那份私人差事已经完结了，决定参加《西德意志报》编辑部，或者接管这家报纸。

我不来向您赘述我从 1849 年到现在的个人经历。揭露是多余的，尤其是因为揭露者不得不承认，他似乎是在幻想中生活得最久长的。当有必要生产出新式产品的时刻到来时，我们就会看清楚。现在我只能说，我是在十分融洽的气氛中离开的，外表上避免了公开决裂的形式。

这样，我打算作为《西德意志报》的编辑成为有用的人。在这个问题上，我需要听取你的看法和意见。

谁都知道，《西德意志报》在德国是唯一力求代表社会民主党的报纸。无疑平庸已极，工作能力十分有限，它因里廷豪森的胡闹、小学生式的文风、小资产阶级的流言蜚语、泰勒林的漫骂、贝克尔的不讲礼貌而大出其丑；特别是由于《新莱茵报》编辑部的禁令，至今还背着包袱。是的，从形式上看，我没有因这项禁令而受到约束，因为我当时仅仅是一名领取稿费者，我的名字没有写在声明上。但是，不言而喻，我是按此行事的，因此，至今我一直拒绝直接参与该报的活动。

就订户来说，报纸总算达到了能够生存的地步。创办一家新的，没有任何物质可能性，我的确也不知道，该怎么组织一个编辑部。这里有关这方面的情况确实也很糟，但是我相信，依靠流亡者提供一些帮助，可以有一个新的开端，并且实现我最初预计的目标是有一定把握的。

就是说，我相信，最令人恼火的消沉时期已经过去，现在既有必要，也有可能把当前像德国本身一样零七八碎的德国民主党派**在全国范围内**组织起来。① 无产阶级、革命小资产阶级和农民的共同纲领——统一而不可分割的共和国，为此提供了基础。在这个基础上，展开反对日益扩展的地方民主派。这些人的目的是重新夺回三月的成果，他们把普选权局限在"小祖国"的周围地区，崇拜已被撤职的议会左派，他们接受（即使不是在原则上，也是在事实上）他们的钦定宪法的法律基础，以便从这里出发通过"合法"途径重新取得"失去的"自由。这一类人在普鲁士特别多，他们的机关报是柏林的一些民主报纸，他们的英雄是那些抗税者，特别是瓦尔德克和雅科比。必须掐住这些英雄的脖子，抹去他们由于反动派的过激行为而获得的光环。同时要开始反对法兰克福大人物、帝国摄政

---

① 指《共产党在德国的要求》17 条中的第 1 条。

者等先生们的斗争。这些人不久前联合办了一家月刊①，一个叫科拉切克的先生任编辑，第1期刊登了福格特、西蒙、拉沃等人的文章。他们的纲领中有如下的话："它（《德国月刊》）要求不断进行改革，但是（但是！）它不拒绝革命的事实（多么宽宏大量！），**只要是真正的革命，并且承认这种**革命（它情愿去吃栗子），**只要这种革命对救国来说是必要的**。"还有："采纳（？）社会主义和共产主义定理是**绝不可能的**，除非是**为了批判，社会问题的解决不能含糊！**"（这真叫人无法理解。）

这些先生们反对的主要是原则的革命方面，而原则的经济方面却给他们提供了反对同专制制度结盟的大资产阶级的主要武器。这些人到处表现出来的政治上的完全无能，使小资产阶级和农民完全离开他们。而对无产阶级来说，这些人的行为愈卑鄙，无产阶级从对这些人的立法文章的批判中就愈加明确地认识到无产阶级和整个资产阶级之间存在着敌对状态。

总而言之，这就是我想在《西德意志报》进行的工作。现在的问题是，我能否指望在这方面得到您的支持，至少是道义上的支持？或者说，您认为给予支持需要有哪些条件？当然，如果能给以实际的支持，那我当然非常高兴。比如说，非常希望威廉·沃尔弗能决定来这里一段时间，一起把编辑部接管过来。这样很容易把他保护起来，不被发现，比起他现在的

---

① 《德国政治、科学、艺术和生活月刊》第1年卷1850年在斯图加特出版，第2年卷1851年在不来梅出版。

处境来，他也一定更喜欢一种有事干的遁世生活。您不认为，由您直接提出要求，他会表示同意吗？

至于道义上的支持，首先需要直接承认这家报纸是党的机关报。间接承认大概已经做到了，但始终还存在一点问题。依我看，没有一篇声明是不能解决问题的。例如，连弗莱里格拉特也因此而不能毫无顾忌地关心这家报纸。有人向我建议改变这家报纸的名字，我不赞成，因为这不合手续，还因为我不愿意使贝克尔产生任何怨恨，我必须同他打交道，而且他也值得称赞，并表示愿意帮助我。我准备在我的第一篇文章中强调该报作为党的机关报的新立场，如果有必要①，还将对它的过去加以否定。

如果您问，整个编辑部是怎么组成的？那我必须回答说：人很少。除了贝克尔和我之外，只有布兰德霍斯特，负责法国的文章，是个稚嫩的小青年——如丹尼尔斯所说——很简朴，但也很需要帮助。我将不得不暂时大大限制他写的、只不过是冗长地叙述法国思想的作品，而把他的工作变成逐字逐句翻译报刊上勾画出来的地方。我希望通过这样做并通过石印通讯塑造出一个过得去的法国，同时我保留权利：若十分必要，我将亲自动手。如果沃尔弗在，那么我就可以把注意力主要放在法国方面。

从4月1日起，我就要开始工作；因此我最恳切地请求您尽快给以答复。我当然要把您的答复看成是代表伦敦党的答

---

① 原件纸张损坏。

复，不用说您也知道，我是多么希望在我最终参加该报工作之前能知道您的意见。

向恩格斯和所有的朋友问好。请特别向您的夫人转达我的问候。祝全家安好。

你的

亨·毕尔格尔斯

1850 年 3 月 27 日（星期三）于杜塞尔多夫

回信请寄科隆弗兰茨·约瑟夫·丹尼尔斯收。①

手稿

莫斯科苏共中央马列主义研究院

中央党务档案馆，f. 1，op. 5，d. 269

（《马克思恩格斯全集》历史考证版

第 3 部分第 3 卷第 502—504 页）

---

① 此信不是邮寄的。信的封皮上写着："致卡尔·马克思先生。特急即送。"

亨利希·毕尔格尔斯（科隆）给卡尔·马克思（伦敦）的信

1850 年 5 月 5 日

亲爱的马克思：

正像您规定您上个月 25 日的信只给我一个人看，我的这封回信也是只寄给您个人看的。

我没有按照我最初的想法立即回复您的来信，是因为我在收到信的当天遇见了瑙特。他告诉我说，一旦阿森海默回来，他也想立即给您写一封附信，而我为了节省邮资，想把我的信附在他的信中。昨天，收到恩格斯给弗莱里格拉特的信。善良的恩格斯在信中自然不像您那样能等待我的答复，而是急不可待地以他惯常的粗暴态度把我骂了一通，并且用拳头威胁我。既然发生了这种事情，我当然就不得不撇开节约的一切考虑，赶快给您写信，向您作必要的说明。

您把我当做《西德意志报》的主编。但愿这**仅仅是因为我在 3 月底曾给您写信，说我决定把这家报纸接管过来！这个决定没有实现，我不是《西德意志报》的编辑，我对这家报纸的领导没有任何直接影响。**如果有人**仅仅**根据《西德意志报》4 月份的立场和文笔，就断定是我写的，或者（按照德文的含义）编辑的，那么我认为这是一种侮辱。但是，在您和伦敦人面前，我是咎由自取的：我是由于自己所造成的错误而被当成西德意志罪孽的同谋。现在没有人根据《西德意志报》的立场怀疑我自己宣布过的参加该报的工作一事，我不得不忍受这种屈辱。

尽管一切都谈妥了，可是我并**没有**接管《西德意志报》。我本想在接到您第一封信后立即告诉您**这是怎么回事**，然而正是这封信促使我把这件您似乎很少感兴趣的事情放了下来。您借口"时间太晚了!"，拒绝对我的**编辑**工作施加任何影响，尔后又说，"我们祝愿报纸在您的领导下繁荣兴旺"，老实说，这种话在我听来很有讽刺味道。

然而，我现在愿意相信：在既成事实的前提下，您当时考虑的只是您的时间，除了为《新莱茵报。政治经济评论》写作，除了为工人团体工作，您所提到的"商务信函"占用您的时间太多了。因此，我简略地向您讲一讲，我的编辑职务是怎么一回事。

关于我的职务，直至酬金问题，本来我同贝克尔都谈妥了。可是，由于编辑部的其他人员和发行部问题（由鲍特先生代表），突然提出了内阁信任案。人们对于我从前对待所谓**哈茨费尔特**党的态度提出怀疑，这种怀疑在某种程度上是由于我在此地的朋友（丹尼尔斯和弗莱里格拉特）自己引起的。人们似乎把我看成拉萨尔的一名特使，这里的人以一种可笑的方式回避这种特使，我不知道为什么要派这种特使，也不知道这有什么好处。然而，主要还是由于**泰勒林**的小册子，人们根据所谓读者中所接受的观点，让我对这本小册子负责。因此，人们事后提出条件，而我不能接受这些条件，以免自己出丑，因为我根本不把《西德意志报》看作党的机关报；对于党的机关报，我必须发表关于私人关系的正式声明。但是，人们不愿接受我关于把问题提交党的荣誉委员会的建议。贝克尔在这件事上又表现得很软弱，但却十分诚实和正派。在我宣布一切谈判破裂之后，他给我写了信，让我利用该报发表个人著作。这是4月5日的事情。我犹豫不决，没有作出明确说明，让这件事情自己发展下去，我的工作全都用在这里的工人团体①上。弗莱里格拉特可以对此作出详细说明。我特别喜欢接受的工作，是作关于国民经济学的报告，从3月底起，我每周给一些优秀的工人作一次报告。不言而喻，在4月5日之后，尽管我同贝克尔有过私人接触，但我不再对该报发表任何意见。最后，到4月底，当发生了金克尔案件时，贝克尔就直接请求我写有关起诉书的文章。我在4月30日、5月1日、5月2日的报上发表了文章，我把文章交给您评论。我可以说——因为这里的人们普遍这样说——这些文章对案件的结果发生了重大的影响。正像基尔乐意承认的那样，我为辩护提供了材料。从那以后，我还提供了一些以⁂为标志的文章，您从其中的一篇文章可以看出，我一般来说对金克尔案件是非常重视的。至于金克尔为人如何，他最近的演说已经暴露得很充分，您将会看到这篇演说。我还要指出一点：他的妻子**完全**否认以金克尔名义发表的**拉施塔特**辩护词，说他**没有**发表辩护词，这是一名军士或者其他的国家法律官员伪造的；我已经批评了贝克尔，指出

---

① 指科隆工人教育协会。

对施特罗特曼著作的神化①是一大失误，是干了一件大蠢事。

我也了解了北德意志的**一些**报纸对你们流亡者委员会和您本人（如您信中所说的）进行的无耻责难。贝克尔未能向我提供任何有关情况，只是说，"波罗的海的报纸"反对资产者的指责，把您写成一个在钱财问题上完全可以信赖的人，而《晚邮报》指出"鲍威尔—施托尔佩"是一个也为流亡者接受捐款的人。弗莱里格拉特也不会告诉我更多的东西，我不必多说。在这里，像在整个莱茵地区一样，任何一个地方都没有提出一点点怀疑。因此，请您把您所想到的报纸名称告诉我，您也许不需要这样的保证——我"将应战并向可耻的阴谋家毫不客气地当面提出挑战"。

海因岑的文章②用 10 点活字排印，而你们的声明用 8 点活字排印，并且插在广告中间——如果说恩格斯对此表示不满，那么他的心情同我是**完全一样**的。但是我未能加以阻止，因为当我发现的时候已经**付印**。如果你们当时直接找我，那么定会得到满意的解决。

关于您对**德国民主派**所讲的话，没有任何人比我更愿意承认您那些话的真理性。可以相信，我给自己提出的主要任务，就是只要我能够做到，我就结束这个极大的不幸。我希望您给我

---

① 阿道夫·施特罗特曼：《哥特弗利德·金克尔。毫无虚构的真实情况。传略》第 1 卷和第 2 卷 1850—1851 年汉堡版。1850 年 4 月 27 日《西德意志报》（科隆）发表了一篇对第 1 卷的评论。

② 指卡尔·海因岑的文章《瑞士的仇恨!》，载于 1850 年 4 月 27 日《西德意志报》（科隆）第 100 号增刊。

一个机会，让我能够在下一封信中就这个问题详尽说明我的看法。

如果您现在能看看我的写字台，那么您会发现，柏林的《晚邮报》占去了它的一大部分。我正忙于对这个贸易自由和真正的社会主义的杂烩，对这个讨厌的日拉丹和蒲鲁东的混合物发动"连续的"攻击。《西德意志报》迄今为止为对这些东西的批判，理所当然要受到《晚邮报》的讽刺。我听说，这篇文章的作者是艾·韦勒尔先生，他秘密地在这里住了一些时候。我希望，您不要让我对这种论战负责。对于您关于"磨坊主"孚赫的通报，我十分感谢。

再见，请向恩格斯致以衷心问候。请告诉他，他最终会抛开反对我的"顽童"架式，至少在他得到充分根据之前忍耐一下，不要进行他那滑稽的威胁。其他方面，他批评得越尖锐，越无情，我越表示欢迎。

谨向您的夫人致以亲切的问候。

您的 亨·毕尔格尔斯

又及：弗莱里格拉特在写回信，承蒙他允许，这封信作为附信寄出。

手稿
莫斯科苏共中央马列主义研究院
中央党务档案馆，f. 1，op. 5，d. 279
（《马克思恩格斯全集》历史考证版
第 3 部分第 3 卷第 533—535 页）

斐迪南·拉萨尔（杜塞尔多夫）给
卡尔·马克思（伦敦）的信

1850 年 6 月 8 日

亲爱的马克思：

　　捎信的人是海恩，您也许从报纸上听说过他。他奇迹般地逃跑之后，便去了伦敦。我从科隆得到报告说，他是一个坚定的共产主义者，从他的言谈中也可以看出这一点。尽管他在我这里只待了两天，我和他认识的时间很短，但我相信，在这段时间里已经看出他具有非常刚毅的品格。其他方面，您也许很快会自己作出充分的判断。

　　他希望认识您，您一定会尽可能满足他的兴趣。我认为，他很适合作实际的组织工作。

　　我今天给您的夫人寄了一封信，从中您可以知道我的详细情况。

　　致以兄弟问候。

斐·拉萨尔
1850 年 6 月 8 日于杜塞尔多夫

手稿
莫斯科苏共中央马列主义研究院
中央党务档案馆，f. 1，op. 1，d. 5430
（《马克思恩格斯全集》历史考证版
第 3 部分第 3 卷第 561 页）

共产主义者同盟科隆支部给卡尔·马克思
(伦敦) 的信

1850 年 6 月 15 日

在伦敦的公民马克思:

今晨,《西德意志报》的发行人克里斯蒂安·约瑟夫·埃塞尔由这里去伦敦。

此人由于拖沓、无所事事和力不胜任而离职。我们借此机会通知您,以便作相应的安排。

关于此信的捎信人,我们要告诉您,萨尔布吕肯的莱维和菲利皮两人本身都有家产,因此日后不需要帮助。

您若能够把那里也许不用的护照给我们弄几张,那真是太好了,因为这里总是缺少护照。

科隆支部

1850 年 6 月 15 日于科隆

莫斯科苏共中央马列主义研究院
中央党务档案馆, f. 20, op. 1, d. 27
(《马克思恩格斯全集》历史考证版
第 3 部分第 3 卷第 562 页)

约瑟夫·魏德迈（美因河畔法兰克福）给卡尔·马克思（伦敦）的信

1850 年 6 月 15 日

1850 年 6 月 15 日于法兰克福

亲爱的马克思：

在您夫人的来信之后不久及收到您的信之前，我收到了瑙特的信。他在信中说，您有一张 15 英镑的期票向他兑现，因此，他让我马上把《新莱茵报。政治经济评论》所收入的钱寄给他，以便兑现这张期票。［……］为了使您对我这里的销售情况有个大致的了解，我在此列出清单。前两期我收到 100 册，但后来又寄回 15 册。25 册给了沙佩尔，但这里只销售了很小一部分，因此，收入的钱和剩余杂志由瑙特来负责。25 册送到哈瑙，但也没能全部售出，不过我对卖掉剩余的杂志抱有希望。售出的杂志共收入 24 古尔登。此外，送到格林贝格 1 册，塞利根施塔特 2 册（此收入很可能必须照章纳税，因为收到后再付钱的票据不予承兑，在此之前我还得另想办法），赫希斯特 3 册，新伊森堡 1 册，达姆施塔特 1 册，奥芬巴赫 1 册，海德堡 1 册，法兰克福 2 册。我总想把零散的杂志卖掉。第 3 期我只让人寄给我 75 册，其中 15 册由沙佩尔推销。［……］

关于"红字报"的钱，我以前把一张完整的结账单寄给了瑙特。剩余的钱，除了几塔勒寄往科隆和 $4\frac{1}{2}$ 古尔登用于在《法兰克福通讯》发表你们针对《西德意志报》的广告之外，都按照您的指示寄给了巴黎的德朗克；如果我没有记错的话，总共约 20 古尔登。我把 200 册又寄回给瑙特，并委托他代收我利用机会寄往帕德博恩的另外 200 册和寄往宾根的 50 册的钱。我这里仅仅剩下不多几册。这是我当时为了自己算账留下的，以便结账，因为瑙特一再催促结账，然而后来这几册就放在我这里了，总共 22 册。如果您需要的话，我就让沙佩尔把这些杂志带给您。他每天都有被驱逐出威斯巴登的可能。

您想象的沉默抵制阴谋情况如下：吕宁想亲自写一篇关于《新莱茵报。政治经济评论》的文章；本来最好由我自己来承担这项工作，但他已经动手写了。第 3 期到得太晚了，此事也就拖延下来。他想等第 4 期来了再说。为什么第 4 期到了以后仍迟迟未见评论，这我不知道；我们现在互相之间关系不佳，因此，我也不想过问此事。但第 5 期上也许会有一篇文章，我可以以此为开端，而不必去插手那个中断了的工作。

此外，设法在小资产阶级读者中推销《评论》并不是一件值得干的工作，遗憾的是，人们也还不得不把这里的大部分工人算在这部分读者之内。甚至在本来就很少的订户当中，还有一部分几乎是不情愿订阅的。在越来越多的组织起来的工人协会中，我们虽然逐渐赢得了略微大一点的地盘，但这也是十分缓慢的。清楚地明白究竟怎样开展革命的人比布伦一类的革命工厂主还要少。[……]

德朗克衷心地问候您。［……］

你的 约·魏德迈

提醒贝寄来已经应允的布伦信的抄件。

手稿   节录

阿姆斯特丹国际社会史研究所

马克思恩格斯遗著 D VIII 95/D 4530

(《马克思恩格斯全集》历史考证版

第 3 部分第 3 卷第 563—564 页)

罗兰特·丹尼尔斯（科隆）给卡尔·马克思（伦敦）的信

1850 年 6 月 28 日

1850 年 6 月 28 日于科隆

亲爱的马克思：

我刚刚看到您 6 月 25 日给毕尔格尔斯的信。信中说：科隆人（包括**丹尼尔斯**）**像过去一样，净干事后聪明**的事，等等。

我认为，您在无法直接考验我的勇气的远方对我进行这种伤害，至少是不够审慎的。我相信您是正直的，今后能够对我的行动方式不再作任何评论。

罗·丹尼尔斯

手稿
莫斯科苏共中央马列主义研究院
中央党务档案馆，f. 1，op. 5，d. 289
（《马克思恩格斯全集》历史考证版
第 3 部分第 3 卷第 571 页）

约翰奈斯·米凯尔（汉诺威）给卡尔·马克思（伦敦）的信

1850 年夏

先生：

我读过您的《哲学的贫困》之后，对您佩服得五体投地，我高兴地抓住我的朋友威·皮佩尔为我提供的机会，来同您建立更为密切的联系。

如果我要求您对我也同样给以充分信任，那自然是愚蠢的。但为了让您对我的过去有所了解，我要说明，我同布林德一起在海德堡学习过，革命前在那里参加了"激进党"，在革命中作为该党成员像其他人一样，为捍卫"观点"而斗争，并曾被派往汉诺威组织农民起义。从那时起，最初在格丁根以小资产阶级方式帮助击败了有学问的、官僚主义的庸人党，最终试图建立一个有组织的工人党。皮佩尔去英国时，我正好忙于这件事。我让他给布林德带去一封信，以便通过布林德征求您的意见。我当时的情况就是这样；我虽然来晚了，但毕竟来了。您看，我的过去提供不了多少保证。这是真的！从我这方面说，能做到的只能是使您相信，您的目的就是我的目的。作为共产主义者和无神论者，我像您一样要求工人阶级专政。我选择手段是仅仅并完全根据**实用性**。而我确信：**下次**革命将使小资产阶级掌握政权，在这一点上我们的看法是不同的。工人阶级将会取得对大资产阶级和封建残余的胜利，但随后就会被"民主主义者"推到一边。我们或许能够在一段时间内把革命引到反对资产阶级的方向，我们或许还能把资产阶级生产的基本条件摧毁，而想把小资产阶级镇压下去是不可能的。**尽量**取得更大的成绩，这就是我的座右铭，因此，我永远是属于您的。在取得初步胜利之后，我们必须尽力阻止小资产阶级建立组织，特别是以严密的阵线反对任何"立宪议会"。必须采取局部恐怖行动和地方无政府状态，以便弥补我们总的说来欠缺的方面。大多数德国工人完全缺少阶级觉悟，我们必须利用个人仇恨，利用农民对高利贷者的报复欲望，临时工对"主人"的怒火，我们必须在所有个别据点（因为我们没有中心）尽快地、积极地采取暴力行动，这样我们才能作为完全取得胜利的力量**对付**正在进行组织的民主主义剥削者，必须尽量阻止他们组织起来，以便能够**在革命中**首先培养起阶级觉悟。我们不要让小资产阶级喘息，我们必须通过适合于小资产阶级的手段把革命怒火推向高潮——然后我们或许暂时可能实现我们党的专政。

但是，没有共同的计划、没有最高领导、没有领导者的共同意志，这一切怎样实现呢——在一年以前我就是这样认为的。我徒劳地去敲所有的门，就像提着一盏遮光灯那样徒劳地去寻找，我在十分偏僻的格丁根（我没有能够到别的地方去）什么也没有找到。当我从伦敦（您会把我的表达方式放到当前情况下来理解）找到第一批同志时，我就发现只能依靠自己，我同几个最亲密的朋友一起着手建立一个联盟，它的最终目的是共产主义，它的首要原则是"为了目的不惜采取任何手段"，它的第一条法规是"绝对服从"。现在，我请求您让皮佩尔把章程和法规或者命令给我寄来，他知道确切的地址。（警察局目前正对我进行严密监视。）但是，如果我能够重返格丁根，我将担任理事会主席。如果我做不到这一点（这是很可能的），那就我个人来说当然还将是老样子，并向您报告关于委托另一个人的情况。您或许不相信我能够比较深入地了解实际情况，那么您就是把我看成在您的领导下同整体没有联系的孤立的人。在我从伦敦得到较为详细的命令和委托之后，我再向您汇报我拟定的关于我在格丁根的活动计划。

最后，关于皮佩尔再说几句。我认为我有义务对您这样做。他是一个勇敢的、极为忠实的革命者，但又是一个过分乐观的人，缺少当今革命家应有的那种坚韧不拔的、狂暴的活力。可惜他太爱凭一时印象办事，因此常常处在不利的地位。在革命中他会比以前更有用。除非需要，不要让他知道更多的机密，他有可能陷入被引诱（例如，通过女人）而失去理智和意志的境地。他完全不应当受到猜疑，而过分信任可能会更有害。

问好并握手。

您的　米凯尔

手稿

阿姆斯特丹国际社会史研究所

马克思恩格斯遗著 D VI 111/D 3436

（《马克思恩格斯全集》历史考证版

第 3 部分第 3 卷第 592—593 页）

约瑟夫·魏德迈（美因河畔法兰克福）给卡尔·马克思（伦敦）的信

1850 年 7 月 3 日^①

1850 年 7 月 3 日于法兰克福

亲爱的马克思：

我们从柏林得到消息说，大名鼎鼎、臭名昭著的许特作为普鲁士的密探被派往伦敦。当然，没有多大必要提醒人们对此人加以防范。但你们最好不要让他觉察出别人已经知道他是密探，否则肯定将会立即另派一个人代替他。

根据您的指示，今天我把手头现有的钱（8 塔勒）寄给了瑙特，并将在接到另外的指示之前继续这样做。谈不上见怪，这是不言自明的；我非常清楚，在你们的处境之下，心情不可能总是舒畅的。

您肯定已直接收到德朗克的信。从他最近的一封书信看来，他估计在当天晚上就会实现联合（这会使他很不愉快）。

现在想必您已经读了全部文艺专栏及其富有教益的结束语。今天的报纸上发表了你们的声明连同吕宁的附言，但这次

---

① 这封信中提到的马克思和恩格斯的声明发表在 1850 年 7 月 4 日的《新德意志报》（美因河畔法兰克福）上；魏德迈在前一天参加了这一号的出版工作。

是他亲自签名。我曾请求，从 7 月 1 日起把我的名字从编辑部名单中删掉，并允许我以后仅仅作为撰稿人，现在我事实上也只是采取了这一立场。吕宁不愿接受这一点；完全退出，这在目前情况下完全是一种破釜沉舟的做法，要三思而后行。此外，我还不想放弃在这里的其他活动。——毫无疑问，签名是我请求的结果。

希望议会表决能够暂时再次为你们在英国的逗留提供保证。如果不是出现了这种令人不愉快的问题，我是非常欢迎托利党内阁上台。——但希望即使这个微弱的多数也能迫使帕麦斯顿解散议会，从而给运动以新的推动，特别是如果出现商业危机的话。

我的妻子和我衷心问候您和您全家。

　　　　　　　　　　　您的　约·魏德迈

缺少《共产党宣言》使我们极不方便。如你们能尽快帮助解决，那就太好了。

手稿
阿姆斯特丹国际社会史研究所
马克思恩格斯遗著 D VIII 97/D 4532
(《马克思恩格斯全集》历史考证版
第 3 部分第 3 卷第 582—583 页)

罗兰特·丹尼尔斯（科隆）给卡尔·马克思（伦敦）的信

1850 年 7 月 19 日

亲爱的马克思：

您终于收到由我兄弟①转交的您所盼望的报告，他的旅行延误了 8 天。从法兰克福寄给我们的一些详细记录遗失了，这正是我们不敢把信件交给邮局的原因，而报告迟误这么久也就是可以谅解的了。

我曾盼望您对我最近一封信②的答复。在那封信中，我单方面向您叙述了您同此地和您观点不同的那些人的分歧。假如您是因为我在信中使用的个别词语大概有所冒犯而对这种愿望不予理睬的话，那么您应当想到，我明确向您解释了，那一观点纯属个人之见，据此我认为你们应负大部分责任；您应当相信，关于此事我对谁都没有像对您这样言词激烈，我认为，从您最近的一封信来看，我有权利这样做。请不要因此而让党受到什么损失。

我们的小党通过报界的压迫和各种协会的有害影响而看到，只有越来越多地采取秘密宣传的办法才行。现在或许已经

---

① 约瑟夫·丹尼尔斯。
② 丹尼尔斯 1850 年 6 月 28 日的信之后的一封信。

到时候了，应由一个唯一的中心来组织宣传。按我的意见有两条途径可循。一个是去影响比较广大的人民群众，即那些就其社会立场来看可能是革命的人，但是为此目的，传单之类就是必不可少的了。您还记得，我们在这方面做过什么。我曾请您给我们搞一些，或者您亲自写一些诸如此类的读物。如果我们应该把宣传扩展到农村去的话，一本类似特德斯科为工业无产者所写的问答的书，对农业无产者也是必要的。然后还要一本**手工业者**问答，我姑且这么表达吧。我还要不厌其烦地再重复一遍，现在手工业者同业公会这件事在小手工业者当中所引起的愤慨恰恰提供了一个最好时机。

或者（2），我们仅仅满足于在较为重要的一些地方，只把那些同时在人民当中也有点影响的知识分子吸收进来。为此，《宣言》一直有用，而且这也就完全够了。它是我们的圣经，我们让人们对之笃信不渝。

谁知道我们在这种苦闷状态中还得熬多久？何况下次起义时，革命未必就是天经地义的胜利者。因此，最稳妥的做法是，两种办法都采取。另外，你们自己也承认，把圈子组织得再广一些是有益的。但是，我们只能指望为数不多的小资产阶级分子，即所谓的民主派。我们必须通过合适的读物来把他们改造成为社会民主派，为此还需要向人们的心灵发出呼吁。我们应使他们对社会改良的一些后果有思想准备。为此目的，我已译出维尔加尔德尔的小册子《联合体中各种利益的协调》，该书是我从您的藏书中找出来的。小册子目前暂时同贝克尔的印刷所一起被警察查封了。这派人中只有知识分子和少数出身于大资产阶级的受过历史教育的人，通过阅读你们的刊物①而对革命发生了兴趣。我真没想到，这些人直接读懂您对法国革命和整个现代革命的叙述竟如此之难。但是我已经有了体会；您不必为发行量少而大惊小怪，无论如何不应从外部情况去寻找原因。舒贝特或者你们的发行人②当然应当受到惩罚。我们现在等着出版下一期，可是白等了一个半月。

我们非常愿意接纳那位红毛③，而且我相信，这样一来，我们就可以获得一批地址和联系点，不过，悬而未决的分歧却妨碍我们去这样做。

向您、您的夫人和朋友们致最美好的问候。

您的 丹尼尔斯

1850 年 7 月 19 日于科隆

手稿

莫斯科苏共中央马列主义研究院

中央党务档案馆，f. 20，op. 1，d. 32

(《马克思恩格斯全集》历史考证版

第 3 部分第 3 卷第 599—600 页)

---

① 《新莱茵报。政治经济评论》。

② 康拉德·施拉姆。

③ 海尔曼·贝克尔。

威廉·罗特哈克尔（伦敦）给卡尔·马克思（伦敦）的信

1850 年 7 月至 8 月上半月

马克思公民：

维利希公民今天告诉我，我已被区部分到他的支部。虽然我仅有一次以客人的身份参加过该支部，但是我就已经被接纳入盟了。

关于普鲁士引人注目的军备问题展开了一场政治性争论，这个问题和同盟的所有狭隘利益毫不相干，各家报纸都在讨论，有的赞同，有的反对。一派为赤裸裸的、坦率的战争意图进行辩护，而豪德和我则认为，还应该认识到对已不复存在的要塞进行辩护也是一种**财政方面的**诡计。辩论愈演愈烈。尤其是支部主席维利希无疑非常热情地参加了。一位发言人认为，最好让我们经巴黎、纽伦堡和罗马去匈牙利进行一次无聊的旅行以清醒一下头脑。我打断他说，他讲的问题部分是不属于讨论范围，部分是彻底错误的。主席喊我遵守秩序，我未予理睬。这似乎受到了欢迎。我误认为我插话是履行了主席由于过分卷入争论而未履行的责任，这可能是我的错误，不过，维利希肯定也有错误。当一个人说我的发言有一个地方**不明确**时，他就认为必须**由他**来对**我的**话进行**解释**和**补充**，并且说了一些恰恰只有**他**而不是我说过的事。当我要求发言时，最后就根本不让我发言，因此，我也完全放弃了。为了稍加说明对我的激昂的愤恨和天晓得哪里来的敌视情绪，我提一点，有位盟员甚至要求立即把我开除出盟，又有一位盟员则主张成立一个委员会来审查**这个罗特哈克尔究竟是怎样入盟的**，说这事**很可疑**。可惜，这两个提案最后都收回了，也许是出于宽容吧？对此，我丝毫不领情。他们觉得，他们做得太过分，是没有道理的。**豪德**公民有力地保护了我，并且**格纳姆**公民可以作证，他会向您讲述事实。

我愿意属于其他任何支部，但是我**决不**愿意属于**这个支部**。我感到幸福和高兴的是，我属于把崇高思想作为格言写在盾牌上的**同盟**的一员；但如果我希望作另外一个**支部**的成员的话，那么人们根据前述情况想必会同意我提出的这个请求。

威·罗特哈克尔

手稿
莫斯科苏共中央马列主义研究院
中央党务档案馆，f. 20，op. 1，d. 40
(《马克思恩格斯全集》历史考证版
第 3 部分第 3 卷第 608 页)

奥古斯特·维利希（伦敦）给卡尔·马克思（伦敦）的信

1850 年 8 月 27 日

1850 年 8 月 27 日于伦敦

致马克思公民：

昨夜，流亡者们彼此进行了极为详细的调查——什么都没有发现。今晨我问过施托瓦瑟，此人说，阿普雷德里斯不仅分毫未付，而且说，他最多能交出他通过马克思得到的 10 先令。① 对此，我们无法再向他提出什么指责。若是昨晚不进行调查，那么今天事情就很可能会被揭发出来。

奥·维·

手稿

阿姆斯特丹国际社会史研究所

马克思恩格斯遗著 D VIII 159/D 4582

(《马克思恩格斯全集》历史考证版

第 3 部分第 3 卷第 620 页)

---

① 另见 1850 年 5 月 31 日阿洛伊斯·阿普雷德里斯给马克思的信(《马克思恩格斯全集》历史考证版第 3 部分第 3 卷第 554 页)。

奥古斯特·维利希（伦敦）给卡尔·马克思（伦敦）的信

1850 年 9 月 1 日

1850 年 8 月^① 1 日于伦敦

致社会民主主义流亡者救济委员会主席：

谨告知马克思公民，拨给寄宿处^②的钱款连同其他基金为数约 10 先令的结余，除所欠 2 镑，现已全部开销。我建议，由委员会采取必要措施以解决今明两天的开支，连同房租共计 1 英镑 15 先令 2 便士。

我同时建议，在明天的委员会会议上报告上个月的账目。

奥古斯特·维利希

手稿

阿姆斯特丹国际社会史研究所

马克思恩格斯遗著 D VIII 156/D 4580

（《马克思恩格斯全集》历史考证版

第 3 部分第 3 卷 624 页）

---

① 为 "9 月" 之误。

② 指的是委员会所设置的提供膳食、住处和洗涤设施的流亡者之家。

奥古斯特·维利希（伦敦）给卡尔·马克思（伦敦）的信

1850年9月2日

1850年9月2日于伦敦

致马克思公民：

您曾对哥林格尔说，我的旅费已准备好①，所以我想，您可以把预支给您的钱款留下一部分。因此我请您从中拿出4至5英镑给我。我将于星期六②启程。

奥古斯特·维利希

手稿

阿姆斯特丹国际社会史研究所

马克思恩格斯遗著 D VIII 158/D 4583

(《马克思恩格斯全集》历史考证版

第3部分第3卷第625页)

---

① 指奥古斯特·维利希去比利时安特卫普与康拉德·施拉姆决斗。此事马克思和恩格斯尽了很大努力未能制止。决斗最后于9月11日上午举行。施拉姆的证人是波兰革命者亨利克·路德维克·米斯科夫斯基，维利希的证人是古斯塔夫·阿道夫·泰霍夫。施拉姆头部受了轻伤。泰霍夫在他致瑞士"革命集中"的信中的附言中谈了决斗的详细过程："当我打算第二次给手枪装子弹的时候，施拉姆伸手去握维利希的手，向他保证说，他没有任何个人的怨仇，他为了党不能退缩，然后他开始挑衅，如此等等。总之，他公开地和诚心诚意地向对方提出和解，对方接受了。"(载于卡尔·福格特《我对〈总汇报〉的控诉》1859年日内瓦版第160—161页)。施拉姆在安特卫普平民医院治伤，不久就返回伦敦；他还再次参加了中央委员会9月1日的会议。关于这次决斗，另见卡尔·马克思的《高尚意识的骑士》,《马克思恩格斯全集》中文第1版第9卷第553—558页。

② 9月7日。

奥古斯特·维利希（伦敦）给卡尔·马克思（伦敦）的信

1850 年 9 月 5 日

8 月①5 日于伦敦

致公民马克思：

我并未宣布说我要启程，因此我启程与否不能构成全体会议②推迟举行的理由。星期五③我将出席。**会议已经预告了。**我要求会议按照中央委员会的决议举行，或者是今晚召开中央委员会另行作出决议。

奥古斯特·维利希

手稿
莫斯科苏共中央马列主义研究院
中央党务档案馆，f. 20，op. 1，d. 33
(《马克思恩格斯全集》历史考证版
第 3 部分第 3 卷第 627 页)

---

① 为"9 月"之误。
② 指的是共产主义者同盟伦敦盟员的全体会议。这个会议没有举行。
③ 9 月 6 日。

奥古斯特·维利希（伦敦）给卡尔·马克思（伦敦）的信

1850 年 9 月 7 日

致马克思公民：

寄宿处钱款我已交林格斯转给委员会。此人可以一天或两天取一次寄宿处钱款用于开支。格贝尔特将接管制刷工人的账。

奥古斯特·维利希

1850 年 9 月 7 日于伦敦

手稿

阿姆斯特丹国际社会史研究所

马克思恩格斯遗著 D VIII 157/D 4584

(《马克思恩格斯全集》历史考证版

第 3 部分第 3 卷第 631 页)

哥特弗里德·克洛泽（伦敦）给卡尔·马克思（伦敦）的信

1850年9月11日

马克思先生台鉴：

今晨有事缠身，不能亲自前往问安。因此，谨写上寥寥几句。

可以肯定地预料，会有一些羡慕我坐的这把椅子的游手好闲的人向新委员会抗议我的救济款的数额。为了明确地答复这些人，我需要委员会的统计材料：

营房①在建立过程中和建立以来花了多少钱；另外，营房存在期间为救济流亡者、资助成立制刷作坊等等花费多少；供给膳食和给予救济的人数有多少；还有平均每人每星期花多少钱。

为了现在就能着手这项统计工作，我请求您在其他委员同意的情况下允许我在给我指定的时间内以最快的速度在普芬德先生处仔细看一下迄今为止的账目，并允许我作必要的摘录。

晨安！

忠实于您的　克洛泽

1850年9月11日于伦敦

---

① 指社会民主主义流亡者委员会建立的流亡者之家。

又及：请您最好让我弟媳告知我，饭后几时可以同您面谈。

克·

手稿

阿姆斯特丹国际社会史研究所

马克思恩格斯遗著 D V 77/D 2670

(《马克思恩格斯全集》历史考证版

第 3 部分第 3 卷第 634 页)

布莱曼（伦敦）给卡尔·马克思
（伦敦）的信

1850 年 9 月 12 日

致马克思公民

1850 年 9 月 12 日于伦敦

马克思公民：

十分抱歉，我不得不提醒您一笔我经手的债款。我在一个星期一把给您的 2 先令交给公民施拉姆，当时他答应至迟星期六归还，从那以后已经过了三个多月了。他向我描述了您的境况，而我作为一个同盟盟员认为有义务想点办法。[……]

敬礼并握手。

布莱曼

手稿   节录

阿姆斯特丹国际社会史研究所

马克思恩格斯遗稿 D I 49/D 337

(《马克思恩格斯全集》历史考证版

第 3 部分第 3 卷第 635 页)

彼得·勒泽尔（科隆）给卡尔·马克思（伦敦）的信

1850 年 9 月 14 日

1850 年 9 月 14 日于科隆

亲爱的马克思：

我们许久都没有听到你们的任何消息了，因此我只好代表科隆的朋友们向**你们**提出几个问题。近处和远处都有人来问我们，还有没有《共产党宣言》。我们现在连一本也没有了，因此我们想，最好出第 2 版。但是我们认为，《宣言》事前应该根据现时的情况加以修订。此事将由你们决定，不过，要尽快把结果告知我们。

第二个问题是，我们早就殷切盼望出版您的国民经济学。我现在冒昧地问您一句，您是否有意把稿子连同您的条件寄给我们，我们将立即交贝克尔付印，并负责发行。这对于宣传工作有很大意义。

盼尽快回音。

衷心问好。

您的　彼·格·勒泽尔

手稿　　　　　　　　　　　　　　　　　　　　　　节录

莫斯科苏共中央马列主义研究院

中央党务档案馆，f. 1，op. 5，d. 305

（《马克思恩格斯全集》历史考证版

第 3 部分第 3 卷第 639 页）

奥古斯特·维利希（伦敦）给卡尔·马克思（伦敦）的信

1850 年 9 月 14 日

9 月 14 日于伦敦

致公民马克思：

区部多数派决定于下星期一①举行伦敦区部全体会议。鉴于这个会不能一拖再拖，所以，中央委员会如有必要在此之**前**召开的话，须在下星期一**前**召开。

奥古斯特·维利希

手稿
莫斯科苏共中央马列主义研究院
中央党务档案馆，f. 20，op. 1，d. 38
(《马克思恩格斯全集》历史考证版
第 3 部分第 3 卷第 640 页)

---

① 9 月 16 日。

卡尔·普芬德（伦敦）给卡尔·马克思（伦敦）的信

1850 年 9 月 14 日

1850 年 9 月 14 日

亲爱的朋友马克思：

如果您尚未通知中央委员会委员们的话，那么劳驾通知他们去"白厅"。

因为，我们如果仍在往常的酒店聚会的话，那么别人一找就很容易找到我们。

反动派很可能要召开全体会议。这样一来，我们可就骑虎难下或者说丧失了采取行动的最有利的时机。

今晚再谈。匆此。

您的 卡·普芬德

手稿

阿姆斯特丹国际社会史研究所

马克思恩格斯遗著 D VI 225/D 3643

(《马克思恩格斯全集》历史考证版

第 3 部分第 3 卷第 636 页)①

----

① 附有影印件。

彼得·勒泽尔（科隆）给卡尔·马克思（伦敦）的信

1850 年 9 月 25 日

1850 年 9 月 25 日于科隆

亲爱的马克思：

您最近寄来的几封书信和记录都已经收到了，遗憾的是，我们不得不谨慎小心；我们只要等埃卡留斯的报告一到，就可以作出一个明确的决定；因此请抓紧时间，尽快把埃卡留斯的报告寄来。此外，为了对同盟的情况有一个概括的了解，我们还得请你们提供全部的地址和通信，我们将尽自己的力量，使同盟不致因为这次不幸的争端而蒙受损失。

不过，我们感到，如果您当初也留在领导岗位上，情况就会好得多；我们那时就认为你是党内最出类拔萃的人物，并为此而感到自豪。可惜事情并不尽如人意，现在任务只得由我们来担当。

关于出版您的《国民经济学》一书的问题，您误解了我的意思；我们本来只打算承担这本著作的印刷事宜，至于出版的条件，应当由您本人提出。毫无疑问，这本著作对于宣传工作将产生极其巨大的影响。

如果您为了这个目的，愿意把《宣言》连同注释一起交给我们，我们也愿意接受印刷的任务，只是必须考虑使您在纯收入方面得到最好的报酬，如前所述，您应当自己提出出版的条件。

您的著作至今未能找到一个承印的厂家，现在，您提议把它交给我们，我们表示欣然同意，并将为该书的印刷而尽心。不过，请来信说明：这部著作的对象是同盟盟员，还是更广大的读者？

最后，我再次请求尽快将我们急需的材料寄来。

您的　彼·格·勒泽尔

又及：请转告恩格斯，我今天已经搞到了我们所需要的材料。

彼·格·勒泽尔

手稿
莫斯科苏共中央马列主义研究院
中央党务档案馆，f. 1，op. 1，d. 5555
(《马克思恩格斯全集》历史考证版
第 3 部分第 3 卷第 646 页)

威廉·豪普特（汉堡）给卡尔·马克思（伦敦）的信

1850 年 10 月 1 日

亲爱的马克思：

随信附上《自由射手》的编辑①写的一封信；您从他的信中可以看出，我已经圆满地获得预期的结果：这位编辑答应把那笔钱交给您，由您分发给您认为**合适的**人。不用说，这个和蔼的资产者颇有些受宠若惊，并为自己能够发号施令而感到高兴。在我作了几点说明之后，他当即对各项建议都表示赞同；毫无疑问，下一步筹集的款项将全部寄往您那里；目前，这里的筹款工作还在继续进行。直到今天，我才能抽身前往圣格奥尔格区，到那里的工人中去；我希望在那里也能为你们募集一些资金。汉堡还是一个相当有潜力的地方，我希望能说服那些正直的伙计们慷慨解囊。

在科隆，我同丹尼尔斯、毕尔格尔斯和勒泽尔谈了话，向他们说明了伦敦发生的事件的前后经过；听了他们发表的意见之后，我坚定不移地确信，沙佩尔之流绝不可能找到任何追随者；对于维利希和沙佩尔的行径，丹尼尔斯等人异口同声地表示愤慨。我参加过区部举行的一次会议；在那次会上，他们决定接受交给他们的任务，并决定写一封信寄往伦敦，要求组建

---

① 路德维希·伦茨。

两个区部，他们将同你们紧紧地携起手来一道前进；同时，他们还明确地向我表示：在伦敦那边，只有你们才是他们所信赖的人；他们绝不会信赖沙佩尔先生，更不会信赖维利希先生。紧接着，他们又给魏德迈写了信；魏德迈从法兰克福来信说，沙佩尔和维利希在那里也不可能找到任何追随者。在威斯巴登，沙佩尔已经威信扫地，这是因为，第一，所有的人都确信，沙佩尔当初遭到驱逐，完全是他自己故意造成的结果；第二，沙佩尔夺走了他的朋友卡斯滕斯①的未婚妻②（她现在成了沙佩尔的妻子）；第三，沙佩尔竟私自把人们为他和卡斯滕斯共同筹集的40Pr. rh据为己有，而仅仅拿出1rh Pr交给卡斯滕斯。总之，这帮蠢驴如果还指望从德国方面得到什么支援，如果他们还相信自己能够找到"宁可跟着他们走，也不愿跟你们走"的人，那么，他们一定是听信了那些凭空杜撰的虚假消息。星期五③那天，我曾在科隆逗留，听说区部将于星期六举行会议，但有三名成员（即所有的反对派分子）不准出席，因为大家觉得他们不太可靠。这个事实说明，同盟的盟员们是全心全意地站在我们这一边；至少在目前，他们同维利希、沙佩尔先生是势不两立的。起初，毕尔格尔斯曾担心，在中央委员会的迁移问题以及章程的起草问题上，其他区部会坚持反对的立场；我对他说，对于那种蛮横的要挟行为决不能畏惧；在涉及改组问题的时候，我们对某些盟员决不应当迁就；

---

① 即弗里德里希·列斯纳。

② 克拉拉·霍珀。

③ 9月27日。

如果有人处处都要求我们予以照顾，而又不在各种问题上坚定地站在我们一边，那么，这样的人就决不能留在同盟里。最后，毕尔格尔斯也表示，他赞成采取一切坚决的措施。我认为，科隆人目前是可以信赖的；沙佩尔和维利希必将身败名裂，对此我深信不疑。——您可能已经收到了科隆方面寄去的那封表示赞同的书信，因为早在星期日①那天，他们就打算起草那封信了。本来，我很想劝说他们彻底解散原伦敦区部；可是，我又觉得，对这件事不宜操之过急。不过总的说来，目前一切都进行得非常顺利；能出现这样的局面，已经十分理想了。

有关在此地建立支部的工作，我准备在近日内着手进行；不过，我想先听听您的详细意见，然后再同科隆人磋商。直到现在，我还没有能够同埃卡留斯的兄弟②晤面。

随信附上泰勒林撰写的一本小册子③，此书会使您忍俊不禁；确实，这是一篇令人惊讶的奇文。像这样拙劣的作品，我有生以来还从未见过。《西德意志通报》对此发表了下列评论："题为《马克思和恩格斯的未来德国的专政的浅析》的小册子（弥勒－泰勒林著）已经出版。这本书共有 29 页，作者在结尾时这样写道：'难道这种出乖露丑的表演还不够淋漓尽致吗？'"这篇评论大概使泰勒林感到十分尴尬，他后来又为此而写了一篇补充说明的文字。

---

① 9 月 29 日。

② 约翰·弗里德里希·埃卡留斯。

③ 爱德华·弥勒－泰勒林：《马克思和恩格斯的未来德国的专政的浅析》1850 年科隆版。

请您转告沃尔弗①，我已经尽了最大的努力；我曾要求诺特荣克助一臂之力，他大概能搞到几个金路易，并将给沃尔弗寄去。法伊特博士也打算采取一些措施，以便提供援助。至于那些亲戚，根本就不能对他们寄予什么希望；正是他们到处散布极其荒唐的谣言。例如，他们声称沃尔弗已经有了工作，说他在一家肥皂工厂（！！！！）上班，并已挣到了工钱。

汉诺威出版了一份工人报纸（一份专为烟草工人编印的报纸！！），报名叫《协和报》；该报将于明年初改名为《德意志工人俱乐部》，每周出版一次。编辑路·施泰翰是一名细木工师傅，已参加同盟。他对我说，该报将坚持共产主义立场；可是，此人看上去却是一个彻头彻尾的、沽名钓誉的市侩，绝不可能为同盟发挥多大的作用。可是，勒泽尔竟吸收他加入了组织！目前，这个施泰翰正在为报纸物色一名驻伦敦的通讯员；虽然我们不可能同这个家伙共事，但倒有可能在他那里挣到一些钱。如果您知道某人愿意承担这种通讯工作，那就请您把下列通信地址告诉他：新大街，请鞣革匠图滕贝尔格转交。

今天就写到这里吧；倘若时间充裕，我真想把这封信写得更详细一些；可是，那些家庭亲友占去了我大量的时间。下次写信再详细叙谈吧！

请接受我的问候。

豪普特

10 月 1 日于汉堡

---

① 斐迪南·沃尔弗。

附言：

那封提议召开代表大会的信①，已经由一位乘务员捎到科隆。沙佩尔在信的背面写道："此间形势恶劣；详情以后再告诉你们！"这就很清楚地说明，这帮正人君子早就已经包藏祸心了。当然，他们也向豪德、格贝尔特以及施米特通报了情况，但愿这些人一路顺风！——据说，维利希曾同已故的哥特沙克的支持者们长期保持联系；但这些人都没有加入同盟，因此不会构成什么威胁。

豪普特

布伦已经获得自由；我今天同他谈过话，但直到此刻为止，尚未进一步深谈。他的通讯地址是：巴伦菲尔德街3号。

豪普特

手稿   摘要
莫斯科苏共中央马列主义研究院
中央党务档案馆，f. 20，op. 1，d. 41
(《马克思恩格斯全集》历史考证版
第3部分第3卷第650—652页)

---

① 这是伦敦的中央委员会大约于1850年7月写给科隆区部的一封信。这封信没有保存下来。

艾曼纽埃尔·巴泰勒米、亚当、茹尔·维迪尔（伦敦）给卡尔·马克思和弗里德里希·恩格斯（伦敦）的信

1850 年 10 月 7 日

1850 年 10 月 7 日

致公民马克思和恩格斯

公民们：

我们荣幸地通知你们，我们必须在本星期内召开一次会议，处理我们所创立的团体的若干事宜。我们已经通知维利希公民。会议的地址和日期由你们选定，并希望告知我们；因为对我们来说，会议在何时何地举行，这是无关宏旨的事情。

我们荣幸地向你们致以敬礼。

巴泰勒米

亚当

茹·维迪尔

手稿

阿姆斯特丹国际社会史研究所

马克思恩格斯遗著 D I 27/D 193

（《马克思恩格斯全集》历史考证版

第 3 部分第 3 卷第 654 页）

约瑟夫·魏德迈（美因河畔法兰克福）给卡尔·马克思（伦敦）的信

1850 年 10 月 13 日

1850 年 10 月 13 日于法兰克福

亲爱的马克思：

接到恩格斯那封重要来信①之后，我拖延了一段时间才给予回复；近来我的工作比较繁忙，而偏偏赶在这个时候，协会的事务又给我增加了一些负担——因为那个愚蠢的家伙最近采取了一些措施，致使我们这个地区的绝大部分工人协会陷入了瓦解的境地。不过，这一情况的发生，对于今后的鼓动工作倒是利大于弊。

在这段时间，我在沙佩尔—维利希集团派出的特使②那里，还收到过维利希的一封来信。在这封信中，维利希也同样标榜自己的品德，同时，他还谈到有人"企图杀害"他③；最后，他试图动摇我经过多年的观察而确立的信念，让我不要在你们的巧妙手段的迷惑下作出错误的判断。我们可以看到，当

---

① 恩格斯在信中通报了中央委员会 9 月 15 日会议的情况。这封信没有保存下来。
② 指豪德。
③ 指他同康拉德·施拉姆决斗一事。

某些人需要利用一个人来达到某种目的时，他们就会对这个人摆出十分尊重的姿态。虽然同盟的分裂是非常不幸的事件，但这一事件绝不会造成像恩格斯所担心的那种后果；迁移中央委员会，这是你们所作的极其正确的决定；在我们这里，这项决定到处都受到人们的一致拥护。毫无疑问，在沙佩尔企图使出全部力量来制造分裂的时候，他确实是过高地估计了自己的影响；其实，在南部地区，包括他的故乡①在内，沙佩尔根本就没有任何影响；在这些地区尚且如此，何况在其他地区？他只要了解到自己的使者所受的待遇，就会立即明白这一点；这位使者在任何地方都得不到人们的承认，他已经山穷水尽，无法继续在各地周游。维利希的影响当然就更加微乎其微、不值一提了。

过去，我在这里偶尔也听到沙佩尔谈论建立临时政府的问题；可是那时候，我以为他仅仅是发发议论而已，并没有予以注意；我没有想到一个人竟会荒唐到如此地步，居然郑重其事地决定实施这种设想。本来，沙佩尔应当比大家更了解德国工人的发展水平，更了解德国无产阶级是否具备了掌握政权的条件。在德国南部的工人中，除了极少数的人以外，广大群众仍然完全站在小资产阶级一边；在德国北部，如果考察一下那里的正式工人组织——"兄弟会"——的建立和活动，并据此作出判断，那么我可以说，那里的情况也并不比德国南部好多少；一些规模较大的城市也许属于例外。诚然，人们可以通过宣传工作来改变某些现状，也可以通过宣传工作来建立一支由具有

---

① 黑森-拿骚。

无产阶级觉悟的工人组成的核心队伍；可是，只要小资产阶级还没有成为统治阶级并同广大群众发生对抗，群众就不会放弃自己的小资产阶级立场；这是因为，在我们这里还没有出现一个资产阶级，能迫使广大群众去认清本阶级的真正利益。现在，我们无法动员工人群众去参加各个协会，甚至连动员他们去参加那些以严肃态度讨论问题的协会也做不到；工人群众根本就不愿参加；在这种情况下，怎么谈得上去影响他们的思想呢？在我们这个规模虽小、但立场十分坚定的协会里，每举行一次讨论，都要求我付出大量的精力。如果我们就某个方面的问题向他们进行宣讲，而并不需要他们自己在这方面采取任何实际行动，他们就会感到称心如意；当某个问题使他们感到费解的时候，他们很善于进行自我安慰，却不愿意为了弄清问题而发言提问。

维利希不会越出兵营共产主义的藩篱；对于这一点，我丝毫都不感到惊讶，因为他早就主张通过建立自由公社，并采用他自己的手工业方式来解放整个世界！① 按照维利希当时的观点，不管是什么人，只要当上了手工业者，就算是最完满地实现了他的目标；如今，他的这些观点大概并没有发生多大的变化。当我获悉维利希成为中央委员会委员的时候，我曾希望他通过同你们的交往，纠正自己那种耽于幻想的毛病；而现在，我认为这是根本不可能的事情。维利希已经成了一个"大人物"；众所周知，凡是这样的人物，都是无可救药之徒，因为他们妄自尊大，已经失去了思考的能力。以前，维利希还曾死

---

① 革命爆发前不久，维利希曾打算在科隆当木工。

死地抱着黑格尔学说不放，但他对这种学说只是生吞活剥，并未消化。魏特林当然不会去研究黑格尔学说；不过，尽管维利希和魏特林之间存在着种种差异，我还是日益明显地感到，他们两人在许多方面都有惊人的相似之处。

好吧，那就让这两位"大人物"按照自己的意愿为所欲为吧！至少在目前，他们不会造成太大的危害；他们已经打错了算盘。

有关流亡者救济金的问题，看来十分棘手；我们只能把这笔钱从这里寄给正式任命的委员会，这是因为，我们必须向捐款者公布账目，而有关这次分裂的全部情况，当然不能让这些捐款者知道。诚然，在个别情况下也可以采取特殊的措施，但这只能解决少数可以列入特殊救济金账目的款项的问题。

《新莱茵报。政治经济评论》的情况到底怎样？难道就想不出任何办法使这本杂志继续出版吗？［……］

几天来，我一直在考虑为工人撰写一部尽可能明白易懂的国民经济学读本。当然，要想立即着手进行这项工作，那是不可能的；可是，生活中的那些无法摆脱的事务使我只能获得那么一点时间，我不知道究竟要到什么时候才能比较自由地支配自己的时间。如果我的设想能够付诸实施，我将在写作过程中首先以您的《哲学的贫困》作为基本指导思想；［……］

在我们德国南部地区，形势正朝着十分有利的方向发展。各地议会纷纷出乖露丑，例如，在拿骚和士瓦本地区就出现了这种情况；这些议会使自己在人民面前威信扫地，因而也就使整个立宪制度声名狼藉；或者，议会被迫同政府实行决裂，这样就引起了冲突；而只有消灭那些小邦，这种冲突才能最终消除。总之，不管在哪一种情况下，各地群众的情绪都异常激愤；人民受到各种各样的敲诈盘剥，因此，他们准备去参加各种运动。为了使法国革命军队在四面八方都受到热烈的欢迎，确实有必要进行这样的准备；如果没有亲身的体验，谁都无法相信，在目光短浅的小资产阶级中，各种偏见是那样根深蒂固。只要政府还没有用皮鞭强行驱散各个小邦的议会，小市民就总是对议会的作用深信不疑；他们目前对普鲁士寄予希望，因为普鲁士在遭到奥地利的打击以后，总是发表一通模棱两可的空论；如果小市民离开了自己那片狭小的故土而远走他乡，他们就会希望爆发一场德意志的民族革命，并希望法国人仍像1848年那样充当和蔼可亲的旁观者。这种信念虽不能使人产生移山填海的力量，但确实能使人执迷不悟，一意孤行；为了动摇这种信念，就必须采用目前正在施行的那种剧烈而又痛苦的治疗方式。

我和我的妻子向你，并向你的夫人和恩格斯致以最诚挚的问候。

你的 约·魏德迈

手稿　　　　　　　　　　　　　　　　　　　　　　　　节录
阿姆斯特丹国际社会史研究所
马克思恩格斯遗著 D VIII 98/D 4533
(《马克思恩格斯全集》历史考证版
第3部分第3卷第655—659页)

威廉·豪普特（汉堡）给卡尔·马克思（伦敦）的信

1850 年 10 月 31 日

1850 年 10 月 31 日于汉堡

亲爱的马克思：

我高兴地看到，那些大人物组成的"临时政府"已经陷入极其可悲的境地；自从他们作出那些"果断的"决定①，他们就将自己的无耻嘴脸暴露在光天化日之下了，而我在当初确实没有想到他们竟会无耻到这种程度。可是不管怎么说，事情既然发展到了这步田地，使我们毅然同这帮民主派一刀两断，这毕竟是一件好事。"出乖露丑的表演确实已经淋漓尽致"；在德国执政的将是狄茨（！）、格贝尔特（！）、弗伦克尔尔（！）、沙佩尔（！）、列曼（！！！）、谢特奈尔（！）以及维利希先生（！）。这实在是一种超群绝伦的设想。

在这段时间里，我在这里并没有无所事事；但目前我遇到了一些困难：我过去认识的熟人绝大多数都起不了什么作用；有不少人先前是小资产者，现在依然如故；还有一部分人头脑过于简单，因而根本派不了什么用场，意志消沉、畏葸不前的

① 指奥古斯特·维利希和卡尔·沙佩尔领导的伦敦区部作出的决定。

现象几乎随处可见。在工人中，只有少数人能够发挥一点作用；除此之外，绝大多数人都要求给他们讲一些美妙动听的空话，要求按照魏特林和维利希等人的方式，向他们传播典型的手工业者思想。

我所交往的人，都是经过我细致深入地了解而认定是稳妥可靠的人。到目前为止，我罗致了三个干练的人才，其中有一个是埃卡留斯的兄弟①；他虽然在许多方面都不及那位伦敦人②，但却是一个可以信赖的人。另外两个人③也很可靠，完全站在我们一边。现在，我正同他们三人一起认真地学习《宣言》，我希望他们能成为党的坚强柱石。昨天，我给丹尼尔斯写了信，向他介绍了我们这里组建新支部的情况，并要求他同我建立联系。在这里，我想问您一下：如果建立新支部的事宜由你们审批，并由您执笔给丹尼尔斯写信，您看是否更妥当一些？格吕伯尔已经不再参加任何活动；他还劝我也放弃所有的工作，说什么一切努力在目前都徒劳无功；我觉得他现在已经变成了一个十足的游手好闲之徒，因此暂时不可能指望他发挥什么作用。我还没有去找过木工马尔滕斯；据我看来，各方面反映的情况都足以证明，这个人已经变成了一个循规蹈矩的小资产者；不过，我还是准备拜访他一次，以便从他那里了解更多的情况。

正如我以前在信中告诉您的那样，布伦在很长一段时间以

---

① 弗里德里希·埃卡留斯。
② 指格奥尔格·埃卡留斯。
③ 约翰·马尔沙夫斯基和卡尔·海尔曼·彼得逊。

来已经重新获得自由；看来他还没有同贝克尔①、司徒卢威以及其他一些大人物断绝联系。据说，科恩海姆等人在归途中曾在他那里借宿；而且直到现在，他仍然同这些人保持联系。根据已经掌握的信息，我在前段时间认为不宜同他来往。前天我收到了他写的一张便条，便条上开列了贝克尔的一张汇票的内容，其中注明他（贝克尔）为收款人。（这是我在日内瓦欠下的债款。）在便条的结尾处，布伦这样写道："倘若您不来，我就只好找上门去，我们可以当面交涉。"我去同他见了面，并质问他凭什么对我进行这种威胁；他躲躲闪闪，声称那些话并不含有威胁的意思。由于我在前段时间一直没有理睬他，他似乎觉得自己的感情受了伤害，可能很快就给日内瓦方面写了信，把这些情况告诉了贝克尔，并向他提供了我在这里居住的消息。此外，他还十分卑鄙地辱骂了您和施拉姆。"他再也不想同这帮家伙打什么交道了。""**用大学生的语言来说**，他们是一些不**体面**的人"，"这是因为，他们既然要反对别人（也就是反对他），并且是利用捏造的谎言来进行反对（见《卡尔斯鲁厄日报》），他们至少应当对此承担责任，这是做一个**体面**的人的最起码的要求。""他无意于同你和施拉姆算账，可是如果有必要，他也可以让别人来算这笔账。"这个无赖!!"施拉姆上次在这里逗留的时候，没有给他留下任何好的印象，施拉姆**趾高气扬地**责骂一切人，可是**在他面前**，毕竟还受到一些**约束**。"他本想劝我改弦易辙，但很快就放弃了这个念

---

① 约翰·菲力浦·贝克尔。

头，因为我说了一番斩钉截铁的话，"使他立刻看清了我的立场"。您看，布伦已经成了一只**迷途的羔羊**，这个家伙也陷入了小资产阶级的泥潭！关于他同司徒卢威之间的关系，我很希望能了解到一些详细的情况。

我很乐意校阅清样①；迄今为止，这项工作一直是由富克斯博士承担的。我将在近日内去找舒伯特；不过，我希望你们授予我全权代表的资格！这项工作不会给我个人的生活状况造成什么影响；虽然我目前正受到各方面的监视，我的母亲还在暗中反对我，对我进行百般诅咒，但我对这一切都泰然处之。明年初，我将单独搬迁到另一个地方，使我的家庭走上正常生活的轨道。

至于借款的问题，我在这方面一点也没有松懈。可是，我筹集的钱并不太多。据说，埃尔伯费尔德的古斯塔夫·阿道夫·克特根是您的朋友，我已经同他谈了话；可是，我不清楚您同他的关系究竟怎样，也不知道您是否想要进一步了解他的意图。他曾经打算给您写信，并愿意为您提供资助。他相信在几个星期之内就能**为您**筹集到大约 100rh，并准备把这笔钱陆续给您寄去。他同一些富翁保持着相当密切的联系！望您**立即**就此事给我写一封回信；因为我不了解您是否愿意用这种方式给您汇款，所以，很自然，我就无法采取任何措施。亟盼回音！

今天就写到这里。请代我向恩格斯和施拉姆等人问好。

---

① 即《新莱茵报。政治经济评论》第5、6两期合刊的校样。

请接受我的问候。

豪普特

于老交易所街 1 号

由于缺少资金，我至今都无法派人到柏林去，更不可能亲自前往。

最近，我也许会顺路去一趟基尔。

您能否替我把一封短信转寄给拉福里？我觉得，这是同他联系的最妥帖的办法。

望及早回信！！

手稿
莫斯科苏共中央马列主义研究院
中央党务档案馆，f. 20，op. 1，d. 44
(《马克思恩格斯全集》历史考证版
第 3 部分第 3 卷第 667—668 页)

彼得·勒泽尔（科隆）给卡尔·马克思（伦敦）的信

1850 年 11 月 2 日

1850 年 11 月 2 日于科隆

亲爱的马克思：

我到哈夫那里不知去了多少次，结果只得到三本《宣言》，看来，我简直可以说是白跑了一阵。而现在，四面八方的人，尤其是那些刚刚成立的支部每天都在渴望得到这部著作。我再次请求您从同盟的利益出发，准许我们翻印；或者，还可以采取另一种更好的办法，那就是请您把《宣言》连同注释一起交给我们，并给我们讲明出版的条件。您原先曾打算把手稿交给我们，可是我们一直等到现在，也没有如愿以偿。

沙佩尔派出的特使豪德已经第二次来到这里；他以强硬的语气质问我们是否准备承认新成立的伦敦中央委员会。我们也以强硬的语气作了回答；他已经回到美因茨，在那里无所事事，至今还在等着他的旅行身份证；也许过不了多久，他就要一无所获地返回伦敦了。

沙佩尔和维利希一直喋喋不休地对您和恩格斯进行诽谤，鉴于这种情况，我想给您提供一些能反映沙佩尔品质的事实，以便您在适当的时候引用。

今年春季，沙佩尔被宣告无罪释放；此后，卡斯滕斯①和他的未婚妻②便同沙佩尔一起从这里迁往威斯巴登。在这段时间，沙佩尔干了些什么呢？他一直在玩弄阴谋诡计，最后终于夺走了卡斯滕斯的未婚妻；事后，他还对卡斯滕斯进行诋毁，并屡次在公开场合以令人发指的手段对他进行污辱。被沙佩尔带到伦敦去的那个年轻女子，就是卡斯滕斯原先的未婚妻。

汉森对沙佩尔本来比亲兄弟还亲；他为沙佩尔尽了一切努力，牺牲自己整天的工作时间；可是后来，仅仅为了一件微不足道的小事，沙佩尔就两次在公开的场合对他进行污辱，其手段卑鄙已极，使大家义愤填膺。

望您立即回信。

致以衷心的问候。

彼·格·勒泽尔

手稿
莫斯科苏共中央马列主义研究院
中央党务档案馆，f. 20，op. 1，d. 45
（《马克思恩格斯全集》历史考证版
第 3 部分第 3 卷第 672 页）

---

① 即弗里德里希·列斯纳。
② 克拉拉·霍珀。

约瑟夫·魏德迈（美因河畔法兰克福）给卡尔·马克思（伦敦）的信

1850 年 11 月 10 日

[……] 恩格斯最近打听的那个人名叫豪德，顺便说一句，此人是个颇为能干的家伙。他已经返回伦敦。

恩格斯最近写信告诉我，施拉姆头部负伤，倒在决斗场上；但少数派却宣称，施拉姆和维利希在决斗后已经握手言欢。

此事与少数派指责鲍威尔和普芬德"侵吞钱财"的事到底有什么关系？

请您把此事的来龙去脉告诉我；我们已读到有关此事的报道，却一点也不知道如何应对，这实在太令人气恼了。另外，豪德在这里说，鲍威尔已在出使的途中被召回，因为人们对他不信任；上述那件事与豪德提供的这个情况有什么关系？①

随信附上一张钱数不多的期票，作为对你们那里的流亡者的资助。得便请将以前汇款的收据寄来。难道就不能建立一个中立的流亡者委员会吗？如果此事无法办成，那就只有把主要的款项寄给正式的委员会了，除此之外，别无他途；而且，钱数也不会太多。

---

① 豪德所说的情况纯属捏造。

请问候恩格斯和您的夫人；我的妻子也向你们大家问好。

忠实于您的人

不太安全的书信，最好请寄给泰奥多尔·舒斯特，由他转交给我。

我也希望得到你们的几个安全的通信地址。必须十分谨慎；德国报纸目前已披露了许多事情。

关于继续出版《新莱茵报。政治经济评论》的事，我至今还没有得到答复。德朗克写信告诉我说，已拟定将这个杂志办成季刊；即便如此，我也得结清以前的账目。

手稿　　　　　　　　　　　　　　　　　　　　　　　节录

阿姆斯特丹国际社会史研究所
马克思恩格斯遗著 D VIII 99/D 4534
(《马克思恩格斯全集》历史考证版
第 3 部分第 3 卷第 673—674 页)

威廉·豪普特（汉堡）给卡尔·马克思（伦敦）的信

1850 年 11 月 30 日

亲爱的马克思！

　　我等待着您的来信，以便了解有关同盟的一些事宜，以及有关你们同舒伯特的关系的详细情况。关于钱的问题，我只能告诉您一些令人懊丧的消息。古·阿·克特根突然发了疯，因此从他那里已搞不到一文钱；在其他人那里我也碰了壁。因为我不愿向别人乞哀告怜，而只想借贷一点资金，这事情就加倍困难了。随信寄给您约 2.5 英镑，这已经是我的全部财产了；要想筹集更多的钱，我是无能为力了，因为在这里一点钱都借不到。布伦昨天还给我寄来一封催款信，语气极为凶狠粗暴，他还用各种方式对我进行威逼。这家伙实在是一个卑劣的恶棍。我在这段时间支出的款项很多，我的老父亲甚至为此感到恼火，并多次对我进行**责备**。尽管如此，我仍将继续努力，也许还能找人弄到一些钱。今天就写到这里；这次寄出的钱虽然很少，但我仍希望它对您有所帮助。

　　此致问候。

豪普特

1850 年 11 月 13 日

请代我问候所有的朋友们。

李卜克内西还欠我 11 先令。

如果盼望已久的他那笔钱已经寄到，请您向他讨回这些钱，并暂时存放在您那里。

随信附寄汇票一张，面值为 2.10 先令；如将现金随信寄往伦敦，就要付 76 生丁的邮资。

但愿这点钱对您有所帮助；我是很想多寄一些的，可是……

豪普特

我等待着您的回信。贝尔托尔德也终于上门逼债来了！

手稿

莫斯科苏共中央马列主义研究院

中央党务档案馆，f. 1，op. 5，d. 318

(《马克思恩格斯全集》历史考证版

第 1 部分第 3 卷第 675 页)

恩斯特·德朗克 (日内瓦) 给卡尔·马克思 (伦敦) 的信

1850 年 12 月 1 日

12 月 1 日于日内瓦

亲爱的马克思:

接到恩格斯的上一封来信以后,我本来早就要给您复信了,但萨宗诺夫给我许过诺言,说他在寄信时可以顺便把写给您的信一并附上,这样,就使我迟迟未能把回信寄出去。今天,他又答应给我附上一封信;如果这一次还是不能落实,我就把这封信经由法兰克福给您寄去。

我认为,维利希事件的发生对我们非常有利。这个家伙历来以救世主自居,因此,他在科隆也曾当过木匠。而在《新莱茵报。政治经济评论》上,恩格斯却把他放在显著位置;这种做法在德国境内也引起了强烈的不满(当然,我绝不是指济格尔那一帮蠢驴;我要指出的是,在我们党内,确实出现了上述情况),因为那位兵营武夫的名望远不像恩格斯估计的那样崇高。① 在最近的几次事件发生以后,他的代理

---

① 参看弗里德里希·恩格斯《德国维护帝国宪法的运动》,见《马克思恩格斯全集》德文版第 7 卷第 146—195 页(参看《马克思恩格斯全集》中文第 2 版第 10 卷第 3—109 页)。

人①在**德国**到处碰壁，这些情况您可能已经获悉②；我已经多次询问过拉绍德封地区的情况，但至今也没有得到那边的回音；我认为，拉绍德封是维利希唯一有可能得逞的地区，这是因为，他的一大批游手好闲的副官都聚集在那里。如果我得到消息，我将委托萨宗诺夫向您详细汇报。

萨宗诺夫大约将在两个星期以后启程前往伦敦。③ 有关法国方面的消息，将由他向您作口头汇报，这要比我在这里叙述更好一些。米迪的协会在这里的代理人是沙庞蒂埃；那些协会十分可笑地醉心于联邦主义，对巴黎充满着仇恨；他们同意大利北部的烧炭党人保持着联系。当局逮捕了让特和"里昂密谋者"中的另一个十分积极的代理人，因而打乱了他们的计划，这倒是一件值得庆幸的事。几天前，法济地区的警察当局还在这里关押了法国政府的一名密探；此人通过别人的介绍，同时也倚仗他作为斯特拉斯堡地区著名的民主主义者所享有的声誉，因而在伯尔尼和洛桑设法搞到了一些有关流亡者的情报。在巴黎，尽管路易·勃朗和赖德律千方百计地进行了努力，布朗基派仍然是那里的独一无二的真正的**政党**。

目前，瑞士这边的事业显得萧条冷落。在流亡者中，庸人占了很大的比例；那些游手好闲之徒、那些在金融投机事业中

---

① 指豪德。
② 原信在此处和下面几处地方已经破损。
③ 萨宗诺夫至少在1851年初还居留在瑞士。

沦为政治流亡者的破产的小市民——一句话，那些道地的德国庸人自从听说"无产阶级将要执政"以后，便自鸣得意、忘乎所以，他们认为自己那种下流无耻的习气就是无产阶级作风。在这些庸人中，有早先在科隆代表大会①期间充当过金克尔副官的波恩人康姆，还有一伙踌躇满志的施特劳宾人。鉴于这种情况，我们一般只在来自巴黎和布鲁塞尔的老盟员中开展活动；由于人数较少，同时也为了使事情更加稳妥，我们认为不需要经常同这些盟员举行讨论，但我们总是及时地把最新情况告诉他们；在适当的时候，他们也将在德国发挥自己的作用。在莫泽斯②的影响下，这里的工人协会正在蜕化变质，不过，这丝毫也不值得惋惜，因为在协会中，正是那一帮人占据着统治地位。莫泽斯在萨宗诺夫以及一些法国人那里竭力玩弄各种别出心裁的卑劣伎俩；他的妻子——那个在工人协会里当众喝得烂醉以至呕吐的女人，大概又在他面前絮絮叨叨地发表了议论，说他本来就是"共产主义者的首领"。我正在对莫泽斯进行监视，并掌握着他的全部情况。他现在的正式工作是炮制"问答"。他已经把来自哈姆的酒徒——埃塞伦写的一本思想比较开明的《问答》译成了法文；同时又委托别人在法兰克福印刷了一本《红色问答书》；他还通过萨宗诺夫把这本手册的译稿寄给了巴黎的《人民报》。他患有肺结核，去世的日子可能为期不远了。

---

① 指1848年8月召开的莱茵地区民主主义者代表大会。
② 莫泽斯·赫斯。

谨向您的夫人致以最良好的祝愿，再见！

您的　恩·德朗·

［……］

手稿
莫斯科苏共中央马列主义研究院
中央党务档案馆，f. 20，op. 1，d. 46
（《马克思恩格斯全集》历史考证版
第 3 部分第 3 卷第 684—685 页）

威廉·豪普特（汉堡）给卡尔·马克思（伦敦）的信

1850 年 12 月 3 日

1850 年 12 月 3 日于汉堡

老交易所街 1 号

亲爱的马克思：

最近两个星期，同盟的事务占去了我大量的时间，使我顾不上考虑我们之间的通信问题，直到今天，我才挤出一点空余时间。

我已经去找过舒伯特，并想尽一切办法，劝说他继续承担《新莱茵报。政治经济评论》的出版事宜；可是，这个市侩坚持要等一段时间，看最后两期杂志（也就是最后一本期刊）发行的结果如何，并考虑一下你们之间的账目怎样结算；他声称，在这之前，他绝不可能对出版季刊的计划发表任何意见。他还说，即使实施了上述改版计划，他也不相信继续印行这种杂志能获得什么盈利。而事实上，正是这班老爷把发行工作以及整个运送工作搞得十分糟糕；哈根先生也是他们当中的一个。各地都有一些读者在**预订**了第 3、第 4 期以及第二批征订刊物以后，根本没有收到杂志；科隆的订户得到了爱森书店的答复，其中提到这些杂志将由汉堡方面寄给他们；而对这项协定，舒伯特竟置之不理。这种杂志几乎从来都没有运送到爱森以及其他许多地区；因此，滞销的情况如此严重，这是丝毫也不足为怪的事情；我深信，如果哈根在前段时间比较认真地照管这项工作，如果他在预告和发行的事务中把好关，做到有条不紊，秩序井然，那么，只要承办者稍微采取一点积极的行动，杂志就至少能够销出几千份，莱茵地区前段时间曾有许多读者提出预订的要求，就证明了这一点；可是后来，这种事只能不了了之。目前，我们只能等一等，看舒伯特这个市侩如何动作，看最后一批杂志能否使他赚取足够的利润，从而促使他下决心继续承担刊物的出版事宜。我将于明天或后天再去找他，继续同他进行磋商。新的一期杂志已于上星期五①出版，你们大概已经收到了50册；这次寄往科隆的杂志共300册。

布伦同瑞士方面并没有完全断绝联系；尽管那个所谓的瑞士同盟②已经分崩离析，变成了一盘散沙，他还是劲头十足地同贝克尔③保持通讯联系，把贝克尔称作"高尚的人"，说他虽然不是一个共产主义者，但确实是一个革命家。布伦在前段时间虽然被逐出了共产主义者同盟，但还是持续不断地同"公民马尔滕斯"领导的支部保持联系；他竭力把这个支部中素质**稍微**好一点的成员拉过去，煽动这些成员对你们采取坚决反对的立场；当时，瑞士的那出闹剧可能还没有收场，因此他认为自己可以为这出闹剧培训一批人才。现在，布伦又成了同

---

① 1850 年 11 月 29 日。

② 指"革命集中"。

③ 约翰·菲力浦·贝克尔。

盟的成员，并且操纵着一个支部；也就是说，他以不正当的手段操纵着马尔滕斯领导的那个支部。关于此事的来龙去脉，我将在下面叙述。

我同布伦谈过两次话，在两次交谈中，他都对你们进行了诽谤；他提到，施拉姆硬说他给盟员们写过一封信，要求盟员只同他保持联系；施拉姆还硬说他早在那时就同瑞士人搭上了关系。布伦声称，施拉姆所说的这一切都是无稽之谈，他根本就没有写过那封信，也根本没有在那段时间同瑞士人建立过联系。（两个星期以前，布伦从朗根萨尔察把一笔钱寄往瑞士，汇给施拉姆。）后来，我让布伦谈一谈他为什么要同贝克尔来往；他回答说，诚然，贝克尔并不是一个共产主义者，可是，"我自己也不知道**我本人**是不是共产主义者"。像这样的人居然也参加了我们的组织！

现在让我来谈谈本地支部的情况。这个支部人数不少，但很少举行集会，其中找不出一个共产主义者，自称为共产主义者的人很多，而名副其实的共产主义者却连一个也没有。那里纠合着一帮乌合之众。因此，布伦能够成功地把许多人拉过去，这是不足为怪的；况且，他在这些人面前，还把伦敦发生的分裂说成是纯粹的个人之间的纷争，否认那是一场原则性的论争，这就更有利于他进行拉帮结伙的勾当了。有关伦敦方面发生分裂的消息，他可能是从马尔滕斯那里获悉的。目前这个支部已经蜕化到十分严重的程度，他们竟对"工人兄弟会"寄予自己的全部希望，并声称自己不需要任何同盟，只要有"兄弟会"这样的团体就足够了；而且，当我不久前在那里逗留的时候，他们竟然把贝克尔尊奉为伟大人物，并以嘲讽的口吻问我"是不是共产主义者"。这就是我们的共产主义者同盟下属的汉堡支部，像这样的支部还能发挥什么作用，答案是十分清楚的。它不过是一只供人玩耍的皮球，今天落在这个人手中，明天又落到那个人手中；它永远也不会坚持什么原则。

我从一开始就确信，同这些人结合在一起是没有任何益处的；因此，我建立了自己的支部，打算通过它来努力扩大我们的影响。按照您在来信中提出的意见，我同科隆的中央委员会取得了联系，向他们说明了本地的形势，并等候他们的回音。中央委员会没有回信；最近，他们派遣特使诺特荣克前来处理这里的事务。我同诺特荣克谈了话，并陈述了自己的观点，我指出："我们的同盟是一个共产主义的同盟；除了恪守这种原则的人之外，同盟不应吸收其他任何人参加组织；同盟应当同其他一切分子划清界限，绝不能同他们进行磋商；不过，为了实现自己的目标，同盟也可以利用其他一切革命分子，不管他们是小市民，还是手工业者。可是，同盟没有必要把自己准备利用的那些人全都吸收进来。至于汉堡这个地方，我认为最好是彻底抛弃过去遗留的沉渣浮沫，摒弃那些从根本上反对共产主义的分子，断绝同他们的一切联系，并竭尽全力来扶持新的组织。我认为，在采取上述措施之后，我们在开始一段时间也许不可能产生巨大的影响，可是对于我们来说，压倒这帮家伙而在最后实现这一目标，那并不是十分困难的事情。我们与其去依靠一大群必须时刻加以提防的人，还不如依靠少数的坚定分子。我们即使打算利用这个支部，也必须看到它的作用是微乎其微的；而且过不了多久，它就会变成一块绊脚石。"鉴于上述原因，我希望建立一个崭新的组织。

可是，中央委员会并不这样想。他们担心这里会出现分裂的局面。（我认为，同这帮声名狼藉的无赖分道扬镳是一件大好事。）他们担心那样一来，沙佩尔和维利希就会扩大自己的影响。（这一点根本用不着担心；再说，不管在什么情况下，布伦反正都会竭力扩大他们的影响。）中央委员会认为，必须把这些人留在同盟内部；后来，他们还在写给特使的信中提出补充意见，指出"豪普特绝不能另建其他任何支部"，"他只能以观察员的身份进行工作"。①

于是，诺特荣克便指定布伦为这里的代理人，责成他对原有的支部进行改组。② 布伦将怎样进行改组？这是不言而喻的事情！虽然诺特荣克仍然让我继续领导我的支部，可是您会看到，有**那样一个**支部同我们对峙，而且竭尽全力与我们抗衡，这将给我所负责的工作造成多大的困难。本来，按照我的想法，中央委员会即使不想彻底摒弃另一个支部，至少也应当解除它所担负的领导责任。我们的同盟应当是一个纯洁的共产主义组织；如果它企图依靠那些动摇不定的分子来壮大自己的队伍，如果它打算进行那种不痛不痒的改组，那么，它就只能削

---

① 1850 年 11 月的下半月，科隆中央委员会给诺特荣克写了这封信，但此信没有保存下来。

② 在这段文字的上方，豪普特利用信稿边缘的空白处这样写道："当然，马尔滕斯仍然继续担任原支部的领导。"

弱自己的力量。如果我们时刻都担心某些人会倒戈叛逃，那么，这样的人即便盈千累万，对我们又有什么用处？如果在同盟的内部最终不可避免地要冒出一个新的同盟，那么，这样的同盟又能发挥什么作用？当然，我在这里不可能按照我的意愿来实现自己的主张；而且，我也无法说服中央委员会的特使，使他确信：从根本上来说，只有去依靠那个人数虽少，但却坚强有力的组织，才是最好的选择。鉴于这种情况，我暂时就只好去充当一个"观察员"。我曾欠高尚的贝克尔一笔钱；不久前，我把这笔钱付给了革命家布伦，当时，我以十分友好的态度同他见了面；如果我继续同他保持联系，也就是说，如果不是立即以严峻的态度对他进行抨击，那么，我也许有可能了解到他下一步的意图。好！那就让我们等着瞧吧！

亲爱的马克思，我希望您就上述全部事实谈谈您的看法；我暂时还必须服从中央委员会，因此，在必要的情况下，我仍将同其他一些家伙来往。可是从长远来看，我认为建立一个**共产主义**的同盟是亟须完成的任务！在完成这个任务之后，同盟可以尽量利用各种人来作为自己的辅助力量，但是，**正如**上述典型事例所证明的那样，同盟不应当把这些辅助力量吸收到自己的组织中来。

最后，我谈谈在我们祖国的整个范围内出现的情况，在这里，人们一方面充满兴兵动武的激情，一方面又流露出奴颜婢膝的心态；在反对奥地利时，他们表现出前一种激情，而在拥护普鲁士时，则表现出后一种心态。在我们这个"北部地区"，到处都有人如醉如痴地维护普鲁士的"荣誉"，尽管曼托伊费尔的妥协让步①已经使这种资产阶级的自尊心遭到了沉重的打击。几天前，我同《晚邮报》的编辑梅因博士交换了意见，这个家伙认为，在普鲁士式的自尊心驱使下，不久将会发生一场革命；他说："军队将无法忍受这种耻辱。"这就是资产者考虑问题的方式；温和驯顺的羊羔和地地道道的绵羊如今变成了勇猛的雄狮；我相信，如果我们最后看到奥地利人终于平定了石勒苏益格—荷尔斯泰因地区，那么，蠢驴们的嘴脸就会重现于光天化日之下。那些安分守己、循规蹈矩的德国人就是这样考虑问题的；尤其是在我的故乡汉堡，市民们都是伟大的普鲁士式的爱国主义者；由于这个原因，奥地利那边的行情就有可能跌落。

至于那些安分守己的手工业者（这里的产业工人实在少得可怜），他们的状况看来也并不比上述情况更好；这里缺少那种可以为我们造就产业工人的大工业。到处都有人在宣扬友情、博爱、平等之类的东西，而这一切纯粹是那帮民主派的陈词滥调。绝大多数工人所进行的各种革命的尝试，归根结底往往是为了解决行会关系的问题；一部分人希望革除这种关系，另一部分人则无比急切地希望建立这种关系。这里的绝大多数工人都加入了各个协会，因为他们在那里可以参加歌咏、体操等活动；这些人不可能有什么作为。

说到我个人的事情，很遗憾，我感到很伤脑筋；在我向贝

---

① 1850年11月，奥托·泰奥多尔·冯·曼托伊费尔以普鲁士代理外交大臣的身份签署了奥尔米茨临时协定。

克尔清偿了一小笔债款之后，另一些无耻的债主便闻风而至，找上门来；只有以极其宽宏的度量才能把这些害人虫打发走。目前我同我的家庭已经休战，但双方仍然全副武装，严阵以待；一些亲戚十分卖力地策划各种阴谋诡计来反对我，为了免遭暗算，我将在明年初独自安家。到那时，我就可以无拘无束、自由自在地按自己的意愿行事了。

诺特荣克已在几天前启程前往柏林，途中要经过什未林等地；他向您致以亲切的问候。他觉得各地同盟组织的情况都不理想！而这一点根本不足为怪！请注意：连《西德意志报》的贝克尔①都被吸收到同盟中来了！

我看今天就写到这里吧，希望您及早回信。但愿你们的境况在目前已有所好转！

请代我向大家问好！

您的　豪普特

手稿
莫斯科苏共中央马列主义研究院
中央党务档案馆，f. 20，op. 1，d. 47
(《马克思恩格斯全集》历史考证版
第 3 部分第 3 卷第 686—689 页)

---

① 海尔曼·贝克尔。

约瑟夫·魏德迈（美因河畔法兰克福）给卡尔·马克思（伦敦）的信

1850 年 12 月 3 日

［……］您谈到有人诬陷鲍威尔和普芬德侵吞钱财的事，这并不使我感到意外，因为我看透了维利希—沙佩尔集团素来的所作所为。但是，这些情况现在对于我有特殊的价值，因为它们给我提供了武器，使我有可能去彻底摧毁维利希—沙佩尔集团在这里建立的信誉。这样的事我还没有做过，现在我必须利用一下这些材料。

这里的事情虽然进展缓慢，但却在稳步前进；我们正在赢得越来越多的阵地，在这方面，重印的《共产党宣言》将给我们提供巨大的支援。前段时间，我们一直痛感缺少这个文件。［……］

手稿　　　　　　　　　　　　　　　　　　　　　　　摘要

阿姆斯特丹国际社会史研究所

马克思恩格斯遗著 D VIII 100/D 4535

(《马克思恩格斯全集》历史考证版

第 3 部分第 3 卷第 690—691 页)

罗兰特·丹尼尔斯（科隆）给卡尔·马克思（伦敦）的信

1850 年 12 月 7 日

[……] 中央委员会文件我们将随后寄上。文件已起草完毕，但尚需抄写若干副本。

我已很久没有听到您的音信。你们大家在做些什么工作？您对目前形势的发展前途作何估价？下一步是否以离开科隆为宜？您不认为奥地利和俄国将占领这块地方吗？

我的妻子和兄弟①向您问好。

您的　丹·

1850 年 12 月 7 日于科隆

我没有得到特德斯科的任何消息。

巴枯宁在布拉格监狱遭到了拷打。将来，每一个被处以绞刑的人都必然在刑前遭到拷问。

手稿　　　　　　　　　　　　　　　　　　　　　　节录

莫斯科苏共中央马列主义研究院
中央党务档案馆，f. 20，op. 1，d. 48
(《马克思恩格斯全集》历史考证版
第 3 部分第 3 卷 693 页)

---

① 约瑟夫·丹尼尔斯。

威廉·豪普特（汉堡）给卡尔·马克思（伦敦）的信

1850年12月23日前后

[……] 尽管让沙佩尔来吧，他将在这里观光一番，但却很难赢得胜利。马尔滕斯虽然过去对他表示崇拜，现在却对他没有半点好感。对于这里的工人来说，最能使人了解沙佩尔其人的凭据莫过于他的婚姻情况；这些情况我将极力四处张扬。布伦当然不会对沙佩尔表示友好，因为维利希先生与沙佩尔同属一伙。

关于我们的情况，下次再详细叙述！在组织内部，我们正在逐步取得进展。[……]

手稿   摘要

阿姆斯特丹国际社会史研究所

马克思恩格斯遗著 D IV 211／D 2260

(《马克思恩格斯全集》历史考证版

第3部分第3卷第708—709页)

泰奥多尔·格茨（美因茨）给卡尔·马克思（伦敦）的信

1850 年 12 月 28 日[①]

1850 年 12 月 28 日于美因茨反省院

亲爱的马克思：

您从这个通讯处可以看出，那个无法逃脱的厄运已经降临到我头上；或者更确切地说，是我自己走进了命运安排的深渊。从 10 月份以来，我已遭到囚禁。开始时，我被关在我那极其狭小的故乡的首府——达姆施塔特；前几天，我又像我那些行李箱箧一样被捆扎起来、运送到了这里；现在，我至少已经幽囚在莱茵河左岸了。这种铁窗生活实在没有任何浪漫的情趣，有的只是寂寞无聊。但在我的身上一点也看不到那种双目失神的囚徒形象；我会像一只填鹅那样变得肥胖起来。这倒确实是一件倒霉的事情。以我这样的好走极端的性格，一旦经受住了这种增长脂肪的可怕的考验，就会变得毫无节制。在我被捕以前，黑森政府曾让我自由自在地生活了几个月，他们大概是希望抓住把柄以败坏我的声誉，而不用直接监禁我本人；可

---

① 信封上盖有"1851 年 1 月 16 日"的邮戳，因此马克思可能直到 1851 年 1 月中旬以后才收到这封信。

是他们打错了算盘。那几个星期，我是在达摩克利斯剑下面享受自由，并没有犯下新的叛逆罪行；我所做的唯一的事情，就是趁着玫瑰尚未凋谢之际，去品味它们的芬芳，这些玫瑰在我离开此地的两年中，已经茁壮成长、盛开怒放，同时我也按照惯例向其他一些鲜花恭贺春天的来临，这些鲜花在我当初离开此地时，还只是小小的蓓蕾，如今却已花团锦簇。值得庆幸的是，瑞琴特街的优美景致并没有使我对德国这边的典雅事物变得冷漠起来。三个月来，我一直遭到监禁；在达姆施塔特的那段生活使我感到可怕。时时与地痞流氓、流浪汉为伍，使我无法进行任何一种精神方面的工作。绕绕毛线倒还可以排遣郁闷。通过亲眼观察，我确信，无论是逍遥法外的盗贼，还是关进监牢的盗贼，都是支撑帝王宝座和教会祭坛的最牢靠的支柱；我历来认为，这是一个无可辩驳的观点。各地政府之所以要把民主派投入监狱，大概就是为了使他们在这所君主制的高等学府里增长一点见闻。前几天，我已住进美因茨监狱的单人牢房；我在这里做工，也可以随意阅读书籍。如前所说，我在获得自由的那几个星期里，既没有参与政治活动，也没有结交政界人士；我对地方上的那些政治名流怀有天生的反感，对他们避之唯恐不远。就算这些人具有某些价值，也不能带来丝毫的益处；如果我是处于另一种环境，早就会对这些人大动肝火，可是眼前恼人的事情已经够多的了，我当然不必再去自寻更多的烦恼。我对自己的情况已经写得太多了，现在我也该谈谈欧洲发生的其他各种事情。我首先想到的是：你们在做些什么工作？革命的形势如何？《新莱茵报。政治经济评论》的情况怎样？我既不知道这个杂志是否还在出版，也不了解它发表了什么文章，我虽然也订了这个刊物，但至今连一份也没有收到。另外，下一步的前景如何？你们的防范是否已更加严密？你们是不是仍旧处于孤立的境地？在我们德国的那些蠢驴面前，你们这样做是可以理解的，但同法国人和意大利人的关系却不应如此。在这方面，我首先想到的是马志尼。即使是最坚决的人，也可以而且必须同他保持联系。断绝往来、退守一隅，自然是十分痛快的事；可是，这样做难道总是有利的吗？归根到底，关键还是在于怎样做有利。对于蒲鲁东派在对外交往方面表现的犹豫不决、暧昧不明的态度，我们也总是提出这样的质问：这样做对谁有利？在这里，我要指出激进派的一个错误，那就是：由于我们提出了宁可独自前进、也不同那些时刻影响我们迈步的跛子同行的正确原则，我们便更进一步，把那些步伐稳健有力、只是不如我们先进的人也抛在一边。这样做是错误的；在任何一场斗争中，只要是腿脚硬朗的人，都应当鼓励他们自愿向前。如果我对您的观点起码还有个正确的理解，那么可以说，在评价我们的革命的敌人和对手的整个问题上，我们俩是有分歧的。在您看来，共产主义是绝对的、唯一的尺度；而在我看来，除此之外还有别的标准。对于我来说，共产主义及其正确性、可行性就像二乘二等于四一样，是一个真理；共产主义必然胜利，就像哥白尼体系必胜一样。可是下一步又该如何动作呢？难道您能把一切承认二乘二等于四的人都利用起来吗？值得庆幸的是，现在一切蠢材和无赖都与共产主义者为敌。然而，这种幸运的局面会永久维持下去吗？一旦能够沽取虚名，蠢驴们就会接踵而来；一旦有利可图，骗子们也会闻风而至。如果他们堂而皇之地来了，您就不得不实行一贯的主张而把他们的名字从另册中一笔勾销。我的态度与此不同，我衡量一个人只是看他头脑中有无智慧、身上有无胆识；我可以把圣西门主义者的大师当初对冯·艾希塔尔男爵讲的那番话用在哈根教授身上，对这位教授说，他只配在共产主义事业中擦擦皮靴。我们把帝国政府的那些老爷们称作半途而废的人，并认为我们之所以憎恨他们，是因为他们半途而废；这种看法其实是错误的，我们对他们的憎恨之所以是合乎正义的，并不是因为他们**半途而废地**做了一些事情，而是因为他们**根本没有任何作为**；举例来说，赖德律和福格特在这一点上就有区别。关于科拉捷克的奥林匹斯山上的那位众神之王丘比特，我们可以断言，无论他是逗留在地中海之滨寻找贝壳也好，还是返回德意志也好，反正都完全一样；正因为如此，人们对这位丘比特才应当进行讨伐。我们德国还涌现过其他一些人物，这些人虽然未能拯救人民，但他们的名字却永垂史册。黑克尔犯过错误，他没有提出远大的目标；但是，正是从他那里开始了一场真正的斗争，揭开了全部德国革命风起云涌、扣人心弦的一幕。勃鲁姆早在1846年在莱比锡期间以及在预备议会期间，就表明了自己的立场，尽管他的做法十分糟糕，但他毕竟是一柄利剑，虽然这柄利剑未能拔出剑鞘；而其他一些伟大人物却只想堆积沙土，并不打算垒成高山，人民的健康思想无情地鄙视和唾弃了他们。当他们在斯图加特的那场驱逐事件①中希望获得一点同情时，他们的整班人马就一起卷缩到乌兰德的桂冠之下；而为了在短短的两天内引起舆论界对他们的注意，乌兰德的"智慧的头颅"就不得不忍受骑兵马刀的威胁。

　　关于德国的普遍思想和情绪，我在这所监狱同在那座较大的监狱里一样，也完全可以作出报道，这就是所谓德国的自由。况且，对于一个阅历已深的政治家来说，任何风吹草动都可以带来各种信息。目前，市侩派已经消失得无影无踪，分化成了专制派和反对派，这一点尽管看起来十分糟糕，其实却是大好事；反对派的力量微不足道，但却并不软弱，专制派则具有罗马—俄罗斯的色彩，不再是拜占庭—德意志式的了。在人民中间，存在着一种抑郁低沉的绝望情绪。有传闻说，美国是一个君主制国家，这一点，所有的人都信以为真。可是，我仍然坚持我过去的看法，并从中得到慰藉；我认为，目前之所以毫无动静，并不是由于缺乏力量，而是由于缺少行动的契机。真的，我也曾是一个德国青年，也曾像其他青年一样，用七年的时间苦苦追求自己的恋人，直到勇敢地搂住她的纤腰；现在，我还没有等待七年之久，即使是等待七天对我来说也过于漫长，如果今天有人告诉我说必须等待七年，我会认为是不可思议的事情。人民一旦觉醒，他们就将获得自由；他们目前还在辗转反侧，做着噩梦，这就是他们的不幸。您看，我们已经

---

　　① 指 1848—1849 年法兰克福议会的残余势力逃往斯图加特以后遭到武力解散的事件。

跨越了市侩阶段；面对这种情况，谁都不敢再说："不，自由只是一种梦想。"顺便说一下，德累斯顿事件将会给我们提供某种行动的契机。一开始，巴伐利亚和其他小邦会结成一个人民抵抗阵线，以反对各个大邦；接着，大邦将要求小邦放弃抵抗的立场，并以此为条件来保证小邦的生存（许多人以为，小邦将丧失其帝国直辖地位而变成大邦的附庸，我不同意这种看法）。那些可爱的小邦心存畏惧，它们将派遣大批的使节前往德累斯顿。可是这只会造成更多的耗费，因为贿赂之风跟着就会格外地盛行。这是为维持宫廷的奢侈生活而支付的新的款项。现在金克尔已经获得自由；叔尔茨一定是个了不起的人物，他是我的同乡，但我不了解此人。请你在信中给我介绍一下他的情况。我很想知道这些情况；过去，我的施勒弗尔曾在我心中占有一席之地，现在我想把这个位置腾出来，让给这位叔尔茨。在奥地利和普鲁士关系紧张的时候，普鲁士人曾为海瑙挨打一事拍手称快；现在为了报复，奥地利军官也为金克尔的逃亡高声欢呼，这就叫以眼还眼，以牙还牙。因为慷慨大度的资产阶级在一年之中总还要抽出一天时间向时代精神鞠躬致敬，所以，他们就始终在自己的头顶上保留一个未曾合缝的革命的囟门；过去担当这种角色的是波兰人，而这一次则轮到金克尔充当这种不幸的幸运儿。为了使游泳和溜冰的乐趣不受恼人的戒严状态的干扰，他们便对金克尔流下一滴同情的泪水，以求取消戒严。金克尔应当在报纸上公开发表声明，要求大家不要因为照顾他的情面而答应他那些流泪哭泣的、不成器的孩子们提出的任何要求。您看看那些理论家吧，他们连篇累牍地评述政治家，而仅仅用剩下的一点篇幅谈论人的问题。您在做些什么工作？您的可爱的妻子和孩子们情况如何？恩格斯、维利希、沃尔弗①情况怎样？哥林格尔等人的情况怎样？他的兄弟的兄弟在荷尔斯泰因有什么收获②？有人说，任何一个普鲁士人都是道地的普鲁士人，这是一个多么好的预言啊！只要结局圆满，那就皆大欢喜。请您尽快给我来信，越快越好，哪怕短一点也行。希望您不要对我这种民主派的拖沓散漫的作风进行报复。

兄弟般的拥抱。

　　　　　　您的　泰奥多尔·格茨

　　回信请寄美因茨大晒衣场泰奥多尔·格茨。

手稿
阿姆斯特丹国际社会史研究所
马克思恩格斯遗著 D Ⅳ 174/D 2158
(《马克思恩格斯全集》历史考证版
第 3 部分第 3 卷第 710—712 页)

---

① 斐迪南·沃尔弗。
② 指康拉德·施拉姆作为同盟密使出使各地一事。

约瑟夫·魏德迈（美因河畔法兰克福）给卡尔·马克思（伦敦）的信

1850 年 12 月 28 日

1850 年 12 月 28 日于法兰克福

亲爱的马克思！

我到科隆去了几天，现在又回到这里。法兰克福这座自由城的警察当局目前至少还没有光顾我们的住所，而在黑森－达姆施塔特和巴伐利亚的普法尔茨，我们的人却正在受到警方的追捕。在这种情况下，我当然只能足不出户，这对工作有些影响；但尽管如此，我还是能够办理一切必要的事务。

我每天都盼望您的来信，但总是白等一场。请您按照我写的泰·舒斯特的地址，立即给我来信；因为一旦发生意外的变故，我就得迅即离开此地。再说，在最近这段时间，我还得为同盟的事情外出旅行一次。关于钱的问题，我正在等您作出最后的决定。我曾在一封信中向您询问过此事，那封信您到底收到了没有？请务必在回信中提一笔；因为那封信中还附寄了 5 塔勒，如果信件丢失，那可就更加麻烦了。

《新莱茵报。政治经济评论》第 5、6 期合刊号至今还没有送到这里；在科隆，我听说那位无赖的出版商①拒绝发行这份杂志。您可以考虑在书刊出版业交易所报上披露他的卑鄙行为，以此来威胁这个无耻的家伙。不过说到底，这样做对他也不会有什么触动，因为据我从鲍特那里获悉的情况来看，此人在书刊出版界已经声名狼藉。在科隆，我在丹尼尔斯那里见到了这一期杂志，那是丹尼尔斯让人从杜塞尔多夫寄来的。糟糕的是，这期杂志在我们这个地区竟连一份也没有。

我现在硬着头皮挤出了一些必要的时间，来为工人们撰写一本国民经济学著作；我打算在办妥报纸方面的事务以后，就立即奋力投入这项工作。下面是我暂时拟订的提纲：

（1）在引言中，我想简要地论述一下经济问题与政治问题之间的联系；同时也论及阶级差别问题，以及各个阶级彼此采取的态度。

（2）劳动分工。——机器。

（3）货币的产生。——资本的集中。——信贷。

（4）税收。

（5）保护关税和自由贸易。

（6）工人的要求。

我担心的只是，久拖下去，这篇著作就会拉得太长；我想最好把它压缩成几个印张。

但愿过不多久你就能收到你的《哲学的贫困》的译稿。

不管怎样，我的妻子和姨妹将在此地居住到今年5月，因

---

① 尤利乌斯·舒伯特。

为我的妻子已决定在此地等待分娩。值得庆幸的是，这里的警方还没有残忍到下令驱逐妇女的地步。

向你全家以及恩格斯致以衷心的问候。

您的　约·魏德迈

手稿

阿姆斯特丹国际社会史研究所

马克思恩格斯遗著 D VIII 101/D 4536

(《马克思恩格斯全集》历史考证版

第 3 部分第 3 卷第 713—714 页)

康拉德·施拉姆（伦敦）给卡尔·马克思（伦敦）的信

1850 年 12 月 31 日

1850 年 12 月 31 日于伦敦

亲爱的马克思：

听说皮佩尔到我这里来过，打算取走过去的记录稿。为什么会突然发生这样的事情？难道我已被驱逐出同盟了吗？关于成立亚当党的事，还要等到遥远的将来才能实现，眼下我只不过打算退出夏娃党罢了。鉴于去年的经验，我已毫无兴趣再同**维利希之流**、泰勒林之流以及施特罗姆之流为伍，**不管他们用其他什么名义和形式来掩饰自己**。

谨致新年的祝贺。

您的 康·施拉姆

我认为，您绝不可能同林格斯和埃卡留斯一起策划反对我的阴谋。

手稿
阿姆斯特丹国际社会史研究所
马克思恩格斯遗著 D VII 48/D 4003
（《马克思恩格斯全集》历史考证版
第 3 部分第 3 卷第 716 页）

海尔曼·贝克尔（科隆）给卡尔·马克思（伦敦）的信

1850 年 12 月底

亲爱的马克思！

我本想在圣诞节期间把第一个印张寄给您。可是我陷入了极其艰难的境地，以致无法实现这个愿望。[……]

随信寄上我的那本小册子。① 如果社会主义小丛书也以这样的开本印行，可能会收到很好的效果。您是否打算把特德斯科的著作（《无产者问答》）和维尔加德尔的著作（通过联合体协调各种利益）收入这套丛书［?］这两本书已由弗莱里格拉特和丹尼尔斯译出，并由我出版过一次，但早已脱销，或者确切地说，是以极其低廉的价格售完的，因为党组织承担了这两本书的印刷费用。

致以最诚挚的问候。

海·贝克尔

转交这封信的人是波兰流亡者莫尔根施特恩，他居住

---

① 可能是指《德国是君主制还是共和制。在 1860 年 10 月 25 日科隆陪审法庭的控诉书和辩护词》，1850 和 1851 年在科隆多次重版。

在伦敦。

手稿
莫斯科苏共中央马列主义研究院
中央党务档案馆，f. 1，op. 5，d. 328
(《马克思恩格斯全集》历史考证版
第 3 部分第 3 卷第 719 页)

威廉·沃尔弗（苏黎世）给卡尔·马克思（伦敦）的信

1851 年 1 月 26 日

1851 年 1 月 26 日于苏黎世

亲爱的朋友：

自我们上次在宾根聚会①以来，已经几易寒暑，可是我们之间却从未有过书信往还。在这期间，巴门的弗里茨②承担了文书工作，通信事务都由他代劳。现在，因为他已在曼彻斯特的公司任职，我便直接给您写信，但有一个条件：您得把一些必要的事情向他转达。弗里茨的上封来信我是在去年年底收到的。他要求我到伦敦去，这实在是令人神往的事情；可是，现实中出现的种种障碍，使这种诱人的事无法实现。如果我能按自己的意愿行事，我早就到你们那里去了。可是，我始终凑不齐那件最重要的东西——必要的旅费；再说，我还有点缺乏信心，担心在伦敦找不到工作。［……］自然，我最后的结局也将是：被逐出瑞士！③ 联邦委员会通过迄今所采取的措施，已

---

① 1849 年 5 月底。

② 指弗里德里希·恩格斯。

③ 沃尔弗于 1851 年 4 月遭到驱逐，大约 5 月底离开瑞士。他 1851 年 6 月初抵达伦敦。

使流亡者从 11000 人减少到 500 人，但是，它在没有把不拥有相当财产或特殊关系的一切人都赶出去以前，是不会罢休的。① [……]

关于 C. B. ②，我没有什么消息可以奉告；我同所有的人都中断了联系。德朗克也许常给您写信。我只知道他住在日内瓦，但不清楚他的地址。附带告诉您，此地对流亡者的一举一动都严加监视；不管您到哪里，也不管您在什么地方说过什么话，都会有人把全部情况汇报上去。去年秋天我给德〔斯特尔〕写过两封信，但至今杳无回音。[……]

手稿　　　　　　　　　　　　　　　　　　　　　　　节录

莫斯科苏共中央马列主义研究院　　　　　　　　　第一次发表

中央党务档案馆，f. 1，op. 5，d. 338

---

① 马克思在《福格特先生》一文中引用了这句话（见《马克思恩格斯全集》德文版第 14 卷第 435 页，参看《马克思恩格斯全集》中文第 2 版第 19 卷第 107 页），但文中说这封信写于"1851 年 1 月 25 日"。

② 可能是"共产主义者同盟"的缩略语。

海尔曼·贝克尔（科隆）给卡尔·马克思（伦敦）的信

1851 年 1 月 27 日

1851 年 1 月 27 日于科隆

亲爱的马克思：

事情有所进展，但极其缓慢。科隆简直像一个大村庄，在这里，书籍的发行流通步履维艰。三个印张①的印版已经排好，但无法上机付印，因为没有纸张。从 1 月 1 日以来，我的印刷所几乎完全停工了。[……] 不过，我们最近将走上正轨，也许今天就能恢复正常工作。随信附上我刚刚收到的一张校样。在丹尼尔斯和毕尔格尔斯的催促下，我略微改变了一下书的开本，按他们两人的说法，改动后显得比较美观大方。此外，这里还缺一期旧《莱茵报》，这是一桩很伤脑筋的事情。荣克把他那份借给了柏林的罗格。我今天还要给弗莱里格拉特写信（昨天我去找过他，但他不在），让他请人从哈根寄一份来。我为此事曾再三请求《科隆日报》协助，但至今毫无结果。

魏德迈将您发表在《威斯特伐利亚汽船》上的文章手稿交给了我。② 最近几天内，我将把这些手稿寄给您，同时还要把丹

---

① 指马克思的《文集》。

② 1846 年《威斯特伐利亚汽船》刊登了《反克利盖的通告》，1847 年该刊发表了马克思批判卡尔·格律恩的《法兰西和比利时的社会运动》一书的文章（即《德意志意识形态》第 2 卷第 4 章）。

尼尔斯《人类学》① 一书的手稿一并寄给您，请您审阅。[……]

此地蔓延着流行性感冒，毕尔格尔斯和丹尼尔斯等人全都病倒了。前段时间，弗莱里格拉特全家都生了病，现在才完全复元，弗莱里格拉特总算松了一口气。

最近有一个叫里瑟尔的波茨坦人来过这里，此人是当地的一个宫廷马鞍匠的儿子。他在我面前自称是恩格斯的朋友；然后又跑到勒泽尔那里破口大骂恩格斯，结果被狠狠地撵了出去。维利希给我写了几封非常有趣的信；我没有回信，但是他情不自禁地向我陈述了自己的新的革命计划。他指定我去发动科隆的卫戍部队革命！！！不久前我们曾对此捧腹大笑。他的这种蠢举还会使许许多多的人倒霉，因为光是这封信就足以保证成百个蛊惑民心的法官能得到三年的薪俸。如果我在科隆发动了革命，他是不会拒绝担负下一步行动的领导责任的。真够朋友！

致以兄弟的敬礼。

您的　贝克尔

手稿②　　　　　　　　　　　　　　　　　　　　　　　节录
莫斯科苏共中央马列主义研究院　　　　　　　　　　第一次发表
中央党务档案馆，f. 1，op. 5，d. 304

————————

① 罗兰特·丹尼尔斯：《小宇宙。生理人类学概论（手稿)》。这部著作未能发表。

② 马克思在《揭露科隆共产党人案件》一文中发表了这封信的最后部分（见《马克思恩格斯全集》德文版第8卷第464页，参看《马克思恩格斯全集》中文第2版第539页）。

威廉·豪普特（汉堡）给卡尔·马克思（伦敦）的信

1851 年 2 月 3 日

1851 年 2 月 3 日于汉堡

经奥斯滕德中转！

亲爱的马克思：

1 月 17 日来信[1]已经收到；我这次回信又略微迟了一些，因为我实在无法在短短的时间内完成交给我的那些任务。

前段时间我确实找不到一名律师，愿意承办对舒伯特的诉讼事务[2]；一方面是因为经费问题不好解决（这的确是最大的困难），另一方面是因为辩护人必须站在《新莱茵报》一边——一看到这张报纸的名称，哪一位驯良的公民还敢染指呢？我已经感到一筹莫展了，但就在这时候，出现了新的希望。有人向我推荐了冯·伯尼希豪森博士，我一刻也没有拖延，立即同他取得联系。冯·伯尼希豪森前两个星期一直在为获准成立的石勒苏益格—荷尔斯泰因人的组织操办事务，并为他们争取援助（他是石勒苏益格—荷尔斯泰因委员会的成

---

① 马克思的这封信没有保存下来。

② 此事涉及《新莱茵报。政治经济评论》第 5、6 期合刊号部分杂志的发行问题。

员），因而无暇顾及自己的律师业务。五天前，我才同他第一次碰头，并把各种信函交给他过目；我问他，如果他需要的各种费用都保证照付，当然是在一定条件下，这场诉讼事务他是否愿意承办？他当即回答说：他将爽快地答应这个要求，再说，他同舒伯特书局也没有什么情面可讲。[……]

对这里的时局，一些人感到可悲可叹，另一些人则感到可喜可贺。感到可悲可叹的是民主派和资产者先生们。民主派有这种感慨，是因为他们眼看自己完全束手无策，眼看自己的最后一点资本、最后一线希望已同石勒苏益格—荷尔斯泰因一起丧失；资产者感到可悲可叹，是因为他们从奥地利人进驻①以来，就一直抑郁寡欢；他们心怀疑虑，觉察到奥地利人要实行关税联盟；他们也预感到自己行将垮台。这种发展趋势确实令人高兴，所以说目前的局势可喜可贺。在奥地利人越过易北河之前，民主派先生们制定了**惊人的**计划，他们要让石勒苏益格—荷尔斯泰因把革命的火炬燃遍日耳曼尼亚故国的一切地区，并在所到之处筑起伟大自由的圣坛。石勒苏益格—荷尔斯泰因，呵，救世主！对于这一点，布伦自然也是深信不疑的；可是，由于大多数石勒苏益格—荷尔斯泰因的伟大英雄都是无用的废物，由于石勒苏益格—荷尔斯泰因的整个事件处理得十分糟糕，他们的计划当然也就成了泡影。布伦已于昨天（或前天）启程前往迪特马申。为什么要到那里去？是不是去发动

---

① 根据 1850 年 8 月 2 日的伦敦议定书，奥地利军队开进了汉堡和霍尔施坦。伦敦议定书得到英国、法国、俄国、瑞典和奥地利的赞同，它们不承认石勒苏益格–荷尔斯泰因从丹麦独立。

革命？这一切我都不清楚。我同民主派先生们十分疏远，同布伦的关系虽然不错，但我通常是完全独立地开展工作，除了去了解和掌握他们的情况，一般不同他们往来。再说，自从奥地利人来到此地以后，也很少听到他们的消息；很难见到他们露面，他们几乎总是泡在舒适惬意的"美好的手工业者教育协会"之中。本星期内我要召集一些比较精干的人开很多会，这些人还是有点培养前途的；我希望能同他们一起把工作开展起来。目前正在讲解《共产党宣言》；当然，这些人还没有加入同盟，他们还有待进一步培养，才能具备成熟的条件。我将尽力把更多的人吸收进来；不过，这项工作十分艰巨，因为在这里，对我们的原则稍许有几分认识的人连一个也没有，我所遇到的全是一些手工业者。我从科隆那边没有得到太多的消息。希望你尽快回信，并请你在信中也谈谈你们那边党组织的情况。

在此向大家致以问候。

威·豪普特
于老交易所街 1 号

手稿　　　　　　　　　　　　　　　　　　　　　　节录
莫斯科苏共中央马列主义研究院　　　　　　　　第一次发表
中央党务档案馆，f. 1，op. 1，d. 4347

恩斯特·德朗克（日内瓦）给卡尔·马克思（伦敦）的信

1851年2月7日

2月7日于日内瓦

亲爱的马克思：

前天，有个人从**伦敦**来到这里。此人名叫迈尔，或称迈耶尔；他这次出来旅行，是为了给遭到埋没的杰出人才家族①办点事情。那些杰出人才最近发表了一篇欧洲宣言②（一些法国人和意大利人也在上面签了名），被这里的一位布朗基主义者说成是"蠢材叛乱，反对天才"。迈尔已经去过拉绍德封；同盟目前在那里设**有两个**支部。迈尔打算从这里前往瑞士的腹心地带和符腾堡地区。在拉绍德封，他想方设法，力图把我们的人拉过出；他采用的手段是：一、散布谣言，对您进行攻击；用卑劣的手法，对亨·鲍威尔和恩格斯进行诋毁；在这方面，他还借用载勒尔、红色沃尔弗③和李卜克内西的名义来达到自

---

① 指宗德崩得集团。

② 指《告各国民主主义者书》。1850年12月2日，马克思在给恩格斯的信中转录了这篇号召书的内容（见《马克思恩格斯全集》德文版第27卷第147—151页，参看《马克思恩格斯全集》中文第2版第48卷第143—145页）。

③ 指斐迪南·沃尔弗。

己的目的。二、声称**科隆**方面根本就没有为组织做过任何工作。三、宣称他们自己不仅在奥地利境内建立了联系，而且同**布朗基主义者、意大利人、英国人、波兰人以及匈牙利人**保持着联系，说他们在这方面是**独一无二**的。为了使人们相信上述论断（即他们同布朗基主义者保持着联系），莫泽斯·赫斯这位被埋没的英才也在这里竭力为他帮腔。

鉴于这种情况，我请求您委托一个人向我介绍一下同法国人以及其他国家的人进行联系的情况；同时，我还要给科隆方面写信，请他们介绍一下同其他方面联系的情况，以便我在瑞士这边至少能以确凿的证据去反击那些阴谋诡计。如果我的这封信仍像前几封信那样得不到回音，那我可就一筹莫展了。顺便提一下，那位代理人在谈论他们建立的各种联系时，表现得十分糊涂；按照他的说法，似乎路易·勃朗也同布朗基主义者（！）建立了联系；而对于路易·梅纳尔和勒坎布雷的情况，他竟一无所知。因此，我曾指出，这个人从某些方面来说是个笨蛋和吹牛家。不过，巴泰勒米倒确实在巴黎同他进行了秘密接触，并帮助他同山岳党人以及区部的领导取得了联系。至于那些在他们的宣言上签名的意大利人，其实并没有任何影响；迈尔企图通过本地的马志尼派出纳夸德里奥搞到12000法郎的资金，提供给"伦敦德意志协会"（这笔款项从马志尼信贷基金中支出），但毫无结果，那位出纳只是详细地对他进行了一番盘问。

无论如何，请您迅速地给我回信；或委托别人写一封信给我。来信请寄给法兰克福的泰奥多尔·舒斯特，让他转交，这样最为稳妥可靠。

萨宗诺夫本来已经从这里启程，以便向伦敦进发，但突然又从伯尔尼返回本地；他暂时居留在这里，尚未确定居留多长时间。

忠实于您的　恩·德朗·

手稿　　　　　　　　　　　　　　　　　第一次发表

莫斯科苏共中央马列主义研究院

中央党务档案馆，f. 1，op. 1，d. 404

约翰奈斯·米凯尔（格丁根）给卡尔·马克思（伦敦）的信

1851 年 2 月 10 日

先生：

我这是第二次写信向您求教了，请您原谅。现在，我同您已经没有正式的关系①，在这样的时候，我心中就产生一种更为强烈的愿望，就是希望同一个为无产阶级作出了巨大贡献——用公民们的说法——的人保持联系。

我第一次给您写信是在汉诺威，那时我还在忙于晋升律师的考试。资产阶级社会在我的背后标上"候补律师"的头衔、贴上它规定的价码以后，我就来到了格丁根，因为我觉得在这里可以为我们的党发挥最大的作用。按照资产阶级的标准，我的地位是独立的；我在一位律师②那里实习，我同他的关系是雇主和雇工的关系。这位令人憎恶的先生获取产品价值的三分之二，结果可想而知，我的收入就只能勉强维持最低限度的生活水平。

到目前为止，我为我们党做了下列几项工作：（1）建立了一个支部，其成员共有 6 人，这些人不仅是十分清醒的共产主义者，而且根本不搞任何资产阶级的方案。他们同资本主义

---

① 指科隆中央委员会成立以后，米凯尔同马克思已没有正式的组织联系。

② 本费。

社会实行了彻底的决裂。(2)建立了一个基层区部,其成员共有 15 人(工人和大学生),这些人也同样具有革命的魄力,而且也认识到被压迫阶级争取解放的条件(虽然这种认识还不够深刻);可是,他们至今还不太可靠、不太坚定,他们还没有用**崭新的**思想培养成坚强的性格。(3)建立了一个"工人教育协会"(汉诺威的警察很欣赏这种德国式的名称,而我并不喜欢),这个协会正在千重压力、百般刁难之下艰苦地开展工作。除此之外,我还间接地掌握着一个小资产阶级体操协会的全部领导权。

在目前的情况下,在经济方面的资助十分匮乏的条件下,我不可能开展更多的工作。顺便告诉您,我打算在最近举办一些国民经济学讲座,在赞同这种大胆举动的"学者"中,我想尝试一下,用这种形式来宣传共产主义。

请您原谅,关于我的情况和我的工作,这里竟谈得如此冗长。我觉得自己仿佛有责任向您——我们党的代表汇报一下工作。

您大概知道,同盟过去和现在都相当混乱,有一分部已经瓦解。新的中央委员会看来很有魄力,我希望,在它的领导下,在摆脱这种无产阶级和资产阶级的混血儿,即在摆脱巴登的这些妄自尊大的"苦行主义者"和文化虚无主义者之后,同盟能很快地复兴,并得到进一步的发展。无产阶级政党不仅需要做组织工作;同盟还应以十分有效的方式阻止我们党的成员向小资产阶级方向演变;因为每一个现实主义者都会认识到,这根支柱对于许许多多处于小资产阶级环境的人都是必不可少的。因此,我从内心向往英国和法国。我打算用半年时间去巴黎；如果可能的话，请您给我一些指点，告诉我怎样才能在那里维持生计，怎样在那里安排生活最为适宜，以及怎样同那里的共产主义者取得联系。如果我能筹集到足够的钱，我还准备明年夏天到伦敦去。

如果您给我回信，望您再就下列问题给予指教：英国无产阶级是否还信奉宗教？他们是否已具有真正的阶级觉悟？对于这些问题，我们很缺乏了解。我和我的朋友们正急切地期待着您写的《国民经济学》。但愿这部著作能早日出版。

皮佩尔的情况如何？我想，您也许已经帮助他彻底克服了那些小毛病。我认为他是一个很有用的人才。如果有一个叫鲁卡斯·沃尔弗的人去找您，望您将他拒之门外。此人是普鲁士的奸细。

德斯特尔是否正在组织一个秘密协会？

您看，我有这么多事情想向您打听；真的，您如果不写几句回信，那是脱不了身的！

我的地址未变；如果需要的话，您可以问一下皮佩尔。

祝您安好，望您不要忘记您在德国的忠实的拥护者们。

您的忠实的 约·米·

1850年①1月10日于格丁根

手稿

莫斯科苏共中央马列主义研究院

中央党务档案馆，f. 1，op. 1，d. 6895

---

① 此处应为"1851年"。

海尔曼·贝克尔（科隆）给卡尔·马克思（伦敦）的信①

1851 年 3 月 16 日

亲爱的马克思：

您肯定已经收到那 50 塔勒和维利希的信。布朗基祝酒词昨天已给您寄去，仍是按照以前给您寄旧《莱茵报》的办法寄出的。丹尼尔斯要求归还他写的论稿②，他一再叮嘱我，让您把论稿寄还给他。

马克思著作③的第一个印张已经付印；目前进度加快了一些，如果我有足够的资金，进度还可以加快四倍。预垫金额高得惊人。遗憾的是，一直拖延到 3 月份，我们才得以着手技术方面的准备工作。

您手边有没有篇幅为一两个印张的针砭时政的现成短文，可供如饥似渴的德国读者阅读？我们的主要市场是北德意志，因此，可以考虑一下那一地区正在民主主义化的读者的需求。这支读者队伍的力量越壮大 [……]，就越是有利。您并没有放弃出版季刊的设想吧?④ 我已全力以赴筹集资金；倘若有几

---

① 原件的边缘已破损。
② 罗兰特·丹尼尔斯《小宇宙。生理人类学概论》。
③ 指《卡尔·马克思文集》。
④ 指马克思准备以季刊的形式继续出版《新莱茵报。政治经济评论》。

百 rh 可供周转，就至少可以尝试进行征求订户的工作了。

如果您能提供任何一篇可以发表的短文，那就是一种极大的**援助**；我之所以再次提及此事，是因为我已经很久没有给我的读者提供过一篇深刻睿智的文章了，而我希望保持［……］联系，这一点是我特别关注的。里廷豪森关于直接立法的指导思想正在威斯特伐利亚四处传扬。毕尔格尔斯已经准备批判这种荒唐的思想。有一件事您如果还不知道，我可以告诉您：卡尔·格律恩目前这段时间正准备对您进行报复，因为您在1848 年抨击了他。他目前住在布鲁塞尔，仍在为［……］写稿。——您的另一个对手 R. 罗姆［……］先生使我感到奇怪，此人对维利希的［……］圣徒们［……］。他对我无缘无故地采取十分无礼的行为。

克雷费尔德等地的［……］，比我在上一封信中提到的还要大得多，我同那里的一位工厂主谈了话，他讲的内容只有一点，那就是失业的无产者正在咄咄逼人地采取行动。一位［……］的资产者——施泰因银行的老板宣称：三个星期以来，营业进展等于零［……］，因为破产者的数量与日俱增。银行家们在金钱的问题上走投无路，［……］再也没有一个德国银行家能够［支］付现金了。

您和舒伯特的事进展如何？此事对我们的《新莱茵报。政治经济评论》的订户来说［……］十分恼人，几乎每天都有人向我询问此事。我总是固定不变地回答说：马克思是没有责任的，大家应当同爱森交涉。

我对［……］有两个小小的要求［……］载勒尔负责通

讯［……］托马斯·卡德林的报刊商店［……］，如果您能让人筹措一些资金，那就太好了。使我担忧的是，您已经以［……］的形式向载勒尔偿付了债务。

　　　　　　　　　　　　　　　　　您的　贝克尔
　　　　　　　　　　　　　　　1851 年 3 月 16 日于科隆

手稿　　　　　　　　　　　　　　　　　　　　第一次发表
莫斯科苏共中央马列主义研究院
中央党务档案馆，f. 1，op. 5，d. 355

海尔曼·贝克尔（科隆）给卡尔·马克思（伦敦）的信

1851 年 4 月 5 日

亲爱的马克思：

　　出版月刊或同类期刊的计划势在必行。现在只有在党内为《新杂志》募集股金，才能把资金筹集起来，除此之外，别无他法。为此，我们向党内发出了通告，在通告上签名的有毕尔格尔斯、魏德迈和我，我们恳切地请求大家提供资金。"为了党的利益，党必须加强自身的思想建设"，我们准备大规模地开展自愿捐款活动。刊物就定名为《新杂志》，不发表创刊词之类的东西。不空许诺言，不刊登编辑人员名单，至多只印一个责任编辑的姓名。如果您同意这项计划，那就请您立即考虑为刊物供稿。只要有了相当数量的读者，我们就能以每印张20—30rh 的标准付给稿酬，并在对外发行中挤垮科拉切克先生。① 请您把汉堡的那篇有关金克尔反对马克思的文件立即寄来。我们将把这篇可耻的文章公之于众。

　　伦敦那边还应缴纳 1 英镑和若干先令，作为同盟储金，就让他们把这笔钱付给您吧；我这样做给您增添了麻烦，那笔款

---

　　① 指阿道夫·科拉切克当时出版的《德国政治、科学、艺术和生活月刊》。

项我日后一定补上。请您把钱的数额告诉我。

致以最衷心的问候。

您的 贝克尔
1851 年 4 月 5 日于科隆

手稿 第一次发表

罗兰特·丹尼尔斯（科隆）给卡尔·马克思（伦敦）的信

1851 年 4 月 24 日

亲爱的马克思：

您本月 15 日的来信已经收到。[……]

我已经同您谈论过那种吹牛撒谎的江湖骗术，而您对那一套总是怀有好感，现在，我不能不十分郑重地再次提醒您对一位江湖骗子加以注意。拉萨尔和毕尔格尔斯的争执决不是个人之间的口角；我认为，您没有认清拉萨尔的面目。我和许多人都认为他是一个浅薄的吹牛家，一个纯粹的、标榜民主主义的江湖骗子；总有一天，他会像泰勒林那样暴露无遗。只要在金钱方面发生某些困难，他那种奢华的生活就难以为继；我十分担心，那样一来，这位"强悍的斯巴达人"（见《新莱茵报》发表的海涅的信①）就会使出波斯人的伎俩。至于人才，我们最近已经培养出两名出类拔萃、足以匹敌的对手。尤其是对其中的一名对手，我抱有很大的希望；目前在柏林，我们赢得了在其他任何地方所没有的声望。②[……]

手稿   节录
莫斯科苏共中央马列主义研究院   第一次发表
中央党务档案馆，f. 1，op. 5，d. 367

---

① 1849 年 1 月 4 日《新莱茵报》（科隆）第 186 期。

② 一名"足以匹敌的对手"是指阿伯拉罕·雅科比，他当时已前往柏林，其身份是同盟特使；另一名"对手"可能是指约翰奈斯·米凯尔。

海尔曼·贝克尔（科隆）给卡尔·马克思（伦敦）的信

1851 年 4 月 29 日

亲爱的马克思：

当局又吊销了我的书刊承印人的营业执照。因此，印刷工作目前改在韦尔维耶继续进行。

恳请您同意我们在《新杂志》上发表您批判蒲鲁东文章的德译文。① 如果可能的话，杂志首期拟刊登这篇著作的第一章，此外还要发表丹尼尔斯《人类学》一书的导言②，以及德朗克论意大利革命的一篇文章。另外，请把您得到的涉及维利希—金克尔—勃朗之流阴谋活动的有关文件资料寄来，我们尤其需要《泰晤士报》发表的那篇沙佩尔—维利希声明，以及临时政府关于实行国家信贷的文告。杂志第 1 期除发表上述三篇文章以外，还准备刊登一篇剖析伦敦临时政府派的论文，以表明《新杂志》的立场，这样，就不需要再写发刊词之类的东西了。

我将在下星期前往不来梅，打算在那里亲自反击卢格的阴谋活动。但愿上面提到的各种材料能在 5 月 4 日或 5 日以前寄

---

① 指马克思《哲学的贫困》一书（1847 巴黎—布鲁塞尔版）的德译文；这篇译文当时拟定编入《卡·马克思文集》。

② 指罗兰特·丹尼尔斯的著作《小宇宙。生理人类学概论（手稿）》。

到这里，这样我就可以在临行前安排好印刷方面的各项事宜。

人们是不是又要利用维利希给我的第二封信，来描绘这位将军的革命才能？我和你的其他朋友十分殷切地期望你尽快回信。

您的　贝克尔

1851 年 4 月 29 日于科隆

手稿　　　　　　　　　　　　　　　　　　　　第一次发表

莫斯科苏共中央马列主义研究院

中央党务档案馆，f. 1，op. 5，d. 370

海尔曼·贝克尔（科隆）给卡尔·马克思（伦敦）的信

1851 年 5 月 6 日或 7 日①

亲爱的马克思：

批判蒲鲁东的文章②已经收到。您说得对，为了保证《文集》的出版工作顺利进行，就不宜将这篇文章全文刊登在《新杂志》上。眼下一切工作都停顿下来了。明天一早，我将启程前往汉诺威；北德意志地区的民主派要在那里举行一次类似代表大会性质的集会，我受到了真诚的邀请。

请来信告知：我们是否能在此地帮助弗里茨·恩格斯搜集某些资料？③ 戴·纳特那边，等我同警方"商妥"以后，就立即给他去信。

我已经再次为凯斯勒尔先生单独结清了账目，现将账单随信附上。

托马斯已经付款了吗？

几天前，无缘无故出逃达两年之久的卡尔·克雷默回来了，幸灾乐祸的科隆人纵情地嘲笑了他。由于这个原因，他至

---

① 贝克尔本人在这封信上署明的时间是"5 月 7 日"；但在这一天汉诺威会议已经开幕，因此，这封信可能是 5 月 6 日写的。
② 可能是指威廉·皮佩尔翻译的马克思著作《哲学的贫困》。
③ 估计恩格斯当时正在为《新杂志》撰写一篇文章。

今还没有去拜访他昔日的那些"民主派的"朋友们。

施特罗特曼在这里说话十分审慎，因为他撰写的那些有关金克尔的东西，使他在波恩受到了当地小资产者的猛烈攻击，而这些情况我们在这里并没有获悉。圣诞节第二天，我在波恩参加了一个宴会；那时，金克尔的妻子还住在波恩。席间有人提议为金克尔祝酒，结果举座愕然；后来就再也没有任何人提起这位受苦受难的人了。这一点确实标志着时代的特征。施特罗特曼已在波恩"修正"了他"对舆论的错误看法"。

弗莱里格拉特几天前来过这里；本星期他就要启程前往伦敦，准备在那里度过夏天。

您的　贝克尔

1851 年 5 月 7 日于科隆

手稿　　　　　　　　　　　　　　　　第一次发表
莫斯科苏共中央马列主义研究院
中央党务档案馆，f. 1，op. 5，d. 372

斐迪南·弗莱里格拉特（伦敦）给
卡尔·马克思（伦敦）的信

1851 年 5 月 28 日

星期三下午于惠廷顿俱乐部

亲爱的马克思：

德累斯顿对毕尔格尔斯一家来说真是不祥之兆。一个兄弟两年前在这里遭到枪杀①，另一个兄弟，捷列林格的拾破烂的奥兰人②，本月 23 日（上星期五）也在这个地方**被逮捕**。可以参看星期二《科隆日报》第 2 版。我的意思是，我们现在在这里越早见到丹尼尔斯越好：如果毕尔格尔斯没有极为小心地保管好他的文件的话，那么，现在的情形可能**非常**糟糕。远离科隆，便是幸福③，混合酒万岁！

今天收到我妻子④的信，信中没有新消息。《科隆日报》和在勒泽尔被捕时碰巧在他家的拉萨尔是她消息的唯一来源，除此之外，她自然一无所知，大概只能对事情的前因后果进行

---

① 文学家克里斯托夫·毕尔格尔斯于 1849 年 5 月在德累斯顿街垒上战死。
② 这个暗示的含义不明。
③ 这里套用了贺雷西一首诗的开头："远离尘嚣，便是幸福……"
④ 伊达·弗莱里格拉特，娘家姓梅洛斯。

推测。据拉萨尔对我妻子说，他们是通过当场搜出的诺特荣克的信件来顺藤摸瓜的。

我刚刚把我妻子的信又读了一遍，发现正如拉萨尔所说的，勒泽尔和贝克尔的罪名是"在1851年或1850年卷入一个推翻政府的密谋"。

我真不理解，毕尔格尔斯竟这么轻易地让人逮捕了他！［……］

手稿   节录

阿姆斯特丹国际社会史研究所
马克思恩格斯遗著 D IV 53/D 1972

罗兰特·丹尼尔斯（科隆）给卡尔·马克思（伦敦）的信

1851 年 6 月 1 日

　　［……］检察机关似乎想把对被捕者的审判罗织成一个共产主义者的巨大案件。六个月前，人们还不相信报复的时机将要成熟。逮捕已发生了好几次，搜查则天天都在进行。你的表兄或内兄威斯特华伦先生①于 19 日在普鲁士也查禁了施泰翰在汉诺威编辑的报纸《德意志工人俱乐部》，此事可能发生在八天前施泰翰刚刚改宗之后。

　　毕尔格尔斯还一直被拘禁在德累斯顿，不知道他是在这里还是在那里受审，或者像巴枯宁一样在两处受审。也有人说，整个诉讼案将迁往柏林。［……］

手稿　　　　　　　　　　　　　　　　　　　　　　　节录
莫斯科苏共中央马列主义研究院　　　　　　　　　　第一次发表
中央党务档案馆，f. 1. op. 5. d. 378

---

① 当时的普鲁士内务大臣斐迪南·冯·威斯特华伦，燕妮·马克思的异母哥哥。

约瑟夫·魏德迈（美因河畔法兰克福）给卡尔·马克思（伦敦）的信

1851 年 6 月 10 日

1851 年 6 月 10 日于法兰克福

亲爱的马克思：

我请一个可靠的信使把这封信送给你，也请你通过他给我回信。我到过科隆，但只待了一天，并且尽可能地隐姓埋名，因为，就在我从这里启程的头天晚上，我得到消息说，普鲁士警察也在缉捕我。在明斯特我母亲①那里有个警察打听过我的行踪，借口是在对贝克尔②的文字诉讼中，我要作为证人受到传讯!!! 因为我对长期的审前羁押毫无兴趣，所以又回到了这里，在萨克森豪森租了一个清静的房间，我妻子③将和孩子们一起在乡下她父母那里度过这个夏天。

在科隆，人们知道的并不比我在这里听到的多多少。他们甚至连毕尔格尔斯是在普鲁士人手里还是在萨克森人手里都搞不清，还没有人能够和贝克尔交谈。不过，我能够从警察局的审理程序中推测出事情的大致经过。在诺特荣克那里一定发现

---

① 威廉明娜·魏德迈，父姓斯密斯。
② 海尔曼·贝克尔。
③ 路易莎·魏德迈，父姓吕宁。

了通告信，根据最后一封信，有三个人在科隆被捕，警察局估计他们是中央委员会的成员。① 警察局用的其他办法就是东摸西碰。一个工人在卡塞尔被捕，很可能是在诺特荣克那里发现了他的地址。② 由于住宅搜查毫无结果，他又被释放了。在审讯中，警察问他是否认识诺特荣克，是否知道在德国存在着某个共产主义者同盟，它的中央委员会在科隆。年轻医师雅科比在威斯特伐利亚③被捕，在他的未婚妻④那里发现了通告信。在柏林的亨策也同样遭到了搜查。我很可能已经成为人们注意的目标，因为，在最后一封通告信中特别强调了法兰克福组织。

我在科隆的时候，正在谈论中央委员会迁回伦敦的事，然而，将仍以科隆为德国的联系中枢。由于过去那些要求迁移的理由都不复存在，因而，这一措施无疑是完全适宜的。我认为，总的说来，这些不幸事件给我们带来的益处多于损失，因为我们的事情将成为整个德国公开辩论的主题。你的经济学现在若能出版该有多好啊！

我早就计划要写的工人手册现在终于即将完成了。我打算在此之前先寄出一本约一印张的有分量的小册子《论无产阶级对当前资产阶级运动的态度》，这个小册子的论述是针对国

① 海尔曼·贝克尔和彼得·勒泽尔在科隆，亨利希·毕尔格尔斯在德累斯顿。
② 在保存下来的诺特荣克的名单上并没有卡塞尔的地址。
③ 事实上是在柏林。
④ 在明登的芬妮·迈耶尔。

民劳动协会会长、若干个保护关税会议的主席、某位克里斯特先生的文章的，该文的题目是《保护关税制度问题的现状》。

为此，我不得不请你为我提供确实的数据。克里斯特先生说，"在英国这个世界上最大的输出国，出口量只占内部销售量的四分之一，在法国只占六分之一，在德国只占六分之一。"这是否正确？尤其是前一个数字我感到极不可靠。

这篇短文完全是小资产阶级的，削弱了所有问题的锋芒，因此得以广泛地散发。

我的科隆计划现在当然毫无结果；无论如何我只能作在这里待几个星期的打算，因为我不知道靠什么来生活。目前情况下，在德国求得"生存"对我来说是不可能的；我不得不着眼于国外。我不知道是否已经写信告诉过你，我曾经打算在科隆出版《美国石印通讯》。在伦敦是否有这种可能呢？或许，那里的情形也这样？请你写信告诉我你对这样一个计划的看法，我认为，这个计划若能实现，肯定不仅仅是为某个人提供生存手段。施拉姆熟悉美国，在那里有些门路，他想必能有什么高见。

鲁普斯①是在你们那里帮忙，还是漂洋过海去美国了？我们很久没有听到这家伙的消息了。

若往这里寄信，还像以前一样用泰·舒斯特的地址，但是，为谨慎起见，里面的信封上不要写我的名字，只写汉斯就行了。

---

① 威廉·沃尔弗。

衷心地问候你的夫人！

你的

约·魏德迈

手稿

阿姆斯特丹国际社会史研究所

马克思恩格斯遗著 D VIII 102/D 4537

第一次全文发表

阿道夫·贝尔姆巴赫（科隆）给卡尔·马克思（伦敦）的信

1851 年 6 月 24 日

公民：

您很可能还不知道我的名字，如果是这样，将由弗莱里格拉特向您说明我的身份。

我写这封信最直接的原因是想尽我所知向您介绍一下这里的状况，以便您一方面可以批驳那些荒唐的谣言，另一方面可以根据情况采取对策。

您大概知道，诺特荣克于去年年底受委托从这里启程到汉诺威、汉堡、罗斯托克等北德意志城市去旅行，然后再去柏林，如有可能，还要到萨克森去恢复旧的联系，使那些支部重新联合起来，并增建支部等等。他这次旅行的目的部分地达到了。但是，在柏林好像有点走了弯路，至少他写的通讯是空洞无物的，因此要想取得成果，并且同那里建立密切联系，看来还需要委派一个新的特使，毕尔格尔斯决定接受这项任务。通过这次旅行打算就关于集中资金用于我们的宣传这一问题同北德意志民主派达成一个协议，这使得这次旅行更具有重要意义。协议已经达成。为了预期的目的，毕尔格尔斯和贝克尔于 5 月 7 日在汉诺威同北德意志联邦国会左翼的不同成员会晤，他们发表声明说，准备共同进行鼓动工作，并希望，我们把自己的最低要求同他们的最高要求融为一体，以便提出一个详尽的、可以得到全部资金支持的宣传口号。人们看到，民主派的先生们多么深切地感到自己的软弱无力，多么深切地开始感到无产阶级政党的优势和力量。然而，事情在那里并没有结果，因为我们的全权代表根本没有受到委托去做这样一笔交易。尽管如此，那里的北德意志人还是向毕尔格尔斯提供了资金和地址，以便在东普鲁士、西里西亚等地建立政党和采取共同行动。其余的事情要等到第二次聚会时再决定，现在显然不可能再举行这种聚会，因为大家都已经各奔东西了。

当毕尔格尔斯正在旅行期间，诺特荣克突然想到要去萨克森。他到了莱比锡，由于没有身份证明，于5月10日[①]在那里被捕。在他那里发现了一包印刷品和手稿，其中一部分具有共产主义的内容。个别文件说明他是一个会址在科隆的共产主义协会的特使。作为协会领导人署名的有：勒泽尔、亨·毕尔格尔斯和第三个人（名字看不清楚）。还发现一封完全不致使贝克尔受牵累的私人信件和一封介绍信，信中写道："兹介绍诺特荣克公民同汉堡的门兴博士先生接洽。贝克尔。"其中还有门兴向汉堡的奥尔斯豪森和奥尔斯豪森向罗斯托克的维格斯写的介绍信。查获这些东西的直接后果就是对所有提到名字的人进行了住宅搜查。这些搜查一无所获。这里的人们**大约**在进行住宅搜查前**八天就已经知道了诺特荣克被捕的消息**。在贝克尔处没收了您给他的五封不致使他受牵累的私人信件和一份共产

---

① 在原件中是11日。

主义者同盟中央委员会的告同盟书，一份过去从金克尔夫人那里（有些奇怪）得到的旧文件。到处进行的住宅搜查也使得提到的汉诺威会晤暴露出来，这当然是完全无关紧要的。然而这时间谍和告密却起了很大的作用。丹尼尔斯的被捕就仅仅是因为汉堡的某个人的告密，我估计，是布伦①扮演了这个角色。这个汉堡人说丹尼尔斯是中央委员会领导人之一，接着又对毕尔格尔斯的旅行、同盟联系的方式方法、同盟章程等等作了最详细的说明，以致人们几乎不得不设想，似乎另外有人在暗中插手。首要的任务是澄清这件事的疑点。至于今天在《科隆日报》上刊登的章程和告同盟书是否同样也是通过上述不正当的手段得到的，还是像报道的那样，真正是在诺特荣克那里发现的，时间将会对此作出结论。从巴黎同样也有告密材料寄往柏林，这也需要进行侦查。他们手中根本就没有关于贝克尔和丹尼尔斯的罪证，所以这两个人还有可能被高等审判厅释放的一线希望。毕尔格尔斯和诺特荣克仍然在萨克森坐牢，当地政府拒绝引渡。现在诉讼程序完全取决于这一点，毫无进展，因此，人们已从这里向内阁作了报告。起诉书的内容当然是阴谋推翻政府和武装公民互相格斗。

此外，我们的外部和内部关系并没有因为上述情况而有所改变，这方面几乎不需要再作什么说明。但是，我也想请您要特别小心，尤其是在写通讯时，因为人们的好奇心是很大的。

---

① 在原件中是布伦斯。实际上叛徒是威廉·豪普特。

星期五①，在柏林因本案被捕的医学博士雅科比被押解到这里，这使人有理由希望，在这里，案件也将开始审理，这样，一个有利的结局几乎是毫无疑问的。

现在再来谈点别的。您可能已经想到，由于贝克尔再次被捕，您的文集②的出版工作已停顿下来，如果不出现偶然的有利情况，即有人给我们意外资助的话，那么在贝克尔获释之前，这一工作是很难再继续下去的。而我却恨不得现在就能看到构成文集第二部分的反对蒲鲁东的文章③出版，以便正好可以以此来证明，统治者是根本不可能把一个其存在让他们恐惧的政党摧毁的。从现在由我保管的贝克尔的东西中发现了这份手稿，在丹尼尔斯被捕之前，我还同他谈到过这个问题，他完全同意我的意见，新近还从拘留所托人催我办理这件事。但是，怎样出书，我们是否自费出版并找一个出版商，这些我还无法向您说明，因为这件事还必须经过仔细考虑和商谈，不管怎样，我要事先得到您的同意，我请求您把您对此事的意见告诉我。如果不是目前处境造成我们的资金异常紧张的话，自费出版是绝对不会有什么困难的，而现在这件事却有些成问题。

拉萨尔一段时间以来就在这里不断四处活动，到处对工人进行煽动，挑动工人的一派，并竭尽全力去了解更多的情

---

① 6月20日。

② 《马克思文集》，由海尔曼·贝克尔出版。

③ 《哲学的贫困。答蒲鲁东先生的〈贫困的哲学〉》。1847年巴黎—布鲁塞尔版。

况，就是说了解组织的内部情况，并力求被吸收进来。他取得的成果越少就表现得越狂热。撇开过去的一切，撇开他曾陷入一位高贵公爵的家庭事件①的各种无聊、讨厌的阴谋之中不谈，我也不可能信任此人，即使我完全相信他的思想品质是纯洁的，那我也永远不会信赖他，因为他是一个空谈家和个人主义者。

如果您看到小沃尔弗②（他从瑞士到了您那里），请您代我问候他，并请他直接再次把护照寄来。

最后请您代我和所有朋友向弗莱里格拉特多多致意，请告诉他，他刚出版的诗集③引起轰动，极为畅销。

如果您能像我所期望的那样很快回信的话，请务必在每一邮件上写上路易·舒尔茨的地址：科隆施尔德尔巷2号（因为我觉得约·丹尼尔斯夫人那里也不太保险），并尽可能把发信地点改到别处，而不是从伦敦邮寄。我深信，每封从那里来的信都要经过检查。

致以兄弟般的问候。

贝尔姆巴赫

1851 年 6 月 24 日于科隆

---

① 索菲娅·哈茨费尔特伯爵夫人的离婚案。

② 威廉·沃尔弗。

③ 斐迪南·弗莱里格拉特：《政治和社会新诗集》1851 年杜塞尔多夫版第 2 册。

在以后的场合我将经常使用"Adolphe"（阿道夫）这个
签名。

手稿   第一次用原文发表
莫斯科苏共中央马列主义研究院
中央党务档案馆，f. 20，d. 53

约瑟夫·魏德迈（美因河畔法兰克福）给卡尔·马克思（伦敦）的信

1851 年 7 月 5 日

1851 年 7 月 5 日于法兰克福

亲爱的马克思：

很幸运，你的信还是到达了我的手中，如果这里的警察再狡猾一点的话，恐怕这一次也难以逃脱。按照莱比锡警察局的要求，昨天搜查了舒斯特的家，没收了鲁普斯①最近的一封信，信中说到法布里齐乌斯对你的一次拜访。如果是在萨克森或其他戒严方面的文明邦，法布里齐乌斯毫无疑问会因此而在车站被捕，他的信件也会被没收。昨天还搜查了一个工人的家，但是一无所获。虽然我从这些做法中再次了解到，警察局并不知道我待在这里，但我还是认为，最好是准备逐步撤退，因为跟踪和侦查当然还远远没有结束，谁能受得了这种到处躲躲藏藏的日子。在普鲁士无非是等着看看人们是否真的会把我投入监狱，我之所以不愿等待，还因为在这之后我也不知道我应当如何在德国生活下去，因为在这里根本不能设想去做一般工作，从事文字工作又会完全把我们的手脚束缚住。在他们查

---

① 威廉·沃尔弗。

获了告同盟书之后，除非他们比现在更愚蠢，才不会发现我是法兰克福区部的负责人。卡斯滕斯①在美因茨被捕，这是对我们的区部影响最大的一个事件。在被捕时他试图逃跑，但未成功，这使他的处境更加困难了。为了尽量使组织加强，我在这里该做的已经都做了，因此，继续留下来已没有实际必要。尤其是我在法兰克福这里留下一个非常精干的、团结的核心，为组建这个核心，两年来我不断地进行工作。以此为基础，使区部紧密地团结起来。只有一个极为不利的情况，那就是缺乏资金，因而一切活动都受到很大限制。如果追捕真的是由于背叛和告密而造成的，那么这种情况也只能发生在最初逮捕诺特荣克的时候。不管怎么说，是一种极端不负责任的粗心大意。在他那里甚至找到了**署名的**章程，为此，在事后确实还应当把他痛打一顿。发生的这一切即使不是背叛，也完全可以用严重的粗心大意和诺特荣克的喜欢夸夸其谈的特点来解释，我实在难以相信这种可耻的卑劣行径。丹尼尔斯的被捕，是由于从汉堡寄给他的一封信②，这封信在邮局被拆开。在这种时候会寄一封直接写明地址的信，也真够精明的。此外，在这全部灾难中，反动报刊却帮了我们的忙，这是很有意思的。《法兰克福总邮报》全文发表了所有通告信，现在我们可以安全地去翻印，并作为"《法兰克福总邮报》特刊"安全地散发了。至少对那些包含同盟策略的信件应当这样做。

---

① 弗里德里希·列斯纳。
② 这与事实不符。

我准备首先撤退到瑞士，这主要是为了生计，因为在物价昂贵的伦敦，除了像维利希那样（他最后甚至连个合适的寄宿处都没有），我简直不知道应当怎样生活下去。在瑞士我将住在我的内兄①家，这里至少有一个很好的图书馆和一个书刊很多的阅览室供我工作使用。加之我从那里能够比从伦敦更容易同德国保持联系。最后，我还想等着看看瑞士人是否真的决定修建铁路，如果要修建，我将设法在那里弄到一个临时的职位。假如这也做不到，那我就再也没有办法待在欧洲，我实在过够了单身汉的生活或夫妇分居的生活，过了夏天，我决不想再同我的家庭分离。但我决定采取这一步骤并非出自本意，因为我可以完全有把握地预见到，在春天将会再次闹起来。如果你能向我建议去从事某种一般工作，我将非常欢迎。我终究不是很愿意渡海的，因为不可能在纽约留下来，如果我还有可能待在纽约的话，那就好了，因为在短期的横渡期间，在那里到底可以比在瑞士的任何一个偏僻的山谷更便于同欧洲的一切政治运动保持联系。而在9月以前当然还会发生一些事情。

我确实认为，石印通讯大概是不可能的了。我写到美国去的那些信件到目前为止连一封回信也没有收到，我甚至放弃了写通讯。

随信附上一本小册子的手稿②，在发表以前我想听听你对

---

① 苏黎世的海尔曼·吕宁。

② 是否出版了，并以什么形式出版的，不得而知，这篇文章是针对阿·克里斯特《保护关税制度问题的现状》（1851年美因河畔法兰克福版）一书写的。

它的评价。稿子上空着几个我在这里无法填写的数字，因为在当前情况下去图书馆是有点冒险的。你会找到手稿中那些请你提供英国对外贸易数据的地方，问题恰恰是要向这些家伙证明，国内贸易不是"决定性的"，没有对外销售，任何国家的工业都不能得到应有的发展。我比较深入地研究了关税同盟的政策，因为我希望小册子可供小资产者阅读，在他们中间我的名声还不算太坏。所以我宁愿引证资产者的文章，而不是简单地利用这些文章。现在请你务必向我介绍一个伦敦出版商，以便可以把他的名字作为出版人印在小册子上，因为这本小册子我想以"伦敦自费出版"的形式出版，以便在销售时能有一个合法的形式。如果你认为文章不需要作重大的修改和补充，那你就不必把手稿寄还给我了，因为把它寄往瑞士需要很多邮费。但是请你把它保存起来，以便在最坏的情况下，即当原稿发生什么变故时，还有一个副本保留下来。请尽快把你的意见寄到苏黎世我内兄处，鲁普斯可以告诉你我内兄的地址。[……]

宪章派的宣言使我感到异常惊奇，我没有想到其中会提出如"政教分离"等等的小资产阶级民主派要求。起初我想大力宣传它，但当我读过之后，我认为这样做是完全不合适的。[……]

德朗克被联邦政府驱逐出日内瓦，但还停留在意大利边境。他想返回巴黎。他总是一次次地期望，不到两个月就会爆发新的革命，因此他不断经受痛苦的失望。如果不是到日内瓦路途太远，对我来说旅费太贵的话，我就去拜访一下这个小怪物了。他很孤独，因而感到非常不幸。

衷心问候你的夫人、鲁普斯和恩格斯。

你的　汉斯

我明天动身，希望很快听到你的消息。

刮胡刀和眼镜我都非常高兴地扔掉了。

手稿　　　　　　　　　　　　　　　　　　　　　　　　　节录

阿姆斯特丹国际社会史研究所

D VIII 145/D 4538

威廉·施特龙（布拉德福德）给
卡尔·马克思（伦敦）的信

1851 年 7 月 7 日

亲爱的马克思：

随您的友好来信一起寄到的给舒尔茨的附件我已经立即送往邮局，我想尽快把这件事通知您，可惜没有做到。

但我自以为，您一向对我的准时是相信的，所以根本不会忘记我在这类或其他事情上都是如何做的！

我想离开此地一段时间，这一打算暂时还没有希望实现。两三个月之后才能再次把比利时作为目标。对汉堡我不太感兴趣，到莱茵河畔旅行对我来说普鲁士味太浓了！科隆的案件，等等，到底进行得怎样了？

我们只是在私下里说说，神圣的宗教裁判所由于它的极端愚蠢是不可能得到什么支持的，我倒是为那些遭到不幸的人们，特别是朋友丹尼尔斯感到由衷地难过，我只是后来才从不可靠的《汉堡消息报》上知道了他的遭遇。直到我在科隆逗留的最后时刻，一些大致定期举行的工人集会还有丹尼尔斯、勒泽尔和其他人参加。后来的事情发生时，我早已离开那里。我参加了上面提到的集会（这些集会由于发现了文件，大概为人提供了求之不得的进行刁难的机会），**其次是**我的处境（某些官员对我怀有相当强烈的私人仇恨），您不认为这些原因已经足以阻止我去履行立即出差到科隆、汉诺威和不来梅的任务吗？此外还应当考虑到，我没有护照，因为在我出发前就要想到设法避开一切麻烦！[……]

　　致以衷心的问候。

威·施特龙

7月7日于约克郡**布拉德福德**

手稿　　　　　　　　　　　　　　　　　　　　　　节录

莫斯科苏共中央马列主义研究院　　　　　　　　第一次发表

中央党务档案馆，f. 1，op. 5，d. 384

阿道夫·贝尔姆巴赫（科隆）给卡尔·马克思（伦敦）的信

1851 年 7 月 10 日前后

公民：

　　您的信我已按时收到，在一段时间内您可以放心地使用提供的地址。但为了更加保险，我在后面还想为您提供另一个地址，以便能交替使用。如果说这里事态有什么变化的话，那就是据今天我得到的消息说，对他们的侦查已经结束（？）。侦查机关的先生们自己承认，证据是严重不足的。关于丹尼尔斯，除了众所周知的告密材料外没有更多的东西。据说，汉堡的某个豪普特供认，他在伦敦听说丹尼尔斯是秘密组织的领导人。仅此而已。关于贝克尔，他们也没有掌握多少材料，关于其他人也一样，因此，为我们的朋友们的安全担心是完全没有必要的。此外，悲痛的亲属（高贵的先生们对这些人是相当熟悉的）想尽办法不使诉讼程序拖延得太久，因此，我们还有可能指望秋季或冬季作出判决。但是，根据我们上述的政治处境，也只能是希望而已；谁能知道武装的反动势力会走多远呢？目前统治着德国，甚至整个欧洲的只有一种力量，即结盟的君主的意志和利益，他们以容克地主、士兵和警察为支柱，不仅寻找手段，而且寻找工具，以便针对所有坚持同专制制度格格不入的原则的人，在他们的活动领域内制造一种令人难以忍受的气氛。但根据法国的法律，如果人们在文件上公开自己署名，并向陪审员承认其中谈到的倾向，那么，文件的内容就几乎不可能作为起诉的理由，因为我们在法典①中没有看到一点这样的意图，——然而，中央调查委员会和秘密法庭呢！为什么这些受上帝庇佑的先生们不公开宣布有采取这最后手段的权利？他们反正已打出了最后一张牌。事情对毕尔格尔斯极为不利。他同朋友们的联系被割断，他将在陌生的环境里被陌生人判决——这是一种悲观的想法。最近他从这里寄到家里的仅有的两封信也流露出一些使人难过的忧伤情绪，但是，这种情绪很容易从下列事实得到解释，即早在七个星期以前，他在未经任何审讯，并且对控诉自己的材料和案件一无所知的情况下就在德累斯顿被严密监禁起来。关于德国的情况和科隆这里的情况您可以从弗［莱里格拉特］那里，现在还可以从沃［尔弗］那里了解。我仅仅补充一点，情况是：现在愉快的科隆人也被最坚决地严禁在 11 点钟以后再到酒馆去，连这件事也没有能够把他们激怒。可是在财政的天空中出现了令人不安的风暴。生意越来越萧条，不仅不能获取巨额利润，连获取少量利润也日益成为不可能。大资本又开始隐藏起来，只是小心翼翼地间或露一下面。收成是出乎意料的好，小工业家面临着破产。但是，即使这些家伙们全都站在深渊的边缘，他们自己还在担心，顺利复苏重新经营的最后希望也遭到破灭，宁可堕入深渊，也不愿意鼓起勇气顶住并消除把他们压倒的沉重负担。

---

① 拿破仑法典。

德国人需要外部的推动才能起来反抗，但愿这种推动力快点到来。

至于继续出版您的文集的事，正如我最近告诉您的那样，我计划首先出版反对蒲鲁东的著作①，一方面因为现在我不能很好地用贝克尔的名义（这在某种程度上是必要的）继续出版已经开始出版的这部著作，另一方面，因为我必须采取另外一种完全不同的出版办法，那样可以从一部独立的著作中看到取得什么样的成果。您想必会同意，这本书"以您自费出版"的形式出版。该书我将托人在国外印刷所印刷。如果可能，由私人销售的那部分书收现金，但是还要由一位莱比锡书商介绍拿到书店去卖。您如果愿意，请亲自写几句话作为序言，否则就由我来写；在这里将说明，这篇文章本应作为文集的第二部分出版，由于原出版者在这期间被捕而受到干扰，正是在目前情况下，我们不愿意向德国读者扣压一篇完全用科学的方法论述关于一个备受攻击和怀疑的党的基本原则的文章。我相信这本书的销路会很好。德国庸人们对待已发表的告同盟书的态度证明，他们对共产主义的愚蠢的恐惧心理，部分地消失了，他们开始比较友好地看待这个过去的可怕形象。妨碍他们的只是对宗教信条的否定，而没有其他。不久将会对弗莱里格拉特发出通缉令。他会感到高兴，他又可以得到一份证明书。

---

① 卡尔·马克思：《哲学的贫困。答蒲鲁东先生的〈贫困的哲学〉》1847年巴黎—布鲁塞尔版。

向弗莱里格拉特和大家问好。

您的
阿道夫

由科隆阿尔滕市场街多米 ［尼克斯］·科特斯先生转交。
或者由彼得·屈贝尔先生转交。
由科隆威契巷 Chr. 鲁厄先生转交。
或者由施尔德尔巷路易·舒尔茨先生转交。

手稿　　　　　　　　　　　　　　　　　　　　　　第一次发表
莫斯科苏共中央马列主义研究院
中央党务档案馆，f. 20，d. 55

约翰奈斯·米凯尔（格丁根）给卡尔·马克思（伦敦）的信

1851 年 7 月 15 日前后

如果您知道，收到您的信使我多么高兴，使我得到多么大的教益，那么您就会懂得，收信的享受显然大大超过了写信的负担，因此，即使写信是一种牺牲，但绝不是毫无意义的牺牲。

假如不是艰难的处境和永无止境的极度的不安（您知道它的原因）使我无法安安静静地做任何事情，我早就回信了。此外，我日复一日地等待皮佩尔的消息，但毫无结果。

那件令人不快的事情①已经产生了不良后果。民主派已经开始用愤怒来回敬我们，并且（这是最糟糕的）失去了他们由于愉快地感到没有反对意见而产生的那种革命热情。我认为，争吵发生得太早了，这不是因为像某些**怯懦的**和**愚蠢的**"共产主义者"所担心的那样，我们在第一次革命冲击之后会立即受到过于强烈的袭击，而是因为小资产者**在革命之前**会过于深思熟虑。另一方面，由于民主派必然要公开抛弃工人的利益，我们的宣传会变得容易得多；但是，我们的组织会受到很大的影响，我们最能干的人可能到下次运动为止一直处于孤独

---

① 指三月告同盟书在反动报纸上的发表。

· 247 ·

状态。此外，甚至资产阶级报刊也想尽量把事情加以掩饰，这也说明它们一天比一天革命起来。它们公开声明，虽然一次革命将使"文明"倒退20年，然而革命是必要的——即使这仅仅是一种想要"使人们清醒的"威胁，但它却没有使人们清醒，因此必须继续进行下去。这就导致了您对我的指责，说我对下次革命估计得太乐观了。我不知道，我在给皮佩尔的信中是如何表达自己的意思的，我只记得说过，法国人的进军在任何情况下都是不可避免的。我根本没有忽视，在大陆缺少彻底变革经济关系的条件，从而持久的无产阶级专政是不可能的，这些情况必然导致一场世界战争，这种战争将使人发狂，将把经济问题排挤到次要地位，使人只看现象，而忘记原因，作为一场自由反对独裁、公民个性反对（反封建的）专制制度的战争必然是民主资产阶级性质的，等等。一句话，这种战争既是普遍迷惘和丢丑的结果，也是这种现象发生的原因。其次，我承认，这场闹剧主要将在德国土地上演出，但我不相信（这一点**看来**我同您有分歧），德国人民在这方面的表现会是**消极的**。我确信，奋力抵御俄国的一切前提已经具备，正是这种求生存的斗争给了**我唯一的**保证，让我相信德国革命至少可以产生出一些合理的东西。只有对外战争能把地方性的吵闹集中起来，能使民族的浅薄无知的庸人头脑获得比较宽广的视野，能促使恐怖行为——至少暂时地——去排除小资产阶级的"独立性"。没有这种战争，联邦共和国将是不可避免的，没有这种战争，对无产阶级的反击将会更早地到来；没有这种战争，"德国革命"只会以对王朝的第一次胜利冲击而告终，它从此将进入舒适的昏昏欲睡的状态。在给皮佩尔的回信中我只是想说，我认为，如果人们（像皮佩尔那样）把战争说成是下次运动将陷入人们所说的困境的原因，这是不对的，相反，如果没有战争，"德意志民族"还会遭受更大的耻辱。

不久前我在黑森和图林根的部分地方作了一次短期旅行，因而我深信，共产主义固然赢得了广大的地盘，就是说，争取了大量的**皈依者**，但是，除去几个工业区，共产主义者似乎到处都置身于社会之外；他们同德国经济关系几乎没有任何联系，他们几乎在所有城市都共同生活在封闭的圈子中，他们的宣传纯粹是为"争取"个别优秀人物，成了没有士兵的军官。如果说在北德意志还有较大的工人协会存在，那么，除了少数例外，那里存在的都是教育协会，即资产者协会。但是我们具有**这样的**长处；我们的共产主义都是历史的批判的共产主义，换句话说，我们的共产主义者都是您的学生。

如果这些人在下次运动中很好地组织起来，而不是像上次那样成为"一般革命者"，并四分五裂的话，那他们或许能促使无产阶级去进行一场六月战斗。您的关于决不要对无产阶级抱幻想的警告，对我来说确实是很中肯的。我不是通过费尔巴哈的人类学，而是通过对其他各种社会主义流派的逐步批判达到共产主义的，我曾通过研究我不理解其地位的各种体系对"不能实现的共产主义"感到真正的厌恶，并且只是在没有别的办法时才回到了共产主义，就像重新去做一件**必须做的倒霉事**，那时，当我很快学会了**强调谓语**时，名词自然就消失了，总之，共产主义对我来说并不是一种理想。虽然如此，但是我并不否认，从表面上把无产阶级理想化的**习惯**对我自己产生了消极的影响，因而我已经开始不再严格坚持我在开始时（有意识地）**弄错**的一件事实的错误。

现在我看到，您完全不理睬我们敌人的卑鄙攻击，并且丝毫没有激动，我为这一点感到欣慰。这类的谩骂只有引起人们的愤怒时，才有意义。

此外，欧洲中央委员会及其产物现在甚至对**民主派**来说也仅仅是值得同情的笑料，它们既不会使人感到不安，也不会显示出什么"重要性"，照我们法学家的说法，纯粹是喧嚣。

如果我要印点什么东西的话，我会把它给您寄去。但我没有什么东西好印。写一部篇幅较大的著作（如关于德国工人状况的著作），现在我既没有足够的时间，也没有足够的知识，写个别问题我又是最讨厌的。天晓得，别的事会怎样发展。我一旦弄清了某个问题，我就不愿再去想它，更不想把它写下来，这件事就算已经做完了而被扔在脑后。

现在还有一个问题。目前看来，法国工业面临再次遭受损失的困境，这是正在开始的商业危机的后果呢，还是**奢侈品**消费者暂时恐惧的后果？

祝您幸福，请原谅我这个求知欲强的年轻人写了这么多废话，您可能对此不感兴趣。

完全属于您的

约·米凯尔

又及：您是否认为维利希—沙佩尔派方面有背叛行为？如果认为有，其程度如何？当然，这种卑鄙行为几乎是不可思议的。

手稿
莫斯科苏共中央马列主义研究院
中央党务档案馆，f. 1，op. 5，d. 388

阿道夫·贝尔姆巴赫（科隆）给卡尔·马克思（伦敦）的信

1851 年 8 月 18 日

亲爱的马克思：

　　请原谅，这封信让您等了这么长时间。原因如下：其一，我面临着即将被下令逮捕的危险，因此，在这整个期间已生活在一种特殊的等待状态之中；其二，我打算向您报告一些有关蒲鲁东一书①的出版情况。我还没有能够找到本书的承印人和批发商，由此您可以判断在德国办事的情况。在普鲁士，没有人愿意干，因为承印人要负责任。同德国其他邦我只能靠通信间接联系，因为任何直接联系都会引起警察局的极大注意，并且最终会把事情弄坏。最近我已委托人在法兰克福、不伦瑞克、汉诺威和汉堡进行谈判，希望至少从某处能够得到有利的回答。寻找一个出售该书的书商是最困难的，但必须去找，因为通过私人途径最多只能指望有四五百册的销路，这刚好可以抵销开支，否则就赚得更少。如果像我所得知的那样，维尔特又去了汉堡，那么最好您请他在那里同"霍夫曼公司"联系一下，它或许愿意承担这件事。只要出版得到保证，我就可以不太费力地为您弄到钱，只要全部捐款都用于维持在这里坐牢

---

　　① 卡尔·马克思：《哲学的贫困。答蒲鲁东先生的〈贫困的哲学〉》1847 年巴黎—布鲁塞尔版。

的七个人的生活，另外就几乎不可能从这里的党那里得到款项了。尽管如此，我还要看看能不能弄到点钱。弗莱里格拉特正巧出版了他的诗集，并参加工业博览会①去了，假如他的行动稍有迟缓的话，那他现在就可能和其他人一起老老实实地在科隆监狱中进行思考了。已经证实，他帮助抄写了一份告同盟书，因此可以证明他是知情人，在或许还能诱劝他到这里来的希望落空之后，今天终于把对他的通缉令登在报纸上。罪名是：参加推翻政府的密谋。侦查何时结束根本无法预料。案卷在无限地增加。毕尔格尔斯大约三星期前来到这里②，诺特荣克仍然在萨克森③，看来还根本不可能把他引渡，因为他的缺席是侦查无限期拖延的极有利的借口。住宅搜查没完没了。在这方面我当然也没有幸免，施奈德④终于在昨天也受到光顾，以致在这里的生活当中要不断保持一种愉快的变换。过去的工人教育协会的全部藏书都放置在工人住宅中。只要能嗅出党的气味的一切东西都必然引起警方的高度注意。告密和间谍活动空前盛行。您可以想象，生活在这里是多么美好。但是，人们对这种巨大的关注和安宁并不满意。对共产主义者同盟的揭露完全失败了。最近，一个抱怨派向我特别讲述了《共产主义原理》及其产生的历史，《埃尔伯费尔德日报》新近发表了一篇原稿本来被没收的文章，其中完全承认党所致力的共产主义

---

① 1851 年 5 月至 10 月在伦敦举行。

② 从 7 月 29 日起。

③ 前一天，1851 年 8 月 17 日诺特荣克被押往科隆。

④ 卡尔·施奈德第二。

斗争是合理的。最近在伦敦党的组建情况如何？不久前在报纸上有一些关于这方面的报道。您在最后一封信中也谈到了这一内容，但没有涉及他们的目的和他们党的组织机构。虽然我认为那些人的尝试是最无关紧要的，并且他们想插足于我们活动领域的努力始终不会取得成果，但是却有必要不断了解他们这些人的各种小动作，以便具备应有的知识来对付不时都可能重新在这里出现的他们的某个特使的论断。看来这些先生们已经靠他们的欺骗弄到了一些钱。

非常有必要重新发一份告同盟书，就是说拟定这样一份告同盟书：一旦适当的时机到来，例如，侦查有了确定期限或者结束，就可以把它散发出去。① 即使我们本来对此事负有责任，那我还是必须承认，在目前我随时都可能被捕的情况下，我不大敢接受一篇恰恰是在当前必须小心翼翼地进行编辑的东西。另外，我目前只是单枪匹马，没有一个人可以和我一起商讨这样的文章，更不要说我根本不是作家。由于这个原因以及其他许多原因，我请您和其他朋友一起来考虑一下这件事，如果您同意由我来做，那就请您费心去完成政治和经济部分。一切有关内部的事情，容我以后再告诉您。其中特别应当考虑到以下各点：

1. 各色各样的法国民主派以及德国民主派最热心地宣传的直接立法的理论。虽然在这里举行的许多次会议上人们对这种理论缺乏论据、甚至同共产主义原则矛盾的问题进行了详细讨论，但这件事对文化不高的工人来说仍有很大的吸引力，以致

---

① 马克思对这一计划持极大的怀疑态度。

它不仅在这里会赢得一些地盘，在外地得到的地盘将会更多。

2. 民主派支持自由贸易斗争、甚至认为在现存条件下自由贸易是民主主义原理的直接产物的这种荒唐的想法。

3. 这样一种必要性，即一旦法国发生有利的变革，就有必要支持和促进在德国必然随之而来的爆发，有必要在更大范围内处处致力于使叛乱的西部各省直接同法国合并的活动，而不考虑各民族的抵触情绪和地方观念。如果人们能就上面的这种意见开始同法国激进党进行谈判，那绝不会是没有裨益的，但问题在采取行动的时刻将会自行解决。目前我正在从事对我们一些最优秀成员的军事训练工作。当前这种状态不会长期继续下去。这是暴风雨前的沉闷，但愿它不久就会猛烈爆发。向朋友们问好!

您的　阿道夫

您以后来信请写下面的地址：

韦尔维耶"阿莱玛奈"旅馆

德沙托先生。

然后在里面所附信件上写上施米茨先生（火车司机）亲启，并在左角标上字母 B。

手稿　　　　　　　　　　　　　　　　　第一次全文发表

莫斯科苏共中央马列主义研究院

中央党务档案馆，f. 20，op. 1，d. 56

约瑟夫·魏德迈（苏黎世的吕施利孔）给卡尔·马克思（伦敦）的信

1851 年 8 月 30 日

1851 年 8 月 30 日于苏黎世的吕施利孔

亲爱的马克思：

我的妻子①几天前来到这里，现在才有可能大致确定我们的行期。9 月 26 日以前不可能动身，那时我们大概将乘坐北美"德意志号"邮船。无论如何，在我即将动身之前，你还会接到我从勒阿弗尔写的短信。如果鲁普斯②给赖希黑尔姆写几句话，事先替我在《［纽约］国家报》谋求一个职位不是很好吗？无论如何我必须在纽约较长期地待下来，以便把《工人报》掌握在自己手中，无论如何我必须首先争取赢得对工人的影响，以便能够把工业骑士芬讷尔·冯·芬讷贝格赶走。一旦我为了生存不得不继续往内地走，以后再想回到纽约就不那么容易了，因为缺少资金。

我最近从德国南部得到的消息不太有利。警察局的追捕开始获得越来越大的成果，并导致一些组织解散。但是在法兰克

---

① 路易莎·魏德迈，父姓吕宁。
② 威廉·沃尔弗。

福一切还都是稳定的，同盟盟员也在尽力设法对外尽最大可能去保全组织。

我最近一次去符腾堡，把许多小资产阶级共和派分子开除出同盟。这总是胜利，特别是在符腾堡，这里在过去是根本不可能发生开除这种事情的。

即使目前这种普遍联系又会松弛下来，但同盟在下次革命中肯定会取得它的成果，最精干的分子就是在现在也不会被吓倒。

德朗克指定把写给他的信寄到泰·舒斯特那里，我认为这完全没有必要，因为途经德国是可以采取的办法中最不保险的，舒斯特的地址也不是非常可靠的。最好是由恩格斯的公司支付邮资。

《科隆日报》最近报道说，我们的施拉姆①在渡过海峡时同另一名流亡者一起淹死了。现在我知道事情的来龙去脉，请告诉我他在巴黎的地址，以便我在那里可以去找他。

我们的革命大人物的联盟现在必然会对工人们尽量说沙佩尔和维利希先生的好话，因此，在我的小册子②中也不能忽略了这一点，可惜这本小册子由于缺少一些数据（正在等待法兰克福提供）一直还没有能够发稿。

我的妻子和我衷心问候你和你的全家，并问候鲁普斯和弗

---

① 康拉德·施拉姆。

② 是否出版或以什么形式出版，不得而知；该文是针对阿·克里斯特的《论保护关税问题的现状》（1851年美因河畔法兰克福版）一书的。

莱里格拉特。

你的

约·魏德迈

我的地址还是苏黎世的老地址。9 月 15 日以前我大概不会离开那里。

又及。你没有告诉我关于卡普①的新情况，我也知道他这样做的原因，他是黑尔维希、蒲鲁东和赫尔岑的信徒，但主要是他完全相信他自己的政治经验。我知道如何回击他可能进行的诽谤。

<table>
<tr><td>手稿</td><td align="right">第一次全文发表</td></tr>
</table>

阿姆斯特丹国际社会史研究所
马克思恩格斯遗著 D VIII 147/D 4540

---

① 弗里德里希·卡普是路德维希·费尔巴哈的信徒，是维护帝国宪法运动的参加者，1850 年 3 月起作为律师住在纽约。

约瑟夫·魏德迈（勒阿弗尔）给卡尔·马克思（伦敦）的信

1851 年 9 月 28 日

亲爱的马克思：

从这封信所注明的日期你可以看出，我的决定是不可改变的。如果我是单身一个人没有携带家眷的话，那我就会毫无顾虑地设法在英国找到一条出路了，尽管那里的工程师显然是足够用的，而不是缺少；但这样做是不可能的。[……]

你大概已经知道（也许不知道）施拉姆仍在巴黎坐牢，人们弄清了他的真实姓名，事情是由于他轻率地随身携带着一份辩论记录而发生的。因此，他大概要被关押较长时间。[……]

注意。如果有可靠的机会，你们能同法兰克福建立直接联系，那就好了。那里的人还在积极活动，最好能给以鼓励。在符腾堡经过清洗之后一切又恢复了正常。

如果书信没有被拆的危险，是否可以从纽约给伦敦写信？

我的妻子①和我衷心问候你和你的一家，以及鲁普斯②、

---

① 路易莎·魏德迈，父姓吕宁。

② 威廉·沃尔弗。

弗莱里格拉特和恩格斯。

你的　约·魏德迈

手稿　　　　　　　　　　　　　　　　　　　　　　　　　节录
阿姆斯特丹国际社会史研究所　　　　　　　　　　　　　第一次发表
马克思恩格斯遗著 D VIII 148/D 4541

斐迪南·弗莱里格拉特（伦敦）给卡尔·马克思（伦敦）的信

1851 年 10 月 2 日

[……] 金克尔最近的活动和行踪我完全不知道，因为两周以来我根本没有看到德文报纸。因此对克莱因博士的被捕也同样感到惊奇。我估计，**这次**逮捕只能是由于诺特荣克的告密。克莱因在同盟中一直表现消极，甚至很少或者根本就不出席会议，因此他在狂热者（如奥托）那里名声不好。[……]

手稿   节录
阿姆斯特丹国际社会史研究所
马克思恩格斯遗著 D IV 41/D 1978

阿道夫·贝尔姆巴赫（科隆）给卡尔·马克思（伦敦）的信

1851 年 10 月 22 日

亲爱的朋友：

您的信我已按时收到①，如果不是由于新近出现的情况被迫中断了近来采取的联系方法，我早就给您回信了。

首先说说我们的朋友们的状况，他们在狱中情况没有什么变化。这些人在坐牢，就像真正的国家罪犯那样受到双重或三重的警戒，同他们的任何来往都受到限制，在有些地方，政府还随心所欲地把这种来往完全切断。要说有什么变化，那就是克莱因博士也被捕了，事情已从警察—宗教审判式阶段过渡到警察—宗教审判—行政式的阶段，我个人也被牵连进去，虽然没有被捕，但受到了控告。您看，普鲁士当局在这方面也要保持坚定不移的名声，它力图把案件划归严重的政治案件，从而使自己有机会在危机即将到来时，在有一定道理的幌子下，去消除那部分按其地位和个性来说都让它讨厌的人。它当然不会放过这个机会。侦查越是得不到原始材料和可靠依据，就越要搞得神秘莫测和至关重要。于是行政区长官先生现在亲自来抓这件事了，被关押者的一切个人联系都要通过此人来实现；有

---

① 这封没有保存下来的信大概是通过威廉·皮佩尔转交的。

时长达数星期之久完全禁止探视，不准阅读书籍，而报纸等等早已不在话下。事情还要拖多久，无法预料。警察局看来的确太高明了，它全力以赴地参加了进去。

至于说到您对曾向您提到的计划①的考虑，那么，这种考虑无论如何是有道理的，这对我来说也是完全清楚的。但是，一方面，只有当我确信这封通告信在那层意义上是无害的之后，我才会寄出去；另一方面，照我看来这样的信是非常需要的，它的好处几乎完全可以打消担心有害的任何顾虑，把这样一封信准备好，以便等到需要时，能立即派上用场，这至少是很有意义的，提到的各点在信中必须仔细地、精确地加以阐述。

即将来临的商业危机已经出现某种征兆，在这里也已经露出迹象，商业界渐渐出现令人不安的紧张情绪。在这里值得注意的情况还有：关于宗教的讨论日益提上了日程，一方面，虔敬主义极为明显地表现出来，另一方面，无神论得到进一步传播。一切政治生活当然几乎完全消失，但是立宪主义已最彻底地结束。自从克莱森博士、戚美尔曼律师、谢默尔、克莱因、霍施佩尔特（全都是市议员）由于侵犯虔敬和激发不满情绪而受到控告之后，他们开始对自己的立宪主义的未来失去了信心。

洛贝尔图斯、翁鲁之流的北德意志民主派开始谋反，已向我发出举行会晤的各种邀请，但我认为这种会晤不可能取得成

---

① 指他建议起草的告同盟书。

果。无论如何，下次革命的口号将是"德意志共和国"，至于它是否是统一的和不可分割的，这还是问题。因为在德国，大臣候选人仍然太多。

关于那本书①的出版，我没有新情况可以告诉您，出版当然是有可能的，但在这方面我还没有取得最后结果。人们害怕这个名字，他们太爱惜自己了。现在您自己也会有所体验，您路过此地的朋友②至少会告诉您这一点。我没有见到他本人。

哈根③的生意做得不错，关于他的其他情况一点也没有看到或听到；他似乎想成为资产者。其他情况一切都照旧。

您的 阿道夫

1851 年 10 月 22 日

我刚刚接到您的第二封信。④ 现在我可以明确告诉您，侦查终于结束了，文件已提交给地方法院的高等审判厅，在那里已暂时撤销对我的起诉，案件现在提交到上诉法院的检察院。这样就又有了在 1 月的法庭上进行判决的希望。对铁路职员施米茨的侦查同其他情况联系在一起——但起初这件事牵连到了

---

① 指卡尔·马克思的《哲学的贫困。答蒲鲁东先生的〈贫困的哲学〉》（1847 年巴黎—布鲁塞尔版）的德译本。

② 威廉·皮佩尔。

③ 兰伯特·哈根。

④ 没有保存下来。

我，使我极不愉快，这是我长时间沉默的部分原因。

阿·

下次仍使用这里的某个地址。

手稿　　　　　　　　　　　　　　　　　　　　第一次发表

莫斯科苏共中央马列主义研究院

中央党务档案馆，f. 1，op. 1，d. 5561

威廉·皮佩尔（美因河畔法兰克福）给卡尔·马克思（伦敦）的信

1851 年 10 月 24 日

1851 年 10 月 24 日星期五于美因河畔法兰克福

亲爱的查理：

不管怎么说，我没有在两星期前把平安到达法兰克福①的消息简单写信告诉你，这是我的过错，为这件事深感内疚使我今天肚子整整痛了一天。天晓得怎么会一天又一天地拖延下去，等我发现已过了两周时，我大吃一惊。我不想考虑你们对我的沉默所作的奇怪推测，我也没有试图替自己辩解。总之，我在这里。

[……] 在列日我买了《科隆日报》，我高兴地看到上面刊登了你的声明。据我所知，在奥格斯堡《总汇报》上既没

---

① 1851 年 10—11 月，威廉·皮佩尔随同伦敦的银行家路特希尔德（当时皮佩尔任他家的家庭教师）旅行来到美因河畔法兰克福。他利用这一机会完成了许多有利于共产主义者同盟的任务。在科隆与阿马利亚·丹尼尔斯、贝尔姆巴赫进行了接触。在格丁根同米凯尔就改组共产主义者同盟的可能性作了交谈，并同他一起在卡塞尔继续展开同盟的活动，还去过美因茨和达姆施塔特。在回程途中，皮佩尔又在科隆逗留，从阿马利亚·丹尼尔斯或贝尔姆巴赫那里得知了关于科隆共产党人案件的最新情况。12 月初，他把此次旅行的成果向马克思作了汇报。

有发表你的声明，也没有发表一篇反驳文章。这个巨人，更确切些说是矮子，看来被击败了。我们很晚才到达科隆，11点以后我才得以离开。敲门声把我们朋友的妻子①从床上叫起来，我同她进行了长时间的谈话，尽管我们两个人都有点睡意蒙眬。我发现她具有对我们的事业极为难得的忠诚，对你特别热情的关注和清醒的判断力。她埋怨许多人粗心大意、温情、愚蠢。化学家②不仅失去了他的职位，也失去了他的头脑，据说他同他的妻子（一个可怜的爱哭的饶舌妇），演出了激动人心的一幕。雅科比大师③的被捕完全可以由他给一个甚至两个④女友的有泄密和天真自白等内容的书信来解释。这种空洞无物的心迹剖白看来仅仅在我们之中，尤其是在德国较年轻的人们之中起着独特的作用，他们在理论方面进取的立场必须靠实践中的这种小事来得到安慰。丹尼尔斯夫人对此极为不满，**她**说，例如，她在这场灾难之前对整个事情一无所知。她的丈夫在案件中的遭遇比预期的要好些，他的处境还能过得去，他可以保留书籍和纸张，并且每周同他的妻子见一次面。她赞扬了人们从工人中筹集必要生活费的努力；她只希望能够用得稍稍节约一点，这些人酗酒太厉害了。同时她认为，《新莱茵报》的先生们必然会受到小小的打击。她对贝尔姆巴赫没有多大好感，相反，对书商 X 却印象不错，她把他作为所有书

---

① 阿马利亚·丹尼尔斯，父姓弥勒。
② 卡尔·奥托。
③ 阿伯拉罕·雅科比。
④ 明登的芬妮·迈耶尔和索菲亚·迈耶尔。

商中最可靠、最积极的一个介绍给我，如她所说，你特别应当感谢他的崇高的热情。例如，他把在春天或者某个时候寄给你的那笔钱立即以他的工资作为担保。这只是附带说一说。此外，她好像是为了不让我带着这样坏的印象离开，又**着重**补充说，总的说来，我们，特别是在红色战士①和亨利希②所处情况下，可以指望看到整个事情取得满意的结果。他们大家将**完全协调一致**地进行活动，他们决定，如果他们不能通过**法律**途径脱逃，那就把案件变成一个著名的事件，同时他们将大胆地宣布他们的原则。[……]

说到舒斯特，这个人现在正是民主派的领导人，通过他我悄悄地进入了他们的团体。不难看出，我在这里是处在敌人阵营的心脏。民主派小市民和小市民的儿子（这些民主主义者中有一名叫法布里齐乌斯的人不久前到过伦敦，看来他在谢特奈尔那里非常满意）同讨厌的犹太无赖一起在这里建立了一个所谓的市民联合会，晚上人们在联合会喝艾波尔酒，闲聊天。这个联合会的基础正是"为流亡者募集捐款"。由此你可以想象，一切有关我们伦敦的朋友们的报道、说明、揭露，说得客气些是根本没起作用，实际上只是激起人们来反对我，因为我想让他们摆脱这种幻想。当然，我对此毫不介意；只要我没有被赶走，我就照样到那里去，以便让这些家伙感到厌烦。德国民主派仍为"流亡者"募捐，只有这点还能表明他们是

---

① 海尔曼·贝克尔。
② 毕尔格尔斯。

民主派。因此，请你采取点反对他们的行动。搜出的共产主义通告信真正激起了这些家伙们的狂怒。尽管如此，我还是一再谈论这个文件。我把《宣言》拿来让大家讨论，等等，而当艾波尔酒成为附属品，讨论成为主题时，人们立即变得严肃起来——玩笑突然停止，一张张阴沉沉的脸看着你——或者一个接一个地悻悻离去。在这种情况下，我没有把很多的夜晚消磨在这些人中间，在那里我颇有兴趣地结识了一些法国人，这是一些风趣的、可以与之交往的人。

最近我想同米凯尔见一次面。

我再补充一点，关于汉堡的豪普特的遭遇完全是真实的。人们**没有发现**丹尼尔斯的其他问题，审讯官亲自向他宣读了汉堡当局的公诉书，其中明确写着：根据某个豪普特的供词。这件事令人很不愉快，因为人们会对伦敦人进行严厉指责，说他们可能对这个"家伙"估计不足。[……]

图普曼

手稿   节录

莫斯科苏共中央马列主义研究院   第一次用原文发表

中央党务档案馆，f. 20，d. 58

威廉·皮佩尔（美因河畔法兰克福）给卡尔·马克思（伦敦）的信

1851 年 11 月 6 日或 7 日

亲爱的威廉斯：

我已经收到你的 10 月 28 日的来信，它的内容使我理所当然地感到高兴。[……]

这些天我正在旅行，同米凯尔作了一次会晤。毫无疑问，他是我们党在德国所拥有的最优秀最能干的党员。一般说来，他对 K. en① 和同盟是非常不满意的，他的抱怨完全证实了我在信中向你说的，即这些人纪律松弛，多愁善感，懒散拖沓，而且天真无邪。他断言，当前的事情毫无办法。他们接受了一批人，不是因为这些人有能力，有用处，而是为了把他们塞进来，先把他们拉住，因此**本来**应当由完全可靠的、坚定不移的人建立的组织被削弱成了宣传性的协会，这个协会还由于组织涣散，作风随便，成为一个完全不能适用于我们的目标的工具。目前的状况要求另外一种政策。工人们对民主派确实相当坚决地采取了敬而远之的态度，一般说来，他们具有最好的素质，而如果人们没有及时地利用这一点，那就一切都会令人担心。在目前情况下，当工人协会（有幸的是，所有正式协会

---

① 这里的缩写 K. en 可能是"科隆人"或"共产党人"。

已经不起作用）被镇压，而相反却日益热衷于搞政治阴谋的时候，必须采取一种教育这个阶级的新方法（暂时停下来，以使我本人和其他人都轻松一下）。我们在小资产阶级手工业者身上花费了很大的力气，但看到的却是他们一有机会就背叛我们的旗帜，并成为民主派的后卫，这不是非常可笑吗？为了把他们造就成共产主义者，我们必须忍受不快，千百次地伴随着他们一步步地通过人道主义、世界主义、社会主义的各个阶梯。路是多么漫长！因此，我们要不断进行宣传。该死的福音书！广大工业无产者和农业无产者分散在全国，分散在一千零一个德国席尔达①，因而绝对需要有一个哪怕小小的阶级，一个反对蠢货和庸人的反对派核心，以便能够进行战斗，否则人们就会高兴地狠狠教训一下所有这些鞋匠、木匠、锁匠和其他"工人"了！为了达到这一目的（说这话的是我的朋友），宣传在各地都必须成为纯粹地方的事情，人们必须逐步地按部门地对工人做工作，使他们参加秘密集会，促使他们作报告和参加讨论，同时提出一些明确的题目，让他们轮流充当批判者，使他们对这种积极性有强烈的荣誉感。半年来，米凯尔在格丁根采取了这种做法，因而取得了许多成果，在不得已的情况下也仅仅是一个地方受到损失。这种联系仅借助于那些创立和奠定这种地方团体的那些人，而其他人对此毫无所知。在这些人之中也必须分出等级。掌握这种联系的人是同由现有的少数人

---

① 席尔达是一个城市的名称。该城居民席尔达人是 16 世纪末流传在德国民间的同名故事《Schildbürger》里所描写的人物，他们是庸人的无知和愚蠢的象征。

擅自重新建立的中央委员会有通讯关系的那些人。而当前的组织仅仅还包括科隆、科布伦茨以及他所掌握的地方。其次，他想在最近几天把他最好的朋友（他同此人已经完全说定）派往科隆，并要他同贝尔姆巴赫（他认为贝尔姆巴赫是最能干的人）一起进一步澄清问题。你和恩格斯一定不要同这件事发生任何关系，因为，第一，从德国本地来指挥这件事是必要的；第二，人们是会始终遵循你的意见的；第三，那里有一些非常有用的人，他们只是出于对你本人的偏见才采取保留态度（其中有雷姆佩尔，他把整个威斯特伐利亚捏在自己手中，口袋里装满了钱）；第四，实际存在的密谋也必然会使你一时感到厌烦；第五，也是最后一点，在革命中的确会一切都要你负责。对这一建议我暂时不作说明，我只补充一点，米凯尔本人对你肯定是坚信不移的，关于你本人我已向他作了一切必要的说明，事情的关键在于，他是一个性格刚毅的、完全能够掌握当前局势的天才，所以人们更愿意他是一个有点独立性的人。咱们两个人之间的事情也还没有完全弄清楚。因此，下次我还回到这个题目上来。我的朋友在汉诺威地区开展了大量的活动，在最困难的情况下，他表现得非常机智。他很担心，由于某些人喜欢把每片废纸保存下来留作纪念的无聊癖好（这也是科隆人的错误，一种在当时是不负责任的疏忽大意），有朝一日还会被捕。此外，他没有把施泰翰吸收进来，而是仅仅把他拉住，有一段时间，通过他顺利地分发了救济金。现在事情令人心烦，我将立即对他提出警告。如果这只狗在另外一些人的密探会议①上提到米凯尔的名字，对米凯尔来说就会产生不幸的后果。

我们的通告信的发表促使民主派永远主动地摆脱了我们的影响，最糟糕的是摆脱了我们的利用。米凯尔有好几次都对此深信不疑，特别是他不久前碰到的杜朗向他证实了这一点。尽管米凯尔在许多民主派报刊上发表的一些文章极其巧妙地试图缓和，并掩盖事态的发展，但没有奏效。这些畜生从中学到的东西太多了，对这件事一点也不会忘记，现在他们明白了自己的处境，他们的幻想被打破了，他们变得非常令人讨厌和无法接近。无论在哪里，只要我碰到这些无赖我都这样说明。此外，你的暗示我也不会忘记，我还要使他们的英雄们狠狠地丢一下丑。

[……] 我曾同米凯尔一起在卡塞尔逗留，在那里我们把我们的两个老熟人召集在一起，做了应该做的事情，并带着美好的印象和决定离去。我准备下次探访在黑森享有盛名的人物马尔堡的拜尔霍弗，要看看这位先生打算对我们采取什么态度。我也曾在美因茨逗留，但没有见到朋友格茨。由于他家属的请求，两个月后他得到赦免，并被送往巴黎以便成为体面的商人。他的兄弟和母亲对我不信任，我好不容易弄到他的地址。可惜现在我又把它丢了，但希望还能在某个被忽略的马甲口袋中找到它。下星期天我想去哈瑙，看看在那里能做些什

---

① 指当时由维利希和沙佩尔控制的伦敦工人教育协会的会议，在这种会议上也有密探参加。

么。例如，我在旅行中曾把一个汉诺威工人拉进来，他向我提供了他的地址。[……]

手稿   节录
莫斯科苏共中央马列主义研究院   第一次用原文发表
中央党务档案馆，f. 20，op. 1，d. 59

威廉·皮佩尔（美因河畔法兰克福）给卡尔·马克思（伦敦）的信

1851 年 11 月 17 日

亲爱的查理：

6 日或 7 日我给你写过一封相当长但有些混乱的信，希望你已经收到。[……]

如果鲁普斯①（他作为通讯员的认真态度我不否认）没有读过《总邮报》，那么我想说明，在 11 月 15 日的那一期上有一篇巴黎通讯②，文章对最近的共产党人密谋作了有趣的说明。这篇东西大概在《祖国报》上也刊登了，关于载勒尔也许已经向你作了报道。其中有一封被截获的信，显然是由沙佩尔署名的，但是，是由维利希构思的：他们这些在 1848 年以前已经加入同盟的人为脱离了马克思集团（这是一个什么样的集团？）而感到庆幸；这些人的确具有文学天才，但不具备组织才能……这些大家熟知的词句。然后，阿道夫·迈尔，我们的救星，被介绍成极有能力的、"狡猾的"谋反者，并把他说成是全权代表……人们应当亲自读读这篇东西；今天晚上我将寻一下开心，以此来戏弄一下我的民主派朋友。此外，在

---

① 威廉·沃尔弗。

② 《巴黎 1851 年 11 月 12 日电》，载于 1851 年 1 月 15 日《法兰克福总邮报》第 273 号。

《德意志警察总汇报》上还刊登了对共产主义者特使的宝贵的控诉书，说他们是在伦敦受过训和得到锤炼的弑君者，非常狡猾，像一把三面有刃的匕首——总之，笑死人。我的熟人看来非常精通共产主义。此外，许多讨厌的事情我们都应当归功于这些打着双重招牌的畜生。他们不仅毁了生意，而且使它遭受**极大的危险**。科隆人**必须**很好地坚持住，并理所当然地把自己的名声从侈谈共产主义的害人虫们那里挽救出来。[……]

我还没有从科隆得到回答，不幸的是，我只有丹尼尔斯的地址，人们似乎把全部信件都截获了。但是，我的那些信还安然无恙。但愿我们两周内能返回，那时我将亲自打开装着那些书籍和其他消息的包裹。[……]

最近我在信中向你谈到的关于我的朋友①的计划和看法，需要更详细地加以说明。但这件事要推迟到我回去以后再做。

昨天，为了我们的朋友李卜克内西的事情我到了达姆施塔特，但什么事也没有办成。我要找的人没有在家，他只有早上9点钟以前才接待来访者。因此，我决定，以书面形式着手进行此事，以便能取得一定的结果。请把这件事告诉我们的朋友李卜克内西。本周他将从我这里得到更详细的情况。[……]

最后，我衷心地问候你的夫人和孩子以及尊敬的朋友们。

你的　图普曼

---

① 约翰奈斯·米凯尔。

又及。在《杜塞尔多夫日报》上我看到，对丹尼尔斯及其同志的侦查活动已经结束，并提交给高等审判厅判决。据透露，高等审判厅已把犯人移交给下一届陪审法庭。祝顺利！

施米茨又获释了，在他那里人们什么也没有发现。

1851 年 11 月 17 日于法兰克福

手稿	节录
莫斯科苏共中央马列主义研究院	第一次发表
中央党务档案馆，f. 1，op. 5，d. 428	

威廉·皮佩尔（布鲁塞尔）给卡尔·马克思（伦敦）的信

1851 年 11 月 28 日

1851 年 11 月 27 日①星期五

亲爱的朋友：

我们较为匆忙地离开法兰克福，现在我正在布鲁塞尔。由于我们还不知道，是否在这里待几天，我把关于我的以下消息告诉您。［……］

一旦我回到英国，不管是在布赖顿还是圣伦纳兹，我将立即拜访您，以便向您汇报，我没有能够实现的一切，以及在我们可爱的国家里没有机会看到的一切。［……］

我一点也不希望像丹东想做的那样，把祖国带在鞋底上，而是相反，我感到离乡背井非常愉快。我肯定地对您说，那里正刮北风，会使人冻僵。

这"实在可怕"，我们的朋友②忍受着极大的痛苦。一个月以来，一本书也不允许他们看，连小说也不行，可怜的丹尼尔斯夫人一星期只能见她丈夫一次，以便说 2 分钟的话（法律

---

① 皮佩尔误把日期写成 27 日。
② 科隆共产党人案件中的被告。

规定 10 分钟），而且有两个宪兵在场，一直盯着她，只有先在院子里在小偷和军士们的嘲笑声中等候 2 小时之后，宪兵们才放她进去。为了作记录并加以整理，需要三天时间，它的内容是如此广泛，人们难以指望在 1 月 6 日（应当开庭审判的日子）之前，检察官和其他审判员能够读完这些材料。

因此，人们将会让这些被告等到 5 月，他们一点也不会放松对事件的注意，以便事先用尽一切卑鄙手段向被告进行报复。采取这种无耻态度的命令是专门从柏林下达的。整个报界保持沉默——对于这种一千零一次地违反法典的做法只字不谈。

逮捕到处都在继续，但是您会看到，这种无耻行径所引起的愤怒将会由于贫困的增长，食品，特别是粮食的涨价，天时不正而更加强烈。等等，等等［……］

说到李卜克内西，我真够倒霉的。为了同他的表兄弟面谈，我两次来到达姆施塔特，却没有找到他。［……］

手稿　　　　　　　　　　　　　　　　　　　　　　　　　节录
莫斯科苏共中央马列主义研究院　　　　　　　　　　　第一次发表
中央党务档案馆，f. 1，op. 1，d. 512

约瑟夫·魏德迈（威廉斯堡）给卡尔·马克思（伦敦）的信和《革命》编辑计划

1851 年 12 月 10 日和 13 日

1851 年 12 月 10 日于威廉斯堡

亲爱的马克思：

昨天我的计划再次完全落空。赖希［黑尔姆］告诉我，2月左右他的兄弟将到这里来，然后他们打算共同在内地购置房产。因此，出版和周刊的事又暂时告吹。但是，为了弥补损失我还要再次作出一切努力，因为事实上不可能出现对我们事业更为有利的时机。［……］

尽管前景暂时是这样不乐观，但你们为第 1 期提供文章还是绝对必要的；既然我还能够出版周刊，我就必须立即着手工作。如果你们不能提供别的援助，在最坏的情况下，请你们在书桌上为周刊写文章。但是，如果我们党能在这里创办一份独立的机关刊物，从另一方面说，将会产生巨大的意义。还有另外一条道路可以尝试。即使这一事业所需要的钱现在还没有募集起来，第 1 期也是要出版的。因为只有第 1 期出版后，人们看到了它同当地德文报刊上的所有其他作品有极大的不同，那时款项也许可以收集起来。

因此请尽快把文章寄来，特别是弗莱里格拉特的诗，他的诗是最吸引人的。过了 1 月份我就不能再等了，到那时我必须为自己找一个测量员可做的工作，无论如何这将会使我离开纽约。[……]

我必须立即把信送往邮局，以便赶上今天的航班。

1851 年 12 月 13 日

实际上我到邮局去得太晚了，不得不把信推迟到今天才寄出。[……]

现在我终于为周刊召集了股份委员会，我希望现在事情能逐步就绪，以便在我及时收到你们的稿件的情况下，第 1 期能在 1 月份出版。你们的文章对我来说是多么重要，你从下面我为股东起草的计划中就可以看出：

"署名人准备以《革命》为标题出版一种新周刊。

虽然当地的德文报刊大部分掌握在流亡者手中，但恰恰缺少完全代表这个最坚决的革命政党的刊物，在德国，由在科隆的卡尔·马克思的编辑部出版的《新莱茵报》就是被大家公认的这个党的主要机关报。我们对本刊并不抱有这样的奢望，只不过是想对现状发表一些或多或少激进的看法，想在同一条道路上或多或少地作些推进。但直到今天只有这个党和与其相敌对的那个党懂得根据其实际意义来评价一切发展的物质的、国民经济的基础。因此，这个党具有较大的决心，因为人们只有从正确的前提出发才能得出最后的结论。

新周刊的任务是：尽量清晰地描绘一幅在旧大陆日益尖锐的以消灭一切阶级差别为目的的阶级斗争的图景，使它的读者能够不断了解在不同民族和人民阶层的工商业关系中的各种变化，以及在他们的相互政治态度中的各种变化，这种变化正在孕育着革命的爆发。

只要对本地报刊看上一眼就会确信，它是不可能完成署名人在这里所提出的任务的。因此，关于这个新计划的必要性无须再多说一个字。该刊物的可靠性将由撰稿人，前《新莱茵报》编辑部马克思、恩格斯、弗莱里格拉特等人的名字作为担保，这比由署名人这个不为人所知的名字（何况他也是受到上述各位的全权委托）来担保更为有效。

> 约·魏·
> 被警察查禁的美因河畔法兰克福
> 《新德意志报》的编辑之一"

我争取到了原来支持海因岑的小报①的一些人，他们所以支持它是因为该报曾是这里出版的最激进的报纸。现在卡普也拒绝刊登反对金克尔的东西，因此使人感到迫切需要一个新的机关报。看来，我必须在下星期亲自去一趟费城。根据你的委托，我将给华盛顿的阿·克路斯写信，他的地址利埃夫尔已经告诉我。我应当征求股东和订户。[……]

手稿   节录
阿姆斯特丹国际社会史研究所   第一次发表
马克思恩格斯遗著 D VIII 103/D 4542

---

① 《纽约德意志报》。

约瑟夫·魏德迈（威廉斯堡）给卡尔·马克思（伦敦）的信

1852 年 1 月 5 日

1852 年 1 月 5 日于威廉斯堡

亲爱的马克思：

今天我接到你通过"大西洋号"邮船寄来的信①，带来伦敦到 22 日为止的消息。下一次航班 31 日才从利物浦出发；很遗憾，你们的文章没有早一天寄出，现在我只能把它们收入第 3 期。② 但是，在没有资金和暂时也没有得到任何援助的情况下，我抱着侥幸心理不顾一切地开始干了起来。我原以为，不会拖过 1 月初的。同魏特林的小报③没有达成任何协议，但这也没什么关系。相反，这里有一家激进的地方小报《金星报》，［……］它濒于倒闭，但仍然还有将近 400 订户。我同印刷人（他同时也是发行人）商定，我接受这 400 订户，由他承印《革命》而不必另外再付给他什么补偿。400 订户总是一个可观的基数，许多工人积极支持这件事，以致我可以指望，开头这几期就可以抵补开支。这样就需要有 700 个顾主，

---

① 1851 年 12 月 19 日。

② 《革命》（纽约）。

③ 《共和国报》（纽约）。

超过这个数字就可以带来一些利润。我希望得到你一篇可连载的著作，这样无论如何手头总能有一点储备。其他稿件我也非常欢迎。设立一个维尔特文艺专栏显然对周刊的推销将会有很大好处。到目前为止，恩格斯还没有什么东西寄来。第1期明天出版，第2期星期六①出版。每期我将给恩格斯寄去50份，但是，大概等到第3期才适合作试刊号，因为前两期几乎完全由我一个人执笔。[……]

从现在起通讯地址为：纽约市议会街7号《革命》营业所。

又及。你从我的上封信中已经知道，我给克路斯写了信。我将得到他的积极支持。这里的《体操报》为我提供了篇幅，由于这家报纸在整个美国销路很广，因此值得去好好干一下，我马上就从论无产阶级专政的文章开始写起。你能否把《北极星》捆扎邮寄给我？你可以送给编辑部一册作为交换。

手稿　　　　　　　　　　　　　　　　　　　　　　节录
莫斯科苏共中央马列主义研究院　　　　　　　　　第一次发表
中央党务档案馆，f. 1，op. 5，d. 447

---

① 1852年1月11日。

约瑟夫·魏德迈（威廉斯堡）给卡尔·马克思（伦敦）的信

1852 年 2 月 6 日

亲爱的马克思：

　　如果不是等着克路斯的到达，我早就给你写信了。他已来这里几天了，我们一起考虑过，下一步该怎么办，因为《革命》出版两期之后暂时又得停下来。不过这也没什么了不起；那两期不是没有作用的，我满怀信心地希望，杂志不久又会在有利的条件下出版。为填补这个间歇，我将把你的文章①印成小册子并加个简短的前言，在前言中我将考虑到路德维希·西蒙先生，因为他在《纽约每日论坛报》上对你们（你和恩格斯）发难。[……]

　　真是活见鬼，这里的工人都深深地资产阶级化了。为了掌握各协会，把同盟的组织也迁到这里来，是完全必要的。因此，请你把所有必要的文件尽快寄给我们，可惜我一份也没有随身带来。[……]

手稿　　　　　　　　　　　　　　　　　　　　　　　　节录

---

　　① 《路易·波拿巴的雾月十八日》。

受阿道夫·贝尔姆巴赫（科隆）之托写给卡尔·马克思（伦敦）的信①

1852年2月29日

朋友：

您在那里要么处在严密的控制之下，要么在您较为密切的熟人当中有个叛徒②。您或者您那里的朋友每采取一个步骤都受到监视，并被详细地报告给柏林的警察局。例如，最近有人报告说，在5日（如果我没弄错的话）举行的会议上，由沃尔弗③宣读了科隆的丹尼尔斯医生的妻子④的一封信，信中谈到她丈夫的身体状况和科隆政治犯的处境，会上决定对这封信作出答复。紧接着就有个命令下达到科隆警察局，要它在丹尼尔斯夫人家仔细搜查，特别是查找那些莫须有的回信。他们没收了您夫人、弗莱里格拉特夫人⑤和一个皮佩尔先生（附带说一下，有人在所有的普鲁士警察机构告密说，他是您的同党）

---

① 这封信可能是由贝尔姆巴赫的一位亲密的朋友写的。马克思也把这信看成是出自贝尔姆巴赫，见马克思1852年10月28日给恩格斯的信（《马克思恩格斯全集》德文版第28卷170页，参看《马克思恩格斯全集》中文第1版第28卷第170页）。

② 威廉·希尔施。

③ 威廉·沃尔弗。

④ 阿马利亚·丹尼尔斯，父姓弥勒。

⑤ 伊达·弗莱里格拉特，父姓梅洛斯。

的一些信件以及类似的无关紧要的文件，而这一切仅仅是为了查出目前的联系的证据。

在这个报告中还提到，您和您的朋友们打算改组同盟并已在德国采取了必要步骤，近期内还要采取某些步骤。其他的事情就不那么重要了。我把上述情形（它是否确实您自能判断）通报给您，请您不要忽视了您正在坐牢的政治朋友们的处境，为了延长对他们的监禁，当局正在寻找一切借口。

您的朋友　阿·

1852 年 2 月 29 日

手稿　　　　　　　　　　　　　　　　　　　　第一次发表

莫斯科苏共中央马列主义研究院

中央党务档案馆，f. 1. op. 1，d. 570

约瑟夫·魏德迈（威廉斯堡）给卡尔·马克思（伦敦）的信

1852 年 4 月 9 日

1852 年 4 月 9 日于威廉斯堡

亲爱的马克思：

一笔意外的援助突然间解决了印刷小册子①面临的困难。寄走最后一封信后，我碰到我们法兰克福的一个工人，是个裁缝，也是去年夏天来这里的。他当即把全部节余 40 美元提供我支配。和克路斯的钱加在一起，这些钱足够支付必要的印刷费用，所欠零头我们借用信贷。同时，你的文章②的结尾部分也到了，今天我就要把工作最后结束。埃卡留斯的文章这一次是否能收进去，要看你的文章还留下多少空间，小册子不应超出 8 个印张的分量，否则就太贵了。［……］我已从多方面收到鼓励的信件。不过，我的测量员的职位——我还在等待着有关这件事的最后的明确答复——自然又得放弃了，因为这项工作把我拖到远远的地方，还会占用我大量时间，使我不可能同时再办一份周刊。［……］

---

① 《革命。不定期杂志》。
② 卡尔·马克思：《路易·波拿巴的雾月十八日》。

不久前我得到美因茨的小席克耳的消息，但是还未能给他回信，因为那时一切情况都那么捉摸不定。他向你们问候。［……］

维［利希］的声明①我还没有看到；因为我不清楚《革命》什么时候再次出版，普芬德的声明应该连同第一个声明现在就刊登出来。前几天我和前维利希军团的一些人——他们跟后来入伙的那些莽汉大不相同——谈过话，这些人全都对维利希大为恼火，维利希在他们中间早已失去一切威信。对于沙佩尔，他们也同样没有什么好感，你要我提防的那个列曼被他们称作耶稣会教徒。［……］

手稿   第一次发表

---

① 指的是奥斯瓦尔德·狄茨的一篇声明。

阿道夫·贝尔姆巴赫（科隆）给卡尔·马克思（伦敦）的信

1852 年 5 月 3 日

1852 年 5 月 3 日

亲爱的朋友：

您最后的一封信同样收到无误，其中谈到的情况我已告知我们的朋友。我过去就曾听说过 K. 先生的荒唐计划，但从未料到，他们竟把事情搞到如此荒谬的地步，从现在起我开始相信，他们什么愚蠢的勾当都干得出来。不久前丹尼尔斯夫人①再次被搜家，搜查的目的是务必搜出您的什么信件。看来普鲁士警察准备充当每头蠢驴手中的玩具。被捕者的案件看来正趋于结案，侦查已结束，材料两个多月来又回到上诉法院的国家检察官先生手里；看来上诉法院未能及时为检察院拟订出一份意见书。究竟会搞出个什么名堂来，人们正拭目以待。据广为流传的消息说，案件将在 6 月份交陪审法庭的特别法庭来审理。

四八年的成果现在逐渐显现出来。对于个人钱财的粗暴侵犯把爱好安静的秩序之友初时的粗野叫喊平息下来以后，在那些冥顽不化的头脑中开始渗入一点点觉悟。经济的特别不景气

---

① 阿马利亚·丹尼尔斯，父姓弥勒。

和手头拮据是说服善良的庸人们的最好手段，不满情绪甚至在较高的阶层也明显在增长。外部的推动，再一次歉收或贸易危机都会点起一场大火。［……］

我有个庞大的打算，想在今年冬天作一系列关于"贸易史和贸易法史"的报告，如果不能公开举行，就在小范围内。这个题目可以把凡属用抽象的形式难以使人们听得津津有味的东西联系起来。但是，这里确实缺少几乎所有用得上的材料。您是否能给我指出一本也比较详细地讲到工业的发展的像样的贸易史。如果您的书能出版，我同样很欢迎。难道您就一点希望都没有吗？如果连学术著作的出版也因对作者的仇视而搁浅，那真太可笑了。

您论述最近的法国事件的小册子①一出版，就请寄来一批，首先寄100—250本左右，根据这批书的体积来定，包装不要过大，以便看一看是否畅行无阻。请把包裹连同一张简单的运货单寄往韦尔维耶（比利时）的四国饭店德沙托先生收，在包裹下部画个框框，简单地署上 S. C. * 10 即可。运货单等等当然都要用法文填写。东西寄出后，用通常的方式通知我，这样包裹中就不附有任何可以表明寄件人的文字材料。当然，价格请在下封信中注明。进款我将转给您并根据销路发出补订数。

您不能顺便寄给我一份魏德迈编辑的报纸②吗？您知道

---

① 卡尔·马克思：《路易·波拿巴的雾月十八日》。
② 《革命》（纽约）。

《雷诺新闻》吧？据说该报在伦敦出版，专门代表工人的利益。

英国各工人协会的现状究竟如何？国内报纸登载的全是些不正经的东西。请快点来信，代向所有熟人致衷心问候。

手稿 节录

---

① 马克思在给阿道夫·克路斯的信中（写于1852年5月10日左右）引用或介绍了这封信的片断（《马克思恩格斯全集》德文版第28卷第523页，参看《马克思恩格斯全集》中文第1版第28卷第525页）。

约瑟夫·魏德迈（布鲁克林）给卡尔·马克思（伦敦）的信

1852 年 5 月 18 日

［……］对于扩大我们的同盟来说，这里的土壤还很不适宜，因此，我把工作限于从"社会改革协会"中抽出些干练的成员组建一个特殊的协会，该协会将以"无产者同盟"命名，如果可能的话，要把它扩展成一个广泛的组织。以后可以从这个无产者同盟中发展同盟成员。［……］

手稿   摘要

莫斯科苏共中央马列主义研究院

中央党务档案馆，f. 1，op. 5，d. 498

斐迪南·拉萨尔（杜塞尔多夫）给卡尔·马克思（伦敦）的信

1852 年 6 月 24 日

[……] 至于说到无产阶级，那么，看来这里在广大的范围内正发生一场运动，黑格尔在世的话会称它是"自我反省"。工人阶级显然正利用现时的政治平静在很大的程度和规模上尽力回到自己的世界中来，尽力意识自己内在的概念，从而巩固自己。在当前的政治形势下，工人远远不像资产阶级那样感到压抑和沮丧，因为工人无论如何懂得，他们对最近的一段时间不能有所指望，另一方面他们又本能地知道，专制制度的延长本身包含着资产阶级直接的阶级统治的相应缩短。工人们就这样利用这段间歇期，以便在内部使本阶级的概念尽可能有血有肉地渗透到每个成员中，在外部使这个概念尽可能一清二楚地展示出来并从理论上阐明它的结论。

我无须向你说明，这个运动是多么喜人。它将产生这样的结果：工人阶级为下次革命准备好力量，这批人将比 1848 年临时凑起来建立工人政党的那些涣散分子远为坚强，远为有觉悟。如果我没错的话，那么，正是在这表面上死一样的沉寂中，将诞生一个真正的德国工人政党。

从一切迹象来看，科隆的被捕者这一次也不能出席陪审法庭受审！起诉书还没有向他们提出，他们还没有找到辩护人，如果这一切在一周之内办不到，那么，或许从被告方面来说都不肯要求在陪审法庭本届开庭期审理，因为鉴于案件如此繁琐，甚至连辩护工作都无法充分准备。不可否认，科隆的党几乎无所事事！这是自然的。工人本身在这件事上无法采取直接行动，为此他们需要带头人。而他们所拥有的带头人都是些唯唯诺诺的小资产者，缺乏远见、实干作风和牺牲精神。

今天就此住笔，盼速回信。

你的　斐·拉萨尔

1852 年 6 月 24 日于杜塞尔多夫

又及。刚刚得到的消息说，陪审法庭在 7 月 26 日开庭，科隆人还有希望在开庭期结束前出庭受审。

手稿　　　　　　　　　　　　　　　　　　　　　　节录

阿道夫·贝尔姆巴赫（科隆）给卡尔·马克思（伦敦）的信

1852年7月9日

亲爱的朋友：

请原谅我没有及早给您回音，除了某些因素的干扰外，主要是我身体不适使我未能动笔。您的信都已收到无误，对于您有益的启示在此谨表谢意。近来各地都在各种各样的人那里寻找您的信，据说莱茵省民主派就是通过这些人收到您的信的。您看，他们在您身上多么下功夫，从中您也可看出，他们多么小心从事。我能够告诉您的最令人高兴的消息是，您的科隆朋友们终于要出席陪审法庭受审了。起诉书，一本大部头著作，已经提出来，此案定于本月28日公开审理①，常规的准备工作正在加紧进行。就我对此案所能作出的判断来看，案件从法律方面来说非常有利，但是人们知道，在陪审员那里道德观是占上风的，从这方面来说，不能否认对某些被告存在着危险。主要的被告——勒泽尔、毕尔格尔斯、诺特荣克和赖夫承认得太多了。他们承认有一个抱定某种宗旨并已经存在一些时候的团体，他们说了接受新成员有一定手续和义务以及诸如此类的事情。所有这一切本身还构不成罪行，但在一定情况下却能对

---

① 不久又决定再度推迟三个月。

多半是从农民中选出来的陪审员发生不良影响，特别是当对上帝和地产表现出相当不尊重的时候。

辩护也会遇到很大困难。律师先生们对这类案件一窍不通，其中大多数是被告的原则上的敌人，想到为此案规定的十天开庭期便害怕。法庭里全是些龌龊勾当和警察统治。不应忘记，目前在伦敦的斐·弗莱里格拉特，将受陪审法庭缺席审判。这样他很快就要作为被缺席判处死刑的德国诗人而在英国漂泊，这当然不会有损于他的声誉。尽管目前德国从表面上看群众抱着冷漠的态度，但是您很难想象，大量的干柴正暗地里堆积起来。19 世纪的新经验开始脱去它那骇人的外衣，逐渐为人们所接受。但是，需要有物质匮乏这一因素加进来，否则德国人还会长期忍受粗暴的压力；普鲁士的对俄政策到头来会使这一压力变得异常粗暴。

我刚刚读了不下 65 至 70 页（写字纸大小）的起诉书。如果被告还要坐牢，那么这完全要怪他们自己的供词。当然找不到比这些德国工人更蠢的蠢驴了。赖夫的供词带有直接告密的性质，其他人的表现也是笨拙的。看，和工人们一道在一个应该或必须加以保密的团体活动，是一件多么危险的事。把这些人折磨得这样久，是不奇怪的；单独拘禁越久，供词就越详尽。根本没有任何事实根据；如果不是被告们自己亲口说出审讯机关希望听到的绝大部分供词，那么，他们要拼凑出哪怕是一纸证明材料，也不知要到何年何月。

您要的地址是：韦尔维耶四国饭店德沙托先生，内署 S*10。

向朋友们问候！

您的朋友　阿道夫

1852 年 7 月 9 日

顺便说一下，起诉书包含一切细节，由此可以看出，通过截获的信件和间谍活动，他们已经把某些关系和人物弄得相当清楚了。

手稿　　　　　　　　　　　　　　　　　　　　第一次全文发表①
莫斯科苏共中央马列主义研究院
中央党务档案馆，f. 1，op. 1，d. 619

---

① 　马克思 1852 年 7 月 20 日写给恩格斯和克路斯的信中摘引了这封信（《马克思恩格斯全集》德文版第 28 卷第 92—93 页和第 536—537 页，参看《马克思恩格斯全集》中文第 1 版第 28 卷第 88—89 页和第 538 页）。

阿道夫·贝尔姆巴赫（科隆）给卡尔·马克思（伦敦）的信

不早于 1852 年 7 月 22 日①

逮捕贝克尔时，搜去了您的几封信：1851 年 2 月 8 日、2 月 21 日和 4 月 9 日的信。起诉书指出最后那封信中的以下几处，作为特别加重罪行的证据："附上金克尔派的一篇可笑的拙劣文章。这里 F. d. B. 筹集了十五先令。还差十先令，这笔款子已经有人认捐，但是钱还没有拿到。我将按照你的建议行事。请让我负担一英镑吧。应该付五先令的那个会员的生活状况更加恶化，这笔钱拿不到了。"起诉书认为 F. d. B. 三个字母是"为同盟"［《Für den Bund》］，而贝克尔把这解释为他和您之间关于为您购买廉价书并寄往伦敦一事而商定的缩写符号。这几行构成了起诉书的重点，因为除此以外对贝克尔差不多提不出任何罪证，即使提出罪证，那也仅仅是故意捏造的。然后，起诉书从 1851 年讲起，断言共产主义者同盟是由巴黎的德国人的团体组成的，这种团体经过多次变动，用各种名称——"德国人同盟""正义者同盟"——出面，并以被控告的这一团体的形式一直继续存在到现在。资料看来是从汉诺威

---

① 这封信的原件并未保存下来，留下来的只是马克思在 1852 年 7 月 30 日致恩格斯和克路斯的信中所摘录的部分。从信的内容推算，写作的日期大致在 1852 年 22 日至 25 日之间。

政府的说明中抄来的。对于1850年在伦敦发生的分裂，起诉书并没有予以重视。因为它认为这仅仅是个人的纠纷，所有的参加者都追求同一个罪恶目的，有着同一个倾向，在紧要关头就会携手并进。除去以前曾经刊登在报上的那两个呼吁书以外，起诉书还拉扯上了第三个呼吁书（1850年6月或者7月发表，似乎在莱比锡被截走的）。——唯一有意义的供词是证人豪普特的供词和证人前尉官亨策的供词，前者详细地把全部情况都讲了，后者供出某些涉及贝克尔的东西。星期六①银行家施泰因的出纳员埃尔哈德也因这一案件被捕。大概他是由于给诺特荣克写的介绍信和在诺特荣克那里发现的几封信而轻易地受害了，因为从这里可以断定他们之间是有联系的……然而，挑选了这样一些可爱的陪审员，从当局的观点来看，想象不出更好的了。

（《马克思恩格斯全集》德文版第28卷
第542—543页，参看《马克思恩格斯
全集》中文第1版第28卷第544页）

---

① 1852年6月17日。

斐迪南·弗莱里格拉特（伦敦）给
卡尔·马克思（伦敦）的信

1852 年 7 月 25 日

7 月 25 日于哈克尼区萨顿街 3 号

亲爱的马克思：

经过上次搜家之后埃尔哈德肯定**被捕**了。① 昨天我在《科隆日报》上亲自读到有关消息。鲁普斯②一定把事情记得不很清楚了。

我还从《国民报》上看到，一年来在美因茨坐牢的**卡斯滕斯**（列斯纳）不久前被移到科隆。卡斯滕斯就是被沙佩尔拐骗走恋人的那个人。[……]

手稿   节录
莫斯科苏共中央马列主义研究院
中央党务档案馆，f. 1，op. 5，d. 531

---

① 在 1852 年 7 月 17 日。
② 威廉·沃尔弗。

约瑟夫·魏德迈（布鲁克林）给卡尔·马克思（伦敦）的信

1852 年 8 月 13 日

1852 年 8 月 13 日于布鲁克林

亲爱的马克思：

[……] 几天前又有一个同盟盟员从瑞士到达这里，名字叫卡·弗·鲍威尔，我们虽然没有得到关于他要到来的通知，但是他拿着李卜克内西的一封信，又是你亲笔写的地址，这些就是足够的保证了。我劝说他留在这里，因为谁要是去西部，我就认为这个人对我们不复存在了。在未找到较合适的工作之前，他想学做小钱包。现在支部有六名成员了。我们的无产者协会虽然还弱小，但是起步良好。几次激烈的辩论导致几个**激进派**旧领袖宣布退出，这样一来就促使我们和社会改革协会分道扬镳，并建立一个自己的**协会**与它分庭抗礼。

克路斯在华盛顿组织一个体操协会，只要领导机构不是在 9 月份迁移到西部的原始森林中去，并落入正在那里蔓延生长的某一派人（金克尔分子、戈克分子、科苏特分子）手里，它就可能对整个"体操联合会"产生一些影响。那样的话，《体操报》也就再见了！施拉姆在费城还没有什么建树，至少他还没有向我谈到这一点，不过，他认为，已在那里找到些可

用的人。如果你们还存有《共产党宣言》，请让下一个过来的人送来几本。我们就靠唯一的一本对付着。[……]

手稿   节录
莫斯科苏共中央马列主义研究院   第一次发表
中央党务档案馆，f. 1，op. 5，d. 535

阿道夫·贝尔姆巴赫（科隆）给卡尔·马克思（伦敦）的信

1852 年 9 月 26 日

亲爱的朋友：

直到此时此刻我还没有收到那些书①，因此无法告诉您是否有可能出新版的问题。如果您已把书寄出，那就请您通知我一下，以便我去寻找这些书的下落，无论如何，我希望得知书已寄出，以便把它们立即分发出去。

根据最新决定，审判在下月 4 日开始，我们真是特别盼望这个案件最终能有个完，因为从我得到的各方面的消息来看，被捕者在精神上和肉体上都遭受了极大的伤害。祸不单行，丹尼尔斯最小的孩子病危，治愈无望。您可以想象，这对于坐牢的丹尼尔斯及其妻子②会产生怎样的影响。

哈根律师开始时被委托为毕尔格尔斯和雅科比辩护，他也接受了这一委托，而现在他细细地一想，这样做对他经济上是不利的而且事关他的声誉，所以又拒绝了。

您告诉我的发生在马格德堡的事，在这里并没有为其他人所知，看来没有引起轰动，否则的话，他们一定会以此作为求

---

① 大概指由约瑟夫·魏德迈在纽约出版的、登载有马克思的《路易·波拿巴的雾月十八日》的那一期《革命》杂志。

② 阿马利亚·丹尼尔斯，父姓弥勒。

之不得的理由再度拖延审判。柏林的警察厅长舒尔茨（上一次主要是因为他而推迟开庭）在这个期间果真死了，他一死侦查的原动力也就消失了。

最后关进去的埃尔哈德几天前被高等审判厅宣布无罪释放，但是由于检察机关提出上诉，他还在押。不过，他仍然有可能被检察院开释。——刚刚听说，我的这个期望落空了。埃尔哈德同样被移交到法庭，这样一来，被告的数字达到 12 个。

在下届陪审法庭上，德斯特尔也要因叛国罪而被审判，当然是缺席审判。

据我所知，对个别被告又提出新的指控，所以，不管怎样，即使是被宣告无罪也不会把他们放出来，这一点特别是针对贝克尔和雅科比，给雅科比加的新罪名是侮辱陛下，据说这是在他 1848 年写给友人的一封信中查到的。看吧，为了寻找把柄，他们现在煞费心机地翻老账。

在起诉书中下述场合有您出现：1. 谈到 1850 年在伦敦中央机关的成员中爆发争吵时。2. 您被指出是《共产党宣言》的作者，1848 年春天共产主义者同盟的核心成员。您作为《新莱茵报》的编辑在这方面的活动。3. 沙佩尔在信中提到您，说把您开除出同盟。4. 亨策被说成是您的一位老朋友。5. 说您把存在同盟的事情告诉给豪普特并于 1850 年 9 月在伦敦接纳他入盟，还把德国的形势介绍给他并委派他去科隆。6. 在对贝克尔的起诉中包括的五封信：（1）由于维利希的信件。（2）同上。（3）关于 2 月 24 日伦敦宴会的信，其中有一处是这样的：当维利希和沙佩尔及其拥护者被开除出同盟的时候，他们便同维迪尔、巴泰勒米……联合起来。① （4）附上金克尔派的一篇可笑的拙劣文章。这里为同盟筹集了15先令。还差10先令，等等。（5）1851年5月2日的信，谈及维利希、沙佩尔、海因岑等人。

毕尔格尔斯希望知道，您是否有充分的证据来说明您在某个地方提出的断言，即人类的十分之九没有财产。

他想在自我辩护中利用这个论据，盼望您指出证据来。如果您能在最近几天把情况告诉我，是很有必要的。

您的 阿道夫

1852年9月26日

手稿 第一次发表
莫斯科苏共中央马列主义研究院
中央党务档案馆，f. 20, d. 60

---

① 《马克思恩格斯全集》中文第2版第48卷第218页。

卡尔·施奈德第二（科隆）给卡尔·马克思（伦敦）的信

1852 年 11 月 1 日

卡·马克思先生阁下：

不是害怕与您进一步通信，确实是没有时间，使我至今未能回答您的来信。此外，冯·洪特海姆答应我说，一收到寄往他那里的信件及附件马上告知。我现在有您 10 月 25 日的信三封。其次，我还收到您 10 月 28 日的来信及附件、29 日的来信（又是署名威·李卜克内西）和 30 日的来信及您的礼节上的声明。此外还有德朗克的信。① 我写给您的第一封信（关于这封信，您收到过一个简短的提要），并没有被没收，而是由于我的中间人胆怯没有从这里发出，科特斯的命运把他吓住了。您大概从报纸上看到，我已经掌握有李卜克内西和林格斯的笔迹，是通过林格斯青年时期的朋友、已接受过讯问的证人施米茨以及曾和李卜克内西一起在吉森上过大学的比恩包姆的协助得到的，我把林格斯的几封极其稳妥的信件呈交给法庭。这两个证人的证词使每个无偏见的人都不再怀疑，**威·李卜克内西**和林格斯直到现在仍然作为流亡者滞留在伦敦，是伪造记录的人让他们在记录里露面。此外，在文件中还有不容怀疑的

---

① 这里提到的所有给施奈德的信件至今都没有找到。

李卜克内西带着名字"威·"的笔迹，可以用来比较他的笔迹。我对于自己在林格斯问题上的发现秘而不宣，对李卜克内西给比恩包姆的信亦如此。可惜的是，我不得不通过秘书们去查找有李卜克内西名字的文件，以便在我要求比较笔迹之前，先亲自看一看笔迹。在我去秘书办公室之后，紧接着有一位同事去那里，他也要人把文件拿给他看，并看到文件上的署名与据称是李卜克内西书写的记录上的字体有出入（顺便说说，他对于林格斯和李卜克内西的信件一无所知），他过早地说出了这一点，有人把这件事在第二天早晨开庭前报告给施梯伯先生。一开庭我设法让施梯伯进一步说明记录的署名人，就所谓他在酒店里的讲话首先向他提出质问，并声明，林格斯和乌尔默是虚构的人物。然而，出于警察的本能，施梯伯不上钩，为了保持镇定，他反复唠叨什么他是怎样得到记录本的，并发明了 H. 李卜克内西这个遁词。对于我本来的问题，他避而不答，经我反复追问，他诡称不认识林格斯和乌尔默以图解脱，并推测说，这是盟内代号。这样一来，施梯伯就已丢尽了丑，在我通过施米茨和比恩包姆［……］① 把林格斯和李卜克内西两人的信件转交上去并暗示了我的目的之后，没等核对笔迹真正开始，恐怕再没有一个陪审员对记录本是伪造的持怀疑态度了。如果看一下记录本，确实感到难办，证明它是假的，有一百条、一千条理由，应作何种挑选呢，从《科隆日报》的摘录您只能看到其中极其微小的部分。您就希尔施的事写给贝尔

---

① 有一个字无法辨认。

姆巴赫的信，马上把我们引向伪造者本人。

据称，施梯伯又去过伦敦。

给贝尔姆巴赫的最后一封信，引起层层波澜。如果贝尔姆巴赫没记错的话，他在给您的上一封信里写过，您应再次用科特斯的地址写信。或者说这封信被人拆开了，或者这里还有个了解科特斯底细的人把他的地址泄露了（如很多猜测所表明），总而言之，警方知道这个地址，而且如您所读到的那样，警方事先把这封信抄录下来，就是说，知道了信的无害的内容，然后派一名陌生的警探拿着这封信去科特斯那里。科特斯立即把信带给贝尔姆巴赫，但是，盯梢的警探没有跟住科特斯。因为在信上有个字母 B.，而从记录本的内容看毕尔格尔斯被您视为告密者，所以，这里的警察狡诈地想到，B 是贝克尔，他能通过监狱铁窗通信。科特斯早 9 时左右收到信，晚10 时，当警方认为信已到了贝克尔手里的时候，就搜查了他。我们这些人已渐渐地熟悉些警察逻辑，所以，当我得知贝克尔被搜查的消息时，这里面的前因后果我马上清楚了，还在贝尔姆巴赫被捕前我把这件事告诉了我的同事，我们觉得很有趣。24 小时后，科特斯终于想念起妻子和孩子们，供出了贝尔姆巴赫是收信人。不言而喻，这项战果也是可以预见到的，因此，在贝尔姆巴赫那里，不可能搜搜家就找到些什么，如果说在他家里真的有过什么可以用来查明一件罪行或过失的东西的话。贝尔姆巴赫一度被释放，后来又被关进去，大概是因为施梯伯还期望搞出进一步的揭露材料。

在案件中出场的鉴定人是头地地道道的蠢驴，我相信，亲自看过笔迹的陪审员大概都立即看出它是伪造的。可以作为依据的，除您所列举的、我们怀着感谢的心情接受了的理由外，还有很明显的情节。

《科隆日报》已报道了所提出的问题，这样一来，鉴于对密谋的概念已正确地下了定义，致使严肃的陪审员们不再可能赞成密谋的罪名，辩护的法律方面的主要工作实际上已告完结。

我至今没有答复您，除了时间紧以外，还因为我确信，从这里的邮件发出的时间看，您从《科隆日报》上得到消息要早于通过信件，尽管消息不完整，提供的审判过程支离破碎，特别是许多有利因素被略去不提，但是由于您熟知案情，仍然可以自动地作出解释。

忠实于您的律师　施奈德第二

1852 年 11 月 1 日于科隆

刚才我又收到您 10 月 27 日的来信及全部附件 [……]①，林格斯和李卜克内西以及酒店老板声明的副本，等等。

手稿　　　　　　　　　　　　　　　　　　　第一次发表
莫斯科苏共中央马列主义研究院
中央党务档案馆，f. 20，op. 1，d. 64

---

　① 信纸污损。

· 310 ·

阿道夫·克路斯（华盛顿）给卡尔·马克思（伦敦）的信

1853 年 1 月 6 日

1853 年 1 月 6 日于华盛顿

美国海军广场

亲爱的马克思：

刚刚收到你的来信以及附来的手稿，注明的日期是 12 月 7 日，此外还收到一封 12 月 14 日写的信和两份《人民报》。[……] 新近出现的令人毛骨悚然的海上风暴，把全部交通都搅乱了。五个星期来，杳无音信，这样一来就使我对你产生种种猜测，而这就说明了我在最近写的信中对你表现出冷漠的原因。[……] 但是 [……]，目前我想要关心的想要干的，就是应付如何对付救济这件事，弗莱里格拉特是一个非常出色的司库，但在目前我们还不要抱任何幻想，如果我们想专心致志地干点什么事，那么，使我们感到高兴的时候还是会有的。我想要选择的途径之一，就是把你的呼吁书加上一个简短的前言，以传单的形式发表，并让《体操报》以附刊的形式发表，这样，也许就能节省费用，并把这件事也在《体操报》上公布出来，据说我本人给体操运动者留下了非常好的印象。

现在，就来谈谈《揭露》。① 我还没有时间过问一下这件事，但我清醒地看到，究竟应当怎么办。只要我的经济状况许可，那我就马上冒一番风险，自费把它出版。如果不可能以小册子形式出版，那么，我也许就要找第二条出路，阿尔诺德竟认为，可以在费城创办一家今后可以完全由我们掌握的周刊，到那时，我可能让一个在美国没有流传的小册子在周刊上以再版的形式刊登出来，而且这样一来，如果阿尔诺德（就像我们所担心的）不善于在他的周刊上掌握正确的分寸，到那时，我们也不会负道义上的责任。顺便提一下，阿尔诺德愿意把周刊的全部领导权交给魏德迈和我。如果此事办得成，我准备把**美国**的事承担起来，而魏德迈只要能维持生计，就愿意接受旧世界。到那时，给阿尔诺德先生剩下的无害消遣就不过是：同这里的一帮无赖编辑——帕尔乌斯、克莱因、海因岑之流——去厮打。［……］

魏特林先生现在终于听到的魏德迈的"无产者同盟"，很早就销声匿迹了。它企图把这里的"联合会"的大人物的精华荟萃一堂，这是一种倒霉的尝试，但因为**这帮汉子们的精英**早已一文不值，所以，它势必失败。［……］

科隆案件。在这里，许多人认为令人可疑的是，拉萨尔竟没有坐在被告席上，而关于他（或对他）的一篇通讯却落到了国家检察官的手里。同样，令人惊奇的是，你信任拉萨尔，有人却掌握了极其确凿可靠的证据，证明他是一个可疑的人

---

① 指卡尔·马克思的《揭露科隆共产党人案件》。

物。此外，如果有人提出要求，维斯就愿意提供这种证据。当然，我说，实际情况也是这样，我只是从哈茨费尔特案件中认识拉萨尔的，我根本不知道，他是否同你有什么联系，我决不愿意以这样的方式介入，正如其他人认为同德国保持或务必保持联系是好事那样。我对贝克尔的愚蠢演说感到很恼火；但是，我非常喜欢毕尔格尔斯的演说，《刑法报》转述了它的主要部分，但我在《科隆日报》上也看过它。[……]

今天就此搁笔，再见！

你的　阿道夫·克路斯

手稿　　　　　　　　　　　　　　　　　　　　　　　　节录

莫斯科苏共中央马列主义研究院　　　　　　　　　第一次发表

中央党务档案馆，f. 1，op. 5，d. 604

阿道夫·克路斯（华盛顿）给卡尔·马克思（伦敦）的信

1853 年 1 月 20 日

1853 年 1 月 20 日于华盛顿

亲爱的马克思：

上星期魏德迈本想寄去一份同盟关于救济事务进展情况的报告，也许他已寄去了。

我不妨简单地重复一下。收到来信后，我马上把呼吁书的副本寄给体操运动者主席团了，以便促使体操协会以委员会的名义出面支持救济这件事。这件事得到了普遍的反响，不过开始时，鉴于像比德曼一类人的那种意图，即认为通过这种方式将会得到更多的钱，因而倡议就带有庸俗性质。更有甚者，他们愿意全力去募捐，但不愿发表你的呼吁书。我一听到这种情况，就亲自过问这件事，在这期间，我曾在这里的体操协会的一次全体会议上，请求授予我以全权，以协会的名义，公开出面过问。我们的决议摘要已送给《体操报》，我撰写了一篇前言，我觉得该前言是非常实事求是的，并把它连同你的呼吁书一并寄给纽约、费城、巴尔的摩、辛辛那提、圣路易斯和新奥尔良等地的 16 家主要报纸了。最近我从纽约得到某些似是而非的消息（如上所述）以后，我简直生气了，我马上给头脑比较清醒的魏德迈发了一个电报，紧接着在我的文件寄往报纸以后就得到了答复，说体操运动者已同意我们的一切要求。我回答说，我对他们初步采取的似是而非的行动不敢苟同，我从现在起就期望他们赞同我已采取的步骤和将要采取的步骤。因此，我希望这会变成现实，我想，我们应当办成一点事情。让下班轮船给**旧金山体操协会**捎去一项请求［……］。

华盛顿将举办一场节日球赛，我希望到时候能弄到50—100美元，这样，就先有了一点收入，因此在我的前言中就难免带点俗气地作了暗示。我将不遗余力地为我们弄到一笔可观的钱，然后可以好好地干一场。［……］

施瑙费嘱我衷心问候弗莱里格拉特，其次，他还在信中告诉我，他想让我请李卜克内西这个老朋友在有空时为他写一篇通讯，他会感激不尽的。

我在这里顺便提一下，如果李卜克内西愿意接受施瑙［费］的请求，那他就会帮我们的忙，他会让我把报道转交给施瑙费的。施瑙费提醒大家既要注意签名者中间那些不太知名的名字，也要注意那些"正直的人"，简直太好了。

小册子的事①可能也有问题；我已打听过费用，《新莱茵报。［政治经济评论］》的印刷费用和开本，大约每1000份40美元。如果我们同意，《费城民主主义者报》准备把它当做小品文发表，并准备给我们留下版面；但是，我不应当这样干。务必对小册子加以某种抑制，以便使救济这件事得以顺利进

---

① 这里指的是马克思的《揭露科隆共产党人案件》。

行，不致受到干扰，关心要由救济事务本身来维持。这种事务片刻也没有中断过，这是肯定无疑的。我非常喜欢那个小册子，它唯一的不足之处可能是：你竟利用希尔施等人的口供去**反对维利希**，而你一开始就谴责他是一个肆无忌惮的骗子。庸人们会说，这类口供只不过是一种新的警察诡计，共产党人从党的激情出发是不愿意承认的。小册子是在那样的情况下写成的，我对它的幽默感确实十分钦佩。［……］

席克耳已主动寄给我 7 美元或 9 美元（在这里有一张 2 美元钞票值得怀疑），是救济科隆人的。他向你问候，并愿意继续捐款。［……］

手稿　　　　　　　　　　　　　　　　　　　　　　　　节录
莫斯科苏共中央马列主义研究院　　　　　　　　　　　第一次发表
中央党务档案馆，f. 1，op. 5，d. 610

斐迪南·弗莱里格拉特（伦敦）给
卡尔·马克思（伦敦）的信

1853 年 2 月 1 日

1853 年 2 月 1 日于哈克尼区赛顿广场 3 号

亲爱的马克思，恭贺新禧！

科隆的前尉官施特芬①今天来到我这儿，他也希望找你谈谈，在他的要求下，我已把你的地址告诉他了。施特芬一度曾是同盟盟员，后来退出了同盟（"真是幸福……！"②），可是，如果我没有记错的话，他出席陪审法庭作证时表现得**非常正直**。尽管如此，还是要多加小心为好。[……]

关于案件的小册子③还没有出版吧？

手稿　　　　　　　　　　　　　　　　　　　　　　　　节录
莫斯科苏共中央马列主义研究院
中央党务档案馆，f. 1，op. 5，d. 602

---

① 在原件中是：施特芬斯。
② "真是幸福……！"引自贺雷西《抒情诗集》第二首第一节。
③ 卡尔·马克思的《揭露科隆共产党人案件》。

雅科布·沙贝利茨（巴塞尔）给
卡尔·马克思（伦敦）的信

1853 年 3 月 7 日

1853 年 3 月 7 日晨 9 时于巴塞尔

亲爱的马克思：

我刚才获悉，为数两千册的一批《揭露》在国境那边一个村子里搁了一个半月，昨天在试图继续运送时被扣。现在会发生什么事，我不知道。首先巴登政府要呈报联邦委员会，然后大概会把我逮捕，或者至少会对我起诉，等等。无论如何将大大出丑。这就是我所能简单告诉您的一切。以后的消息，如果我本人没有可能写信，您会通过第三者收到。如果写信给我，请在信封上写：

"巴塞尔时装商店布伦纳–盖尼亚尔小姐"，

而在里面的给我的封口的信封上写"转雅克"就行了。

关于政变的手稿①，我藏在可靠的地方。再见。但愿很快能有比我现在所知道的更多的消息。请给我一个可靠的地址。

---

① 卡尔·马克思：《路易·波拿巴的雾月十八日》。

您的地址和班贝格尔的地址，大概别人早就知道了。

您的 **雅克**

手稿

莫斯科苏共中央马列主义研究院

中央党务档案馆，f. 1，op. 5，d. 623

(《马克思恩格斯全集》德文版第 28 卷

第 221 页，参看《马克思恩格斯全集》

中文第 1 版第 28 卷第 224—225 页)

阿道夫·贝尔姆巴赫（科隆）给卡尔·马克思（伦敦）的信

1853年5月31日至大约6月21日之间

　　两次汇款都及时地收到了，我们由衷地感激您以及所有曾为此操劳的人们。没有什么东西能比这笔钱更受人欢迎和更为适时了，因为使少数固定的行善者负担过重，一次又一次向他们的钱袋提出要求，让人担心储金告罄。债务本来就够多了，而要发行新的强制公债，时机又很不合适。我们希望，新的财源将不会很快枯竭。可是，每次在这里出现的使用卡，您得允许我们根据需要加以改变。

　　从关于被捕者的最近消息中，可以推断出他们的健康状况和精神状态是令人满意的。［……］

　　其他一切消息，您务必自己去打听。向大家问好。

你的朋友　阿·

手稿　　　　　　　　　　　　　　　　　　　　　　　　节录
莫斯科苏共中央马列主义研究院　　　　　　　　　第一次发表
中央党务档案馆，f. 1，op. 5，d. 707

阿伯拉罕·雅科比（曼彻斯特）给
卡尔·马克思（伦敦）的信

1853 年 8 月 23 日

1853 年 8 月 23 日于曼彻斯特

我准备下星期作一次纽约之行。此刻，我已写信到利物浦去了，设法使我免费横渡。显然，我靠身边寥寥无几的钱，在曼彻斯特是一事无成的，我相信一个我当时还不认识的资产者的话，他答应我，在我身无分文以前，可望在格拉斯哥给我找到出路，我对此表示感谢，因此，我将设法到那边去。您也许能帮我一点忙，您不妨请求克路斯或别的人，根据具体情况帮我的忙。如果您愿意写一封信或类似东西让我随身带走，我将对您表示由衷感谢。如果我能留在某个较大的城市里，那我将非常高兴，要不然，我只有决定去当乡邮员。

皮佩尔对我谈到这样一种可能性：在我移居美国时，他准备陪同我前往。请您把我的决心转告他，向他致以由衷的问候。

并请代我向交往不深的其他人致意。也许我同他们是后会有期的。

祝您和您的家人安康。

永远忠实于您的

阿·雅科比

您给我写信时请用恩格斯的通讯地址。

手稿   第一次发表

莫斯科苏共中央马列主义研究院

中央党务档案馆，f. 1，op. 5，d. 683

约瑟夫·魏德迈（纽约）给卡尔·马克思（伦敦）的信

1853 年 9 月 2—6 日

[……] 我受费城之托，转告你那里已建立了一个同盟支部，我并没有得知更详细的情况，此外，我也不认为这是一件很重要的事情，在这方面，克路斯同我的看法完全一致。在这里存在人们必须寻求的新的力量，而旧的力量只有在最初几年偶尔可以用一用。埃尔伯费尔德的克莱因① （他同某个名叫埃尔曼的人一道通知我），此人肯定认识你，我并不认识他。同第三者的无聊透顶的个人摩擦，其结果使他们都退出工人协会；我首先要等待在那里逗留两天的克路斯的信，以便了解那里的情况。近日来，为我们党争取到了一家庸俗小报（《坦率报》），我曾从这里寄去关于工人运动的若干篇通讯，今天早晨，我收到一份电报，不让我再寄通讯了。[……]

在工人们中间，看来又完全恢复了平静。工人同盟纯属纸面上的东西。中央委员会正忙于讨论一个宪法②，而到目前为止什么东西也没有制定出来。为了能参加讨论会，我千方百计钻进委员会，并在通过修正案时尽可能把过于温情的草案加以

---

① 指索林根的卡尔·威廉·克莱茵。
② 这里指的是讨论美国工人同盟的新章程和纲领草案。

修改，以期最后拿出来的成品不至于太糟糕。现在，我已被提名为执行委员会的候选人，如果通过个别人的努力能对那些相当麻木不仁的群众起作用，那我将在那里尽力而为。也许，油漆工的罢工也会在这里产生一种新的推动力。[……]

好久以前，我寄给恩格斯两张期票，是给科隆人的，一张期票约为 20 镑，另一张则为 2 镑。第一张是夹在恩格斯要我提供的一份科隆防御工事草图中寄出的。尽管我特地索取收条，但至今还没有得到回复。你至少写封短信问一问克路斯，钱是否已经收到了，这对你来说，是很容易做到的，如果没有收到，我将采取必要的步骤。

你的 约·魏德迈

1853 年 9 月 6 日。星期六，信退回来了，因为它应当付加倍的邮资——再一次把它发出去就太迟了。我把附件删掉了一些，但愿这次能寄到。工人们还举行了一次集会，但还没有作出决定性的决议，还需要各个行业①的代表在一起共同解决这个问题。但是，建立政党组织遭到强烈的反对，会议的书记给那些建议建立政党组织的人取了犹大这样一个绰号。13 日又举行了一次会议。我准备结识装订工人多尔，他无疑是至今露过面的所有人中间的佼佼者。这里也谈到了建立一个机构的事，但因这种机构的建立取决于工人，所以，我对此并不寄予

① 手工业部门。

厚望。还没有收到费城和华盛顿的来信。

你的 约·魏·

手稿   节录

莫斯科苏共中央马列主义研究院   第一次发表

中央党务档案馆，f. 1，op. 5，d. 687

罗兰特·丹尼尔斯（科隆）给卡尔·马克思（伦敦）的信

1855 年 1 月 16 日

亲爱的马克思：

请我的朋友施特芬给你捎去这寥寥数行，并向你转致我的问候。当你的夫人被恩准在这儿逗留时①，我失之交臂，没有见到她，深感遗憾。要不然，我就会更热烈地向她推荐你的书。书已包装好，它们势必遭到损坏。据悉，你的夫人当时正怀孕，你马上又要享受到做父亲的乐趣了。如果我没有弄错的话，现在已经到日子了。②我同我的妻子③都向你表示由衷的祝贺。

难道英国中等阶级（资产阶级）还没有很快对东方战争的无稽之谈感到厌恶吗？据报载，英国"人民"对战争是非常"热情的"。英国人民有一半是奴仆，而英国的每个奴仆都知道自己的"**处境**"。因此，不论是出版自由还是集会权利在任何时候都不会使这样的人民有所长进。饥饿能否做到这一点，我也表示怀疑，最好的办法是，赶快缔结一项和约。就是

---

① 燕妮·马克思于 1854 年 7 月初至 8 月底回特里尔探望她的母亲，途中曾在科隆逗留。

② 1855 年 1 月 16 日，爱琳娜·马克思诞生。

③ 阿马利亚·丹尼尔斯，父姓弥勒。

对法国内部状况来说，这种办法也是最明智不过的。你瞧，我的眼光简直同布莱特①一样短浅。可能，布吕格曼②的**社论**已使我对此事深感**扫兴**。当我给你草此数行的时候，在我身边放着一大罐利胸茶。这种茶就是专治黏膜炎的，使我烦恼的并不是黏膜炎，而是害了一年多的风湿病，我只有忍受疼痛才能保持直立姿势。③ 这种情况不会使人感到愉快的，这一点你是可以想象到的。我在急切地期待着夏日的来临。

我和我的妻子衷心问候你。

你的　丹尼尔斯

1855 年 1 月 16 日于科隆

手稿 　　　　　　　　　　　　　　　　　　　　第一次发表

莫斯科苏共中央马列主义研究院

中央党务档案馆，f. 1，op. 5，d. 756

---

① 约翰·布莱特由于他对英国参加克里木战争采取反对的立场，而成了不受欢迎的人，因而于 1854 年退出了公开活动。

② 《科隆日报》的主编。

③ 丹尼尔斯在这里给马克思写的是最后一封信，他竭力低估他在科隆共产党人案件的预审羁押期间所患疾病的严重性；他于 1855 年 8 月 29 日去世。

约翰奈斯·米凯尔（格丁根）给卡尔·马克思（伦敦）的信

1856年4月6日

亲爱的朋友：

经您介绍最近有个人来看我①，这才使我终于得到了一个可用的地址。因此，我赶快来弥补我长期所犯的罪过。说实话，我最不善于写信，但是我可以向您证实，我给您写过三四封信，都因为没有合适的地址而搁在那里，直到过时。

使我高兴的是，尽管这个年轻的德国人讲的情况不多，但我从中得知现在您的身体、精神，看来还有经济状况都还可以。当霍乱猖獗，后来又辗转得知您可爱的儿子②去世时，我时常为您和您的家庭忧虑和担心。许多人和我一样，都是这样！您生活在远离祖国的地方，人们由于恐惧和迟疑而［没有］向您表示爱戴和尊敬，您不可能知道，许多德国工人和"学者"即使不是对您衷心地爱戴，也是怀着美好的、"充满敬意的"感情想到您的。您的敌人越是丢丑，形形色色的中间派越是遭到失败，我们的党的地位，从而它的天然领袖，您

---

① 拜访者是古斯达夫·莱维。
② 埃德加·马克思。

的地位就越加提高。现在成功的机会显然稍有增加，爆发的可能性一天比一天大，正是在人们必须开始逐步做好准备的现在，我和我的朋友越来越感到有必要同您进行联系和保持一致。从我这方面来说，我当然不认为革命已经非常临近（群众对艰苦积极地进行工作仍然缺乏兴趣，小资产阶级和农民阶级——我确信，在法国没有他们工人将一事无成——还非常兴旺，最后，一直集中在发展上的注意力还必须经过一段时间致力于内部状况，才能发现的确不能长期这样下去），但是，这一切不会妨碍我们认识到，人们必须逐渐相互取得谅解。我们党包括公开斗争在内的政策显然是很简单的。参与当前政治的人必须是最"先进的人"，其余的每个人要为宣传思想而埋头工作，并澄清头脑中的矛盾。总的说来，根据斗争的需要也会制定出一般性的政策。照我看来，**独立地**同小资产阶级结成联盟，直到分裂的时刻，就是一个一般性的原则。人们当然不能现在就确定，随着时间的推移，这种共同的立场将采取什么形式和表现，但是，对于一开始就十分重要的几点，今天就必须并且能够取得一致意见。因此，我请求您告诉我您对这方面的建议和意见。像我们这样一个在德国力量还很薄弱的党，目前的处境是不利的、艰难的，这就要求严格遵守明智的策略。我们所仅有的不多的成功机会只能是一种明确的、坚定的政策的结果，在这种情况下，一些小小的失误给我们带来的危害，一定会比［任何］外部敌人带来的危害更大。我认为，我们**暂时必须同民主派一起把废除今天的国家组织和对整个德国的国家机构进行政治改革，即建立一个大的单一制的民族**国家

（中央共和国）作为我们唯一的目标。我还认为，实现和完成这一任务可能是历来一个民族所遇到的最艰巨的任务之一，由此可以得出结论，需要**所有**政党共同努力来完成这项任务，因此，我们在较长的时间内必须避免一切使我们的同盟者产生疑虑的做法。如果工人想在反对旧世界的斗争中立即提出他们自己的计划，那么小资产阶级、农民、激进资产阶级统统都会发生动摇。他们将会解散联盟，第二次投入反动派的怀抱。因此，照我的理解，在斗争的日子里（将会有许多这样的日子），必须不惜一切代价阻止工人采取反对资产阶级的措施，我们必须在一段时间内，**直到新的**政治组织**开始**在旧的废墟上巩固下来，还要容忍（即使不是促进）一个民族政治革命的骗局。只有**到那时**，才能发动群众，提出彻底的要求，在占有优势的国内各个地方实行恐怖，紧握武器，充分利用我们的人所占据的阵地，等等，只有**到那时**，我们才能把小资产阶级集中起来，并在上帝和俄国人的帮助下强迫他们为自己挖掘坟墓。我恰恰是在今天提出这些问题，是因为那个对其他问题也不太清楚的很不成熟的年轻人向我肯定说，您认为莱茵地区的工人**从一开始**就必须实行共产主义的恐怖，如果这是您的意见，如果您不怕因而会把没有无产者的整个伟大祖国吓得停止不前的话，那您就要抱有一种截然相反的观点了。人们习惯于把您看作权威，因此，我迫切地要求您为我澄清这些问题。

今天我的问题就到此为止（我还有许多问题），因为如果我冒昧地一下子向您提出许多问题，您会一个问题也不回答。

因此，我们再随便聊聊。已经过了四个月，今天我才又听到迈尔的消息。他住在什末林（M. 亚历山德林奈博士街 1032 号），他感到奇怪，为什么没有听到关于他的亲爱的朋友们的任何消息。如果这是由于他没有"听到和看到"我（我给他写过三封信，他都没有回信）的同一种原因，那就没有什么奇怪的了。

我在某种意义上说情况还好，因为我生活还过得去，终于有了支付能力，但是在另一种意义上说情况很糟糕，那就是我感到极端无聊。每天有 8—10 小时处理律师业务，周围的人是有学问的和目空一切的，朋友们是不错的，但是没有天分，没有很多受教育的机会，环境是狭隘的、愚昧的，这里很少保留着过去那种活泼、愉快、热情的气氛。如果把您在伦［敦］的状况同我的状况加以比较，那您对我来说就像是站在高塔上向原野远眺的雄鹰，而我在沟底一个劲地伸长脖子，但也不可能看到最近处的［……］矮小灌木之外的东西。前不久，某个贝尔塔·莱维（夫姓某某①）写道："从我不再到您那里去的时候起，我一天天地变得愚蠢。"我的情况有什么不同呢？我用一声叹息作为回答。自从我离开巴黎之后，我的精神日益淡漠和迟钝，我的文笔仅仅还适合于案卷，我的理解力仅仅还适合于铁窗，我几乎已经成了国家高等法院的登记在册的常备品。的确，我已经堕落了，为了"休息"我相当愉快地阅读那些我过去公开称之为肮脏的苍蝇的德国现代"诗人"、政论

① 马尔克海姆。

家和其他无赖的作品。啊，但愿我很快得到解脱！我非常渴望行动和格斗、渴望战死和杀戮，等等。我对德国目前流行的思想运动很少有兴趣。唯物主义是一件美好的事情，但是，太多了就有损声誉。所有旧政党都已说完了最后一句话，它们的才智已经枯竭，自己模仿自己［……］我们必须沉默。政治和［……］经济领域的枯燥无味丝毫不比自然科学和哲学领域的单调划一逊色。正像神甫顽强地让"语言"生存一样，年轻的自然科学家也同样顽强地让"肉体"生存，诗人仍然是"宫廷诗人"，哥达人仍然是哥达人，或者重新钻进对旧德国自由的研究之中，国民经济学家或者更确切说财政学家叫喊"巴师夏万岁，打倒社会主义者"，或者"李嘉图万岁，打倒社会主义者"，但也只此而已，"商业界"深受为真正德国人所厌恶的法国动产信用公司的动产欺诈之苦，简单地说，这是难以忍受的。

关于巴黎，我得到的消息很少，而且空洞无物。我在那里的年轻朋友几乎都在各省——在实践之中，而年龄较大的朋友采取明智的观望态度。大部分人多半是说"我们在目前没有机会"，另一些人说"缺少偶然事件"。只有如下一点是肯定的，即这一次农村无产阶级，甚至［……］小土地所有者比巴黎人表现更热烈。这在许多方面都是很说明问题的。而皇帝①比起小农来更像流氓无产者。费利克斯·皮阿先生看来对此也有所了解。巴尔贝斯在伦［敦］干什么？他同谁交往？

---

① 指拿破仑三世。

他仍然是危险的，因为他是非常受爱戴的，是我们的巴亚尔。而布朗基在工人当中是一个最进步的人，其他人也开始在一定程度上把他奉若神明，是我们勇敢的囚犯。蒲鲁东据说已堕落。但我不相信他被**收买**。堕落对他来说是合乎自然的发展。您会在咖啡馆〔……〕在德国的"人道主义者"那里看到这个无赖，您会听到谩骂声。我在一段时间很不光彩地成为他的知己。但是当我后来在他的人中间讲了一些蠢话时，他认为我也成为不可救药的人，我作为一神论者是根本不能想象的。此外，他同工人没有任何联系；他以及他的旧文人和无所事事的大学生朋党据说痛恨和蔑视野蛮和破坏行为。大学生也摆脱了对蒲〔鲁东〕的狂热，而信奉起"预言家"的新福音。在整个"拉丁区"充满了健康、勇敢的小伙子，但他们几乎全都是昏昏沉沉的。我很想知道，这些法国人还能干些什么。我不相信，除了一种有力的冲击，以及接着而来的反对专制君主的战争，其他还会有什么更大的作为。

由于伦敦的报纸公开告诉我们的是英国没有发生的事情，所以我对那里的事态完全不清楚。我只是模模糊糊地感觉到，可能 J. 布尔在最近也吞下了一些变革的毒药。

其次，看来我可以说，这个暑假我肯定可以有几天时间到那里去。

如果您能给我答复（我衷心地这样期望），那么请寄给阿姆斯特丹植物学教授（同样的名字），"犹太先生运河街 25 号欧弗格雷特公园"，信封里写上我的真正地址。

就此搁笔，我对我上面写的这封冗长、潦草而又肤浅的信感到吃惊。

您的最忠实的　米·

1856 年 4 月 6 日于格丁根

手稿　　　　　　　　　　　　　　　　　　第一次发表
莫斯科苏共中央马列主义研究院
中央党务档案馆，f. 1，op. 5，d. 811

古斯塔夫·莱维（杜塞尔多夫）给卡尔·马克思（伦敦）的信

1856年4月9日前

今托图鲁特公民捎去一个便函，望查收。此人是世界共和国的一名勇敢而诚实的士兵，他渴望面见您。

在这里，目前实在没有什么新闻可以奉告，倒是由于臭名昭著的和约①推波助澜，人们简直心急火燎地等待在法国立即出现惊人事件，也许由此而来的昌盛时期也就不会遥遥无期了。

我们的朋友米［凯尔］，由于您给我写的明信片中提醒了我，因此，在一个星期前我趁出差的机会去看望了他，还同他深谈了我们的事情。对于我们的计划，他表示愿意大力支持。不过，对于我们想给这场运动赋予什么样的性质，他却有不同的看法。我们为了马上使我们无产阶级的阶级利益受到重视，想在莱茵普鲁士利用我们对资产阶级的优势，米［凯尔］认为，这将危及德国其他地区就要进行的革命，因为在他看来，如果德国资产阶级从一开始就看到，随着王朝被推翻，他们自身的利益也同时受到威胁，那么，他们就要反对这种运动，死命地依附王朝，以致不惜任何代价去遏止这一运动向四处蔓

---

① 1856年3月30日在巴黎签订的和约，结束了克里木战争。

延。要是他们的行动得逞了，那我们无疑就会陷入孤立无援的境地，在整个德国还没有爆发二月革命以前，我们就先立即遭受小型的六月失败。在这方面，您对整个事态的看法，望能尽早告知。在这期间，如果施特芬要再次来到这里，请把我的详细地址告诉他，并让他来找我，以便我们可以同他谈谈他十分熟悉的情况以及供我们使用的资金。

您的《雾月十八日》，最近我已把它寄往莱比锡的赫比希了，我每天都在等待这一尝试有什么结果①。这件事，如果我办得顺利，您是否把第二部分也一并付印出版？因为尤其是拿破仑新近才获得成功，光出版第一部分很难引起人们的兴趣。您对此有何看法，亦请速告，还有，对这里揭发出来的那位要文明不要野蛮的骑士②，您是否已采取步骤？是否已给他写了信，有意识地点他一下？对此，我也希望从您那里得知，以便能对他的所作所为以及您在这方面的影响作出更好的判断。

为了能亲自结识我们这里的朋友，这几个月内，米凯尔将要来我们这里一趟。据他自己说，虽然他的面部特征极为明显，他的那副丑模样容易使警方认为形迹可疑，但我还是有办法做到使他和我们都不致暴露。他曾经津津乐道地对我谈起了有关法国的现状，他有好些朋友在通信中至今一直给他介绍这方面的情况。

他在最近给您的信中，想必已无保留地给您介绍了有关法

---

① 莱维力求在德国出版马克思的著作《路易·波拿巴的雾月十八日》，但是毫无成效。

② 斐迪南·拉萨尔。

国现状的趣闻，在此恕不赘述了。

最后，谨向您、您可尊敬的一家、我们的朋友们致以最良好的祝愿。我恭候您尽速回信。

莱·

手稿
第一次发表

莫斯科苏共中央马列主义研究院

中央党务档案馆，f. 1，op. 5，d. 821

约翰奈斯·米凯尔（诺因豪斯）给
卡尔·马克思（伦敦）的信

1856 年 8 月 15 日

亲爱的朋友：

恶魔好像永远不答应我去您那里。只要我一确定下日子，我敢担保到时候一定生病。这一次我确实拖着病体 8 月 9 日就从这里出发了，打算把病压下去，但是在莱尔，大概由于炎热的缘故，我得了非常严重的胃热，我冒着生命的危险才重又返回这里。此后我卧床在这里，咬紧牙关、辗转反侧，直到昨天才能起身下床，疲惫无力、心灰意懒、烦躁不安。因为我本月 22 日必须返回格丁根，所以今年我又不能见到您了，而我曾多少次给您写了些多余的话。人们应该"[……]"①

8 月 6 日我在阿姆斯特丹。我在那里见到一些流亡者，他们都充满了希望。他们断言，外省走在巴黎的前面，革命已深入到农民中，农村无产阶级这一次和城市无产阶级完全打成一片，小资产阶级目前同样很渴求革命，秘密社团分布得异常广泛，几乎在每个小村庄都有玛丽安娜②、军方等等的人在活动。这些消息我从许多方面，特别是从蒙彼利埃的勒费弗尔教

---

① 字迹无法准确辨认；显然是个口头用语。
② 法国共和党人的秘密团体。

授（附带说说，他是白色的①）那里，得到了证实，所以，我很想听听您对此有什么看法。如果城市无产阶级终于真正地在农民身上找到适当的依靠，那它至少有时间在进行政治统治期间就取得一些有益的经济方面的经验。

经您事先允许，我把您寄到格丁根的上一封信②在几个朋友中间传阅一遍，以便激起这些人重新对您产生应有的敬意。至于说到这封信，我当然很乐意赞同如下的提法，即一场强有力的、集中的革命，没有无产阶级自身力量最大限度的发挥是不可能的。只是在下面一点上**看起来**我们有分歧：我不得不仍然认为，直到铲除王朝之后，我们还必须同激进的资产阶级民主派、农民、小资产者一道走，因为否则的话，他们会由于害怕我们而立即攀附那些王朝，变成反动的。我当然知道，人们无法预见到未来的一切错综复杂的局面，我想说的和强调的只是，很可能会出现种种特殊情况（也许当我们发动第一次冲击时立即会遇到一种），届时我们不得不尽力用"政治激进主义"作为权宜之计来掩饰社会问题。如果我们不能独自推翻旧的、半封建的历史状态，如果我们为此需要同盟者，那我们也必须稍微"顺应一下这些人"。不言而喻，在这个过程中，决不应该像维利希先生及其同伙所干的那样，由于自身的愚蠢或轻率而把无产阶级政党和小资产者完全搅和在一起，相反地，我们必须时刻准备着，掉转枪口对准旧日的盟友。

---

① 即保皇党人。
② 马克思的信没有保存下来。

您对目前股票的和投机的风潮怎么看？德国的情形简直骇人听闻。每天都冒出新的银行、铁路、铁厂、煤矿，每天都冒出五花八门的新公司，工程项目一天比一天多，投机性越来越厉害。每个人都在投机、在规划，都想在一夜之间发家致富，每个人——从显赫的贵族到微不足道的佃农，都搞起实业来了。我们正处于这样一个时代。大资本家向小资本家借贷，以便更有把握地毁掉他。这个繁荣期还会延续多久呢？它正在开始还是接近尾声？由于缺乏准确的消息，我没有把握回答所有这些问题。不过，有一点我确信不疑，即货币的贬值在任何时候都不像今天这样使小占有者乐意拿出自己最后的一点钱来投机，因此这个事情的反冲力也必然比任何时候都更为强烈。

朋友皮佩尔可好？请向弗莱里格拉特问候，请速回音。

您的　不值得羡慕的

米·

1856 年 8 月 15 日于诺因豪斯

下次来信请寄：格丁根，莱奥波德律师。

手稿　　　　　　　　　　　　　　　　　　　　第一次发表
莫斯科苏共中央马列主义研究院
中央党务档案馆．f. 1，op. 5，d. 845

约翰奈斯·米凯尔（格丁根）给卡尔·马克思（伦敦）的信

1856 年秋

亲爱的朋友！

　　您有理由对我很不满意——可惜，我的几乎所有信件都是这样开头的。不过，我认为并希望，您怀有的那颗善良的心会原谅我的，如果您知道了我可怜的处境。生病，病得很厉害，忧郁，心灰意懒——像我现在这个样子，我几乎认不出我自己了。我利用一个好时机把德国这副可怜巴巴的样子写给您。为了休养，我按照医生的劝告去了瑞士，登上里吉山，但是收效甚微，借这个机会我到过南德很多地方，观察到一些东西，那里的情绪和北德一样，非常好——大有箭在弦上之势，到处是极度的不满，反动思潮没有在任何地方取得真正的成果，人们清楚地意识到，目前这种状况是维持不住的。但是，任何地方都没有一种干劲，没有着手准备、动手干起来的意愿，人们吐出来的一句话就是："要等等巴黎再说。"与此同时，对法国的一种反感又冒头了，这是害怕路·拿破仑这个沉默寡言的人抱有的所谓庞大计划的结果。这个正在**所有**政党中产生的民族倾向，照我看来，包含两个方面：一方面，它是一种手段，可以加强对于建立**德意志**组织的渴望，另一方面，它可能从反动的意义上被用来反对革命的法国，而现在已经被利用了。长期以来，我一直确信，不经过一次民族的飞［跃］①，德国就无法崛起，所以，我只希望把反感引向现政府，并说明法国人民是无辜的。我已经多次这样做了，颇有成效，我还将照此办理。我现在不能多工作，所以老实说，**经济**形势我不理解。投机停下来了，行情下跌，资本坚挺。原产品的价格上涨，工厂主只按订货生产，产品一天比一天贵——这一切真叫人捉摸不透。我似乎觉得，资产阶级这一次格外慎重，不让危机爆发。您认为，货币过剩——价格上涨与货币紧缺——与消费提高是不相容的，这显然是正确的；您用商业危机爆发前存在的固定资本和流动资本的比例失调来解释目前的现象。这一点我理解，但我无法以此解释市场上的所有现象，请赐教。我特别迫切地希望得到您的指教，因为通过对1825年和1837年危机的研究以及通过对现状的认识，我对于您从伦敦就危机问题在《新莱茵报。［政治经济评论］》上所作的解释产生了疑问。

您打听迈尔。他住在什未林，是个保养得很好的教员，有两个孩子，思想嘛，仍然是老式的。［……］

手稿   节录

莫斯科苏共中央马列主义研究院   第一次发表

中央党务档案馆，f. 1, op. 5, d. 863

---

① 原稿字迹不清。

约翰奈斯·米凯尔（格丁根）给卡尔·马克思（伦敦）的信

1857 年约 1 月底

非常尊敬的朋友！

已经六个月没有听到您一点消息了。我已写了两封信，但没有收到回音。是警察在作祟还是您对我始终没有露面不高兴？我尽量再一次彻底谈谈这个问题。自从在莱尔那次灾难性的大出血以来，我再没有真正健康过，因此我担心，这场病或许闹个悲惨的结局。我所牵挂的是，如果发生这种情况，我的许多朋友会与您保持联系，请您在这种情况下与格［丁根］的莱奥波德律师、汉堡柯尼希大街 3 号的宰弗特教师联络。您对这两个人可以无条件地信任，遇有紧急情况时，可以通过他们无条件地调遣我们的熟人。我的遗嘱就这样立下了，现在让我返回到生活和行动中来。

大约两星期前，上面说到的宰弗特要我请您为汉堡出版的一家刊物《世纪》提供几篇稿件。人家告诉我，那些诚然不完全属于我党的编辑们，对您的文章很感兴趣，他们会按 30 塔勒一印张付酬。详情日内将由汉堡方面通知您。如果您本人不愿涉足其间，您的某位朋友，例如皮佩尔，或许可以接过来，借以取得些资助。

由于感受到需要在政治上活跃一下，同时也希望借此在小市民那里树立点名气，我多少投入到我们汉诺威地方的斗争中。您知道，我的治理良好、幅员有限的祖国目前已成为厚颜无耻的恐怖主义的猎物。我诚然已取得成功，可以说是引人注目的人物，如果"合格"，会成为邦议会议员！一方面，北德农民持续的、坚韧的反抗驱使政府接二连三地"违反法律"；另一方面，我们的居民一天比一天革命，形形色色的狭隘爱国主义祖国观已销声匿迹，对小邦分裂状态的厌恶逐渐转化为革命的德意志意识。几乎在德国所有各邦形势都已如此，现在，所有各邦中最保守的邦——汉诺威，也在朝这个方面转变。无疑可以说，在德国，无论什么地方材料都是好的，所缺少的只是用好的工具去加工它。大概法国人不久会开工锻造吧？我真想还能活着看到这出戏。

您和您的家眷都好吗？命运似乎不愿意我去晤识您本人，因此我就特别希望至少从书面上得到您和您的家庭的消息。

我新近得到迈尔的消息。他是什末林的教员，有妻子，看来还是忠实的老彼得。[……]

您对于您在莱茵河畔的朋友们什么都不知道？贝克尔还没有获释？多年来我什么都没有听到。

如果您给我回信，请用上面提到的地址。您的地址仍然照旧吧？

您的　约·米·

手稿　　　　　　　　　　　　　　　　　　　　　　　节录

莫斯科苏共中央马列主义研究院

中央党务档案馆，f. 1，op. 5，d. 868

弗里德里希·康姆（纽约）给卡尔·马克思（伦敦）的信

1857 年 12 月 19 日

1857 年 12 月 19 日于纽约

公民马克思：

　　毋庸置疑，正如您为了共产主义理想一如既往地并将始终不渝地进行科学的和批判的斗争一样，您还作为旧大陆共产主义者的领袖和党的首脑挺立着，正因为如此，各种组织的线索都汇流到您这个中心点。

　　是的，我甚至希望，旧组织依然存在，您领导着这个组织，这在目前尤为重要，因为大多数乃至所有旧日的所谓领袖在彻底暴露了自己的空虚无能、卑鄙可耻之后都已销声匿迹，他们不可能在党内再度制造破坏和混乱了。唯有您将站在德国共产主义者的前列，作为唯一可尊敬的、坚定不移的思想家和领袖。

　　以这一点为前提，我写信给您是理所当然的，我想，可以期望我的信会带给您几分快意和欣喜。

　　现在谈正题。

　　只要美国这里由魏特林、克耳纳这伙骗子通过空洞的言词或不切实际的、甚至有害的行动来体现共产主义，只要这帮人身居领导高位，那就不可能为纯粹的共产主义原则争得某些影响。我们不得不让那帮先生们逐渐暴露原形，而在此期间静静地等待，在小范围内谈论和交换看法及希望。魏特林的和克耳纳的共产主义的解体过程比人们开初时希望的要快，现在战场已清扫一净。在这种情况和条件下，我的朋友们和我认为，现在仍然无所事事是不对的；我们觉得有义务把志同道合的人集合起来，并且宣传共产主义的真正原则。诚然，我们并未忽略到，这项任务即使在今天也是很艰巨的，因为在这个国家，衡量一切事物的价值多半是按照它眼前的成果和能否很快地带来效益。

尽管如此，我们决心尽职尽责。只要共产主义代替个人主义在这个国家立足，世界上没有任何国家能够为共产主义的实际贯彻提供这么多依据和设施。

兹附上几份章程，它是我们奋斗的基础，按照章程我们在几个月前建立了一个支部。① 支部至今有 30 个成员，从一切迹象来看，可以预计，它会相当快地壮大起来。但是，我们的事业如要健康、迅速地发展，则需要**您的**和我们在欧洲的志同道合的朋友们的帮助。

离开欧洲五年多了，在此期间那里共产主义的传播情况以及在文字领域里的斗争，我们都知道得很少，往往一无所知。我们只有努力地去回忆，除了自己的思想我们得不到其他的推动力。思想的交流也总是在同一些人中进行，而这很容易造成

---

① 指共产主义者俱乐部。

失误，特别是在这个富有实际思想而缺乏观念的国家。光和热对于我们来说只能来自故土。

现在，我以我的朋友们及我个人的名义，同时为了党的利益，向您提出如下友好请求：

1. 请用您的建议支援我们，请告诉我们，共产党在欧洲，特别是在德国，存在的规模和形式如何。

2. 请把五年来出版的探讨共产主义问题的所有著作开个书目来，并告知在什么地方可以找到这些著作。

3. 您的《共产主义原理》① 一书（巴塞尔，沙贝利茨出版）发行了吗？

4. 请寄给我们几份您所撰写的共产主义者同盟的旧章程。

5. 请介绍我们和此地的干练人物结识，我们认为，毫无疑问，您比我们更多更清楚地了解这些人。我们特别希望把相当多的知识分子吸收到我们的行列。

衷心盼望您关注这些请求，而且相信，您会很快地给我们一个友好答复。

恭候回音，顺致友好的问候。

　　　　您的　弗里德里希·康姆
　　　　　　　前街214号 Chs. F. Tag 转

我们的朋友德朗克、伊曼特、席利、恩格斯都好吗？他们

---

① 　与《揭露科隆共产党人案件》（1853年巴塞尔版）弄混了。

都还在英国吗？我和雅科比衷心地问候他们。

手稿
莫斯科苏共中央马列主义研究院
中央党务档案馆，f. 1，op. 5，d. 945

约瑟夫·魏德迈（密尔沃基）给卡尔·马克思（伦敦）的信

1858 年 2 月 28 日

1858 年 2 月 28 日于威斯［康星］州密尔沃基

亲爱的马克思：

我写这几行字的目的是要把我的朋友康普介绍给你，而且如果你有意和大洋的这一侧取得联系的话，我向你推荐他的地址，这是最合适的地址。康普成立了一个俱乐部，该俱乐部希望和你们的组织建立联系，而你一定会帮忙的。就我所熟悉的成员来看，虽然革命的成分不多——康［普］本人是唯一在经济学方面有教养的，但是他写信告诉我，这些人都表达出良好的愿望，所以，也许能有所造就。总的说来，在美国这里，极其不利于开展无产阶级宣传，工人们都是未来的资产者，他们也这样自我感觉，直到爆发一场危机把他们抛回到"真正的立场"上，即便在那时，在困苦之中，他们同样束手无策，低首下心地听着那些坏透了的饶舌家和发起人的说教。我在纽约期间曾费尽气力想建立一个经常性组织，结果没有成功，我把最后的希望放在危机上，但是 1854 年的冬天使我确信，对于实现我们的目的来说，繁荣时期至少并不比困难时期不利。小丑魏特林声嘶力竭地叫嚷着街垒战，理性的牧师称颂宅地法案是对付"弊病"复发的唯一万应灵药，而整个运动则分成几股平平和和地在纽约街头漫步的人群。在英国人的集会上，从工人中间涌现出干练的演说家，他们受到热烈欢迎，但总的结果依然如故。今年，带领德国工人的，除了小丑魏特林，又冒出个寄生虫载勒尔。人们又去散步了，结果被市议会赶走。要在这里开辟一块有利的宣传活动阵地，还得过一些年，特别是因为缺少首要条件——一份公开的刊物，而且眼下也没有希望争取到这样的刊物。

雷文特洛在辛辛那提编辑一张小报，起名叫《高地哨兵》；那上面登的东西，除了牧师的口角全是些啤酒店的空谈。

我本人去年春天来到西部，作为测量员在这里安家立业，可是，还没扎稳营盘，危机就袭来了，使我在这块地方的努力一度告终。尽管如此，这个冬天我还算勉强度过来，春天一到重整旗鼓。

希望你过得还好。我们在这里怀着极大的兴趣读着你在《纽约论坛报》上发表的文章，不管编辑部怎样做手脚，你的文章总是容易认出来。

我的妻子①和我向你和你的家眷以及所有的朋友们致最衷心的问候。

你的 约·魏德迈

手稿   第一次全文发表

莫斯科苏共中央马列主义研究院

中央党务档案馆，f.1，op.5，d.960

---

① 路易莎·魏德迈，父姓吕宁。

阿尔布雷希特·康普（纽约）给
卡尔·马克思（伦敦）的信

1858 年 6 月 15 日

伦敦

卡尔·马克思先生：

附上我的朋友约·魏德迈的信件，以此为依据，我希望，通过这封信看到我早已怀有的与您书面交往的愿望得以实现，如果不是由于突发的剧烈胸痛，我早就把附件寄给您了。疾病还促使我接受了魏德迈的建议，和他一道在密尔沃基托庇于矜持的幸福女神。

从去年 8 月起，我在这里尝试着把革命的战斗力量联合起来，从而为他们参加即将来临的革命党的斗争做了一些准备。这种努力是微不足道的，这一点您必定非常清楚，所以在向您报告结果时我完全可以说得简短些。直接的成果是建立了一个目前大约有 50 个会员的所谓共产主义者俱乐部。在这个团体中，绝大部分人对于讨论原则问题的兴趣远远超出考察当前的、对革命来说业已成熟的形势；不过，这种偏爱我完全理解，它之所以产生，是由于俱乐部的绝大多数成员或多或少地属于新宣传的产物，作为新宣传的追随者他们更喜欢在令人振奋的高谈阔论中自娱，而不愿尝试着探讨一下经济事实。不管怎么说，令人高兴的是，在共产主义俱乐部，灰色的理论永远不会再失去信徒，特别是在国民经济学领域，有几个成员已取得显著的进步。我必须请您来衡量一下，看看使我们的俱乐部与那边毫无疑问仍然存在着的旧同盟建立联系是否合适。我相信，此举将会给一个人数不多的有用力量的组织提供特别的推动。您看，我禁不住甚至在您面前试用我的说服本领，因此现在我想转个话题。也许您并不反对我给您讲一些有关我自己的事。

锡格河畔艾托夫的乡村教师对我的父亲说，他应该让我多学习，我的头脑不那么灵活，父亲同意我去一位安详的牧师那里一两年，以便接受所谓高级课程。神甫灌输给学生大量知识，使他们能够在修完三年的功课之后直接进入一所文科中学的二年级。我请求家父让我也学学拉丁文，以后当医生；但是他说，可惜没有钱，于是把我送到索林根的一家工厂。在那里，除了年轻人五花八门的胡闹，当个"工厂主"成了我的理想。在那里，很多人都戴着饰有国家标志的帽徽，我也喜欢这些东西，在布罗克豪斯字典中，我查明白民主这个全新词汇的意义。"运动"我当然不可能理解，直到后来，当我身为制作帽上饰毛的"工厂主"在艾托夫定居下来的时候，我才通过您的著作对"运动"有了初步理解。接着不久我青年时代的理想就化为泡影，我的心上人不得和我这个亵渎神明的人结婚，与此同时我的财务状况遭到毁坏，这驱使我来到美国。在这里，我几经努力跻身于商界，最后在 ［……］① 达姆施塔特

---

① 商号的名称在原稿中无法确切地辨认出来。

银行的一家分行，谋得一个文书的位置。

破产造就革命者。在这个意义上我怎能不理解您呢，因为您对社会的批判在我的身上得到充分证实。

现在我不揣冒昧地向您提出几个请求：您可否告诉我，怎样才能搞到四本您论述蒲鲁东的著作《贫困》①和几册《新莱茵报》的续刊②？可否请您标出这些书的价格？图克的《价格史》售价几何？我从美国的书商那里得知，绝大部分版本都已脱销，在这里连迄今已出版的七卷本的任何一卷都搞不到。我渴求得到材料，以扩充我在经济史方面的浅薄知识，而您也会给我出个好主意，帮我个大忙的。

如果您感兴趣，想看一看由司徒卢威编辑的、这里的工人同盟的新机关报《社会共和国》，我愿意寄给您。司徒卢威在这张报纸上重弹他的唯心主义老调。

这里有个法国人的俱乐部，是你们那里的国际协会的分会，佩勒廷和瓦利埃（他们说认识您）都秘密地从属这个俱乐部。佩勒廷很喜欢您论述蒲鲁东的书，他在积累经济学方面的知识。他的情况和另外一些人差不多，他们是在事后学习认识一切进步的基础。瓦利埃委托我向您转致友好的问候。

我们俱乐部的一个成员老弗·康姆，几个月前给您写了封信。开初我把信的地址写到奥·冯·文克施特恩处，可是在《泰晤士报》上再也找不到文克施特恩了，后来我把信寄给瑞

---

① 卡尔·马克思：《哲学的贫困。答蒲鲁东先生的〈贫困的哲学〉》1847年巴黎和布鲁塞尔版。

② 指《新莱茵报。政治经济评论》。

士银行斐·弗莱里格拉特，这封信或许根本没有转到您手里。

谨向您致友好的问候！

您的　阿·康普

1858 年 6 月 15 日于纽约

手稿　　　　　　　　　　　　　　　　　第一次发表

莫斯科苏共中央马列主义研究院

中央党务档案馆，f. 1，op. 1，d. 5575

阿尔布雷希特·康普（纽约）给
卡尔·马克思（伦敦）的信

1859 年 4 月 24 日

1859 年 4 月 24 日于纽约

亲爱的朋友：

　　您 2 月 1 日的来信使我喜出望外。我无须尝试着进一步谈论您新作的意义，我只想向您保证，我将竭尽全力促进这部著作的传播，我认为，这在目前是我所能提供的重视它的最好证明。因此，我很高兴已经为您的《政治经济学批判》一书征集到近 85 个订户。如果我最终能详细说明该书的价格和篇幅，订户数或许会超过 200。但愿可恶的书商不要背弃我们。不管怎样，朋友魏德迈在密尔沃基作出了巨大的努力，但是，他所在的地区很不利——密尔沃基又被称作德国人的雅典，一般说来，仅仅以啤酒店出名，那里当然也会住有一些有识之士，但是顶多就那么十几个吧。据我所知，向敦克尔发去的订数已达 100 册左右，安内克将提供给您数量可观的份额，他这样做，如果不是出于真正的利益考虑，那一定是出于**联合**。［……］

　　在此期间我继续为共产主义者俱乐部工作，俱乐部仍然由一小批正派人组成，人数大约 20！会员名单上还更多些！［……］

康姆、雅科比、瓦利埃向您问好，A. 亨·雷德向伊曼特问好。

致衷心问候。

您的 阿·康普

手稿   节录

莫斯科苏共中央马列主义研究院   第一次发表

中央党务档案馆，f. 1，op. 5，d. 1014

卡尔·沙佩尔（伦敦）给卡尔·马克思（伦敦）的信

1860 年 5 月 11 日

1860 年 5 月 11 日于
贝德福德广场佩西街 5 号

亲爱的马克思：

近来又有人写作和发表了很多关于我们过去的分裂的诽言谤语，所以我认为有必要为了党的利益作如下的简短声明，你是否利用它由你酌情处理。

至于福格特之流妄图对党和你本人散布的诽谤和攻击，那么，至少在我看来，这些东西几乎不值一驳。①

人们清楚地知道，这些先生从那里得到了灵感。

---

① 波拿巴法国利用一些它所收买的庸俗民主主义者为波拿巴主义的政策作宣传广告。其中卡尔·福格特扮演了一个重要的角色。他发表了《我对〈总汇报〉的诉讼》（1859 年 12 月日内瓦版）的小册子，诽谤马克思和共产主义者同盟，柏林《国民报》和伦敦《每日电讯》在 1860 年 1 月大段摘引了这些诽谤文字。马克思为此对这两家报纸提起诉讼，马克思把福格特的行为看成是"资产庸俗民主派"对无产阶级革命政党的"坚决打击"（《马克思恩格斯全集》德文版第 30 卷第 22 页，参看《马克思恩格斯全集》中文第 1 版第 30 卷第 23 页）；全面地予以回击，对于"党的历史权利"和确保党在德国的本来地位是很必要的。马克思的上述起诉被法院驳回后，写了论战性著作《福格特先生》。

仆人的厚颜无耻

来自主人（们）的厚颜无耻，

不管主人腰缠万贯

还是身无分文，

从来的奴仆

既是猴子又是应声虫。①

（庇隆）

祝好。

卡尔·沙佩尔

声　明

当我在 1850 年 7 月来到伦敦的时候，发现马克思和维利希之间的关系已有些紧张。不久我就看到，紧张是由于观点的不同引起的，而不是出于私人原因。问题在于，维利希同伦敦的各个流亡团体有联系，他打算把这些团体统统联合到一起，马克思和恩格斯则坚决表示，在当前情况下，这样的联合不会导致任何结果，而只会有害于完全组织起来并唯一有自己宗旨的共产党，因此，维利希必须断绝与上述团体的联系或者离开党。维利希把这一要求看成是侵犯他个人的自由，因而提出抗议。在中［央］委［员会］内部，关于这一问题的意见是分

---

① 原文是法文，根据原著德文译文翻译。

· 358 ·

歧的，然而多数人赞同马克思。

由于当时我还很不了解流亡者的情况和纠纷，便认为大联合可以实现并且对德国的运动是重要的，因此我赞同维利希。

这种观点上的分歧，**而且只有这种分歧**，才是造成我们当时关系紧张和后来分道扬镳的原因。

双方都力图在工人协会中推行自己的观点，这是非常自然的事，但在这中间展开的辩论往往是令人生厌的而且意气用事，对此主要由上述协会当时的组成分子负责，特别是那些警探，他们受命尽一切可能瓦解共产党，某些警探，例如臭名昭著的信件窃贼、萨克森的罗伊特①等人，都曾经是协会成员。

如果没有这些害人虫从中作梗，公开的破裂很可能不会发生。

破裂之后进行的一切协调都遭到可怜的失败，这一点充分证明，马克思和恩格斯宣称宁肯破裂不愿协调是完全正确的。

卡尔·沙佩尔

手稿　　　　　　　　　　　　　　　　　第一次全文发表②

莫斯科苏共中央马列主义研究院

中央党务档案馆，f.1，op.1，d.1440

---

① 安娜贝格的麦克斯·罗伊特是个破产商人。1851 年夏天，他在伦敦按照普鲁士警察当局的部署，在奥斯瓦尔德·狄茨家里偷走宗德崩得的档案。

② 在《马克思恩格斯和第一批无产阶级革命家》（生活·读书·新知三联书店 1963 年版第 115—116 页）中，详细地摘登了这个文件。

威廉·李卜克内西（柏林）给卡尔·马克思（伦敦）的信

1862 年 10 月 12 日前

[……] 我们①的几个排字工曾经在《新莱茵报》工作过。他们向你问好。我把你的剪影（还记得吗?）拿给他们看，他们都欣喜若狂。如果我有一万份红色号，可以在一天之内把它们卖掉。幸而被我挽救了的我那一份——可惜，《共产党宣言》在汉堡不翼而飞了——已经在 100 个人中传阅过。它将很快地在整个柏林不胫而走。[……]

手稿   摘录

莫斯科苏共中央马列主义研究院

中央党务档案馆，f.1，op.5，d.1362

---

① 指《北德总汇报》。

威廉·李卜克内西（柏林）给卡尔·马克思（伦敦）的信

1863 年 11 月 13 日

1863 年 11 月 13 日于
诺因堡街 13 号

亲爱的摩尔：

你就你与拉萨尔的关系向我所谈到的①，无论从哪个方面来说，我都十分欢迎。我已猜测出八九分，但是，鉴于你们旧日的友情，我并没有十分把握。

我从来没有想过和拉［萨尔］深交，除非伦敦方面有明确的愿望［……］。我是加入了拉萨尔的联合会，但这是必要的，我得办个会员证，否则就无法出出入入。此外，我还一次也没有参加过活动，而上星期日我被特邀出席了一次"秘密会议"。［……］

综观拉萨尔在莱茵省和威斯特伐利亚的追随者，其中很多是旧日的同盟盟员；这是我从星期日集会上看到的一个人那里听说的，他向我，就是说向我们，表示了坚定不移的忠诚。［……］

手稿
莫斯科苏共中央马列主义研究院
中央党务档案馆，f. 1，op. 5，d. 1418

节录
第一次发表

---

① 马克思的信没有保留下来。

埃卡留斯致马克思

1864 年 9 月 26 日

1864 年 9 月 26 日
于南邮区沃尔沃思
威斯特摩兰路波特兰广场 1 号

亲爱的马克思：

我正处于两难之中——我应该在一个公开大会上就一个不知其内容、不懂其语言的方案发表讲话。昨天晚上（11 点钟之后），奥哲尔只是告诉我这个纲领有关新闻出版，有关举行一次代表大会，有关信贷银行和外出时的互助，等等。或许这些法国人正在你家中，你知道这个纲领的内容，请告诉我在哪里和怎样获得些提示。如果我直到明天傍晚在大会上听到它被宣读之前仍一无所知，我肯定对此无甚可谈。

我有很多事要做，否则我会亲自来拜访你。

问好。

你的

约·格·埃卡留斯

（原件存于莫斯科马克思恩格斯列宁
研究院档案馆）

埃卡留斯致马克思

1864 年 10 月 12 日

1864 年 10 月 12 日
星期一上午 11 点 30 分

亲爱的马克思：

你的亲爱的小女儿寄给我的说明情况的信，今晨一点钟我回家的时候才收到；因此，我未能在委员会里说明你缺席的原因。得悉你身感不适，殊为挂念，竭诚希望贵恙不重，早日痊愈。在欧洲工人组织的初生婴儿的身上，你绝对必须打上你的言简意赅的印记。

上星期三，我们离开后，你被选入小委员会。沃尔弗少校不明白你缺席的原因，而你昨天晚上又缺席，更加不可理解；大家都问你为什么不来。我当然作不出任何确定的回答。但是，关于小委员会的事，我猜想大概是没有通知你已当选，也没有通知你开会的时间和地点；仔细一打听，原来正是如此。克里默先生将通知你有关下次会议的事情。为了证明你绝对必须出席小委员会的下次会议，我认为我有责任向你报告某些情况。

你大概记得，韦斯顿先生上星期三就曾建议讨论草拟原则纲领的措施，并且说他已经起草了一个东西，准备把材料交给小委员会讨论。昨天晚上才明白，他起草了一个长篇大论的东西，简直像一大堆糠埋着不起眼的一小把米。小委员会要求他精简。但是，压缩后的作品仍不比原稿好多少。这是一篇谈问题而又不涉及实质的无病呻吟的评论。克里默公开说这个文件必须压缩掉3/4。此外，沃尔弗少校翻译了意大利工人组织的章程草案，并建议采用。总的说，这个草案得到了赞同。这两个文件被交还给小委员会，以便利用其一切可以接受的东西加以修订等，起草一个同时包括原则纲领和章程的单一的文件。会后，克里默私下说，不应该还让韦斯顿办这件事；草案的修订应该交给一个最多由三人组成的委员会来做，他们可以对现有材料自行决定取舍。奥哲尔等人同意他的意见。"人得其位，位得其人"，无疑是马克思博士。

韦斯顿是一个老欧文主义者，尽管他向工人传播旧学派的多情善感的学说，并且真正憎恨压迫者，但是，除了真理和正义的陈词滥调之外，大概他并不知道工人运动的任何别的原理。

时间已晚；我必须搁笔，致以最诚挚的感谢。

你的

约·格·埃卡留斯

如果你再次有什么紧急事情要给我写信，地址是：

约翰·皮奇
转格·埃卡留斯
狮子和号角旅店
汉诺威街波伦街
汉诺威广场。

沃尔弗就要前往那不勒斯，意大利工人团体即将在那里举行代表大会。

（原件存于莫斯科马克思恩格斯列宁
研究院档案馆）

克里默致马克思

1864 年 10 月 13 日

1864 年 10 月 13 日

于大蒂奇费尔德街 31 号

尊敬的阁下：

　　小委员会将于本星期六晚上在白十字街 80 号韦斯顿先生家里举行会议，我受托通知您，大家都非常欢迎您出席。也许您不知道总委员会在您缺席时将您选入了小委员会。我不知道或者是忘记了在选举小委员会的时候，您已经离开了会场，要不然我早就将您当选的事通知您了。

深深尊敬您的

名誉总书记　威·兰·克里默

马克思博士

又及：白十字街离芬斯伯里广场不远。

（原件存于莫斯科马克思恩格斯列宁
研究院档案馆）

克里默致马克思

1864 年 10 月 17 日

[1864 年] 10 月 24 日
于大蒂奇费尔德街 31 号

阁下：

看到你的记录，我担心你误解了委员会晚间会议的日期；是明天，星期二，而不是你的记录中所写的星期三。

深深尊敬您的

威·兰·克里默

马克思博士

（原件存于莫斯科马克思恩格斯列宁
研究院档案馆）

克里默致马克思

1864 年 10 月 24 日

国际工人协会

[1864 年] 10 月 24 日

阁下：

　　总委员会的会议被推迟到 11 月 1 日，星期二。

　　小委员会将于下周四傍晚 5 时在索霍区纳索街 2 号博勒特先生家举行会议。

你的兄弟般的

名誉总书记　威·兰·克里默

（原件存于莫斯科马克思恩格斯列宁
研究院档案馆）

克里默致马克思

1864 年 10 月 27 日

[1864 年 10 月 27 日] 周四早晨
于西邮区大蒂奇费尔德街 31 号

亲爱的阁下：

多谢《宣言》的复本。我想一两个词需要修改一下，不过周二将有时间来做这一点，有一两个词，我担心大多数人不容易理解，见到你时再详述。

你的兄弟般的
威·兰·克里默

卡尔·马克思博士

（原件存于莫斯科马克思恩格斯列宁
研究院档案馆）

塞·德巴普致卡·马克思

1869 年 5 月 31 日

1869 年 5 月 31 日于布鲁塞尔

至于总委员会的宣言①，您大概已经看出来了，我们在翻译时稍微改动了两个地方。我们之所以这样做，是因为谈到皮尔美先生和弗兰德伯爵的地方，以及讲到大臣们把国家出卖给了法国政府的地方，会使我们遭到追查。希望您不要对这种改变作别的解释，因为这种改变是必要的；当然，我们应当事先写信告诉您，但这会延误宣言的出版时间。

我们以比利时各支部的名义建议（尽管已经很迟了）给巴塞尔代表大会的日程中增加两个问题；我们更早地提出建议是有困难的，因为只是在本月 17—18 日比利时各支部的代表大会上才决定提出这个建议。这两个问题如下：

一、将来组织人民直接立法。

二、建立互助储金会、储金会联合会和组织保险事业。

此外，比利时各支部代表大会决定支持英国各支部，如果它们真正（人们这样转告我们）建议把以下问题列入巴塞尔

---

① 指马克思《比利时的屠杀》一文，见《马克思恩格斯全集》中文第 1 版第 16 卷第 395—400 页。

代表大会的议程：通过合作社把工业劳动和农业劳动结合起来。

（原件存于马克思恩格斯列宁
研究院档案馆）

塞·德巴普致卡·马克思

1869 年 6 月 9 日

1869 年 6 月 9 日于布鲁塞尔

我们在布鲁塞尔支部开始讨论列入巴塞尔代表大会议程的问题，以便对其中每个问题都能提出一个报告。希望伦敦的中央委员会或英国的支部（或两者分别提出）也能在今年就议程的每一个问题提出报告。特别是关于土地所有制问题，我希望您或者以伦敦德国人支部的名义，或者以不列颠各支部的名义，对这个重要问题提出一个完善的、论据充分的报告。尽管您在不断努力写您的巨著《资本论》，正如您告诉我的，这个工作曾妨碍您为布鲁塞尔代表大会准备关于所有制问题的报告，我还是希望，您在今年能找出时间来做这件事。我知道，个体农业的拥护者、蒲鲁东的追随者也想向巴塞尔代表大会提出报告，一个报告出于巴黎人的手笔，另一个报告是由布鲁塞尔的蒲鲁东主义者起草的，在这些报告中将论证土地私有制的必要性（就像死后出版的蒲鲁东著作《所有权理论》中所论证的那样），从科学和哲学形式来看，这两个报告将给人以深刻的印象。个人主义者想对布鲁塞尔代表大会的决定进行报复，我很担心，如果这一次集体主义者将仅仅得到布鲁塞尔和鲁昂报告的支持，代表大会将遭到突然袭击，并放弃在布鲁塞尔批准的结论。

(原件存于马克思恩格斯列宁
研究院档案馆)

海·荣克致卡·马克思

1869 年 8 月 12 日

1869 年 8 月 12 日于伦敦

亲爱的马克思!

我昨天晚上看见了阿普尔加思,他希望我出席他们执行委员会在今天晚上召开的会议,以便向他们建议派代表到巴塞尔去。我答应尽力协助;我认为,如果不事先同总委员会或者哪怕同它的几个委员讨论一下这个问题,我无权代表我们的［总］委员会就这个问题发表意见;因为我将以他们的名义而不是以我个人的名义到那里去;您的意见如何?我要不要去?请把关于这个问题的意见在晚上以前写信告诉我,您能否同我一起去?

在没有得到回答以前,我对这件事不采取任何步骤,但不要忘记,在这个月里,这是细木工和木匠联合会执行委员会的最后一次会议,如果他们今天晚上不选出代表,那就根本不选了。

向马克思夫人和全家转致问候。

始终是你的　海·荣克

(原件存于马克思恩格斯列宁
研究院档案馆)

弗·列斯纳致卡·马克思

1869 年 9 月 6 日

1869 年 9 月 6 日于巴塞尔国民咖啡馆

亲爱的马克思！

我现在才能坐下来给你写信。这里混乱不堪，拼命追逐名誉，简直不知道从何谈起。巴枯宁和他的保镖们到处在搞阴谋。布鲁塞尔人也在搞阴谋，好像也在反对李卜克内西。维也纳的诺马耶看来在反对李卜克内西和奥伯温德。此外，还有两个西班牙代表也起哄反对李卜克内西，等等。

资产阶级的创世主戈克也在这里，他是《背囊报》派的一个瑞士工人协会的代表。但是，李卜克内西好像对他们非常满意。倍倍尔发电报来，说他不能出席。荣克是主席，贝克尔和布里斯梅是副主席，莫·赫斯、李卜克内西和施皮尔是德语书记，瓦尔兰、奥布里和罗伯尔是法语书记，埃卡留斯是英语书记。到现在为止还没有一个英国记者。这正好，因为阿普尔加思已经对法国人辩论的方式感到惊讶。法国人到现在为止似乎还占有优势，但这很快就会结束：因为有的德国人大概还没有来。

托伦和**弗里布尔**以记者的身份出席。吹牛家舍马莱也在这里，还有莫·赫斯和科隆的里廷豪森。朋友埃卡留斯完全忙于炫耀自己。他问每一个外国人是否听到过埃卡留斯。有一次他问道：你们那里听到过关于埃卡留斯的什么消息吗？

刚才得知，有一个英国记者出席，好像是《晨星报》派来的。当我向埃卡留斯询问此事时，他发火了，大声呵斥我，并声明他什么也不知道，也不想知道。

昨天奏着音乐打着旗帜举行了环城游行；这次游行看来留下了很好的印象；接着发表了各种各样的演说，我们大家都参加了，然后举行了音乐晚会，一般说来，大家的情绪很好。

我接到通知，说资产阶级非常痛恨我们，警察被叫来保护我们。

亲爱的马克思，至今还没有收到总结报告。现在是下午两点钟。

下次再谈。

你的朋友　**弗·列斯纳**

向你全家致衷心问候。

（原件存于马克思恩格斯列宁
研究院档案馆）

弗·列斯纳致卡·马克思

1869 年 9 月 7 日

1869 年 9 月 7 日于巴塞尔国民咖啡馆

亲爱的马克思!

　　这里昨天晚上 10 点左右收到了总委员会的总结报告。我及时从荣克那里拿到了德译文,并立即进行研究。但是,我今天早晨惊奇地发现,报告把埃卡留斯先生迷住了,他看到总结报告写得那样**好**,就不忍释手了。当我向他要总结报告时,他对我说,需要给主席团的一个成员读总结报告。他利用一切机会来摆架子。

　　昨天下午关于苏黎世问题展开了激烈争论,**巴枯宁**仍然表示厌恶一切政治行动。但是**李卜克内西**、**里廷豪森**及其他人很好地收拾了他,还在上午会议以后,他像一头野狮子一样咆哮起来。大多数法国人都反对他。巴枯宁显然什么也没有得到,而他的行为不是很讨人喜欢的。看来大多数布鲁塞尔人都同意巴枯宁的观点。这是些糟糕透顶的空谈家;今年他们似乎更坏了,巴黎人也是这样。舍马莱使出了自己的全部本领来证明自己的巨大意义;在他看来,信贷问题是最大的、最有意义的和最重要的问题;舍马莱昨天就这个问题大吵大嚷。希望过几天他就无话可说了。托伦想当代表,可是巴黎人反对;问题交给委托书审查委员会处理。此外，收到了日内瓦中央委员会反对**戈克**的信。

开会情况像布鲁塞尔代表大会一样：早晨从 9 点到 12 点，讨论组织问题。这些会议除代表外，任何人不能参加。

下午，从 2 点到 6 点，进行讨论。

阿普尔加思通知我，尽管记者不是由《晨星报》直接派来的，但是他把通讯报道既寄给了《晨星报》，也寄给了《派尔-麦尔新闻》。他不能始终留在这里，但是我听说，他就这个问题已同阿普尔加思谈妥了。名单准备好后，我就立即给你寄来。

李卜克内西好像支持戈克，而菲·贝克尔则支持巴枯宁，所以在这个问题上还会有很大的争论。

巴枯宁把自己人组成了一个委员会，李卜克内西也这样做，因此我们的处境很尴尬：李卜克内西要我们反对巴枯宁，而贝克尔则要我们反对戈克。请尽快将你自己对这个问题的意见告诉我。

你的缺席对我们是最大的损失；多数人还希望你来，虽然我从一开始就告诉他们，你身体很不好，而且还忙于总委员会的工作等等。否则的话，巴枯宁、戈克之流是不敢强一句嘴的。

今天早晨就各种问题以及代表大会关于各次会议的报告展开了争论。法国人想承担这个报告的出版任务，可能是为了抬高自己。多数人似乎同意让他们出版。我表示反对，并援引组织条例，建议他们筹集款项，让总委员会出版完备准确的正式报告。

刚才决定接受法国人出版报告的建议，但有一个条件：这个报告将不是正式的，并且必须事先把它交给有三个法语书记即瓦尔兰、罗伯尔和奥布里参加的委员会审查。

其次，决定将一切文件交给将要选出的总委会，接着决定取消主席这个职位。

今天下午可能要宣读总委员会的总结报告。

刚才得知，从巴黎收到了允许托伦出席的决定，因为据说，若不这样就会为把别的一些人也开除出去提供借口。

该停笔了，因为我简直没有一点安静的时候；一会儿英国人进来并提出各种问题，一会儿德国人来找，等等。

下次再谈。

你的朋友　**弗·列斯纳**

请把关于教育问题和关于继承问题的决议草案寄来！

（原件存于马克思恩格斯列宁研究院档案馆）

威·李卜克内西致卡·马克思

1869 年 9 月 7 日

1869 年 9 月 7 日星期二于巴塞尔

亲爱的摩尔！

这里事情进行得很顺利。想扮演施韦泽那种角色的巴枯宁，我们是能对付的。**会员证问题**无疑将会按照我们的精神以解决。我不向日内瓦集团即巴枯宁屈服。

英国人、德国人和法国人以及日内瓦人和比利时人（后者是些不可救药的糊涂虫，我担心他们多少被收买了）将一起投票赞成伦敦为总委员会的驻在地。

你什么时候到德国来？你**应当**和我们这里做领导工作的人保持联系。

向你和家里人问好。

你的　图书馆

（原件存于马克思恩格斯列宁
研究院档案馆）

弗·列斯纳致卡·马克思

1869 年 9 月 8 日

1869 年 9 月 8 日于巴塞尔国民咖啡馆

亲爱的马克思！

昨天上午，拉绍德封的罗伯尔用法语宣读了总委员会的总结报告，李卜克内西用德语宣读。宣读经常被暴风雨般的掌声打断。法国人看来对总结报告很满意，而德国人也非常满意，并立即把报告送去付印，过几天就可以印好。

然后李卜克内西作了关于德国情况的报告，他用全力来反对施韦泽；他取得了很大成功。接着施皮尔就**施韦泽**和**霍夫施泰腾**问题作了一个很有趣的说明。**里昂的**报告人作了非常好的报告。接着，巴塞罗那的代表发言，他的发言经常被欢呼声打断。

戈克的发言充满空泛的辞藻，他的发言不时地被打断，最后不得不坐到自己的位子上去。

昨天晚上举行了关于巴枯宁和李卜克内西问题的仲裁会议。贝克尔拿出了巴［枯宁］和一个叫维尔海麦尔的人给他的信件，从这些信件可以看出，李卜克内西称巴枯宁为俄国的间谍，等等。但是李卜克内西否认这一切，并指出，这"不是他的看法，而仅仅是报纸上刊登的东西，因此他没有必要去

· 381 ·

否认"；他顺利地摆脱了窘境。

看来贝克尔完全被巴［枯宁］迷惑住了。

会没有开完我就离开了，今天得知，他们已言归于好。

伯尔尼的《联邦报》说，巴［枯宁］弄不到委托书，似乎由于这个原因他不得不去意大利；但是这种说法不正确；我得到的消息说，他有那不勒斯和里昂的委托书。**托伦**持的是马赛的委托书。

昨天晚上各种问题的委员会都在开会，像往常一样，这一次也是很多喧嚣、混乱，很少成效。

里廷豪森大吵大嚷，他仍然想充当调停人。

日内瓦人对戈克的指责被转交给德国代表处理，所以我们将单独开一次会；希望我们能抛开他。昨天晚上我同他发生非常激烈的争论，**李卜克内西**在场，看来他和他关系很好。

因此，事情将闹到很不愉快的地步。我不理解，为什么李卜克内西对这个戈克采取这种态度。当我向他提出这个问题时，他回答说，随着时间的推移人们是可以改变的，等等。

今天下午将讨论土地问题，同样会有许多争论。

朗［……］① 也是昨天下午来的，还有勒洛克勒的吉约姆及其他许多人，我至今还不知道他们的名字。

刚才**荣克**通知我，他收到了你寄来的东西，他非常高兴，他说，现在我们全副武装起来了。他请我转告你，他和赫斯昨天晚上在继承权问题委员会会议上好好地收拾了巴枯宁，并迫

---

① 原稿不清楚。

使他闭口。

　　该搁笔了，马上又要开会了。下次再谈。

　　向大家致友好的问候。

　　　　　　　　　　　　弗里德里希·列斯纳

（原件存于马克思恩格斯列宁
研究院档案馆）

弗·列斯纳致卡·马克思

1869 年 9 月 9 日 ［—10 日］

1869 年 9 月 9 日 ［—10 日］ 于巴塞尔国民咖啡馆

亲爱的马克思！

荣克让我转告你，事情进行得非常顺利，他坚信一切将能按我们的精神进行。到现在为止他非常满意。但是我暂时还不满意；一切都应当做得更好，我才会感到满意。一半时间已经过去了，而我们甚至还没有讨论到［议程上的］问题。

有两次会议完全用来听报告，除了少数例外，都是重复总委员总结报告中的东西，而总结报告中讲的要比它们好 20 倍。

但是，通过了一项今后代表大会的规则，按这个规则将大大避免浪费时间，这也是一种补偿吧；总算学会了一点东西。阿普尔加思作了一个很好的报告，尽管工联主义味道还很浓。

戈克引起了一场大吵嚷，因为，第一，他想用法语发言；第二，他讲了些片面的、瑞士民族主义的胡说八道。李卜克内西的报告写得很好，获得了很大成功。维也纳的**诺马耶**也讲得不错，看来他是国际的坚决拥护者，但他对李卜克内西不大满意。

其次，可以告诉你的是，收到了巴塞罗那、巴黎以及一些团体的许多贺信和贺电。

今天上午宣布，对戈克的指责"论据不足，因而不能剥夺他参加大会的权利"。我声明，我根本不同意这个决定，并请把这点写入记录，我的声明遭到激烈反对，而李卜克内西先生像发了疯似的。

因为很多时间已经过去了，而议程上的问题还没有讨论，所以开会的时间大大提前，晚上还增加一次会议，好让人们可以丧失更多的时间。

早晨5点。整个会议就土地问题进行了激烈争论；我们建议重申布鲁塞尔决议，并让反对者讲出自己的意见。但大多数人反对，因此，我们又开了一次会来听［报告］，开了另一次会来讨论。刚才舍马莱作了表演。当**荣克**提醒他十分钟发言时间已经用完了时，引起了一场喧哗。但是，这些先生们被迫退却，因为这条规定是他们自己帮着确定的。

我们的考埃尔·斯特普尼提出了一些很中肯的意见。

傻瓜戈克这会儿正在高谈阔论，而**荣克**允许他继续吹下去。他吹了那么久，然后他还要把他所吹的全译成法语，结果引起了一场喧嚷，他被迫闭嘴。

鲁克拉夫特也是片面地看问题，但是荣克总说不错。

阿普尔加思向你问好，并让转告你，荣克简直做出了奇迹，把一切事情都办得很好，并叫我告诉你，如果我们的事业需要的话，他准备昼夜不停地发言。

今天上午对土地问题进行表决，我想如果有人投票反对的话，那也只是几个人。

荣克又让我向你致意，并让转告你，他没有时间给你写信，让你别生气。的确，好好写信几乎不可能。会议刚一结束，又开始搞其他事情。

总的说来事情进行得比前几次代表大会要好。

看来，参加这次工人的代表大会是非常有益的，并将留下很好的印象。

到现在为止，出席的已有76个代表，但是还有新的代表不断地来。

我将把已印好的记录，即已准备好的那部分以及总委员会的总结报告立即给你寄来。

希望你收到这封信时身体已经康复；向库格曼医生致衷心问候，告诉他，他应该到这里来，而且你本来也不应当缺席。

致友好的问候。

弗里德·列斯纳

星期五早晨九点

（原件存于马克思恩格斯列宁
研究院档案馆）

弗·列斯纳致卡·马克思

1869 年 9 月 11 日

1869 年 9 月 11 日于巴塞尔国民咖啡馆

亲爱的马克思!

会议那样多,一个接着一个,几乎没有时间写任何东西。《芝加哥工人辩护士报》派来了一个编辑,此事你已知晓;昨天上午《泰晤士报》给埃卡留斯写信,请他把报告寄去,并辩解说,因为有埃卡留斯给他们写稿,所以没有派记者来。

关于土地问题的表决结果如下:

赞成——54 票,反对——13 票,弃权——4 票,缺席——4 人。

关于继承权问题,结果混乱。

今天上午讨论了罢工问题,在这个问题上也出现了很大混乱,许多人把这个问题看做是代表大会上的最重大的问题,因此很大一部分时间用来就这个问题进行各种说教。朋友李卜克内西也倾向于把这个问题看做最重要的问题。

那不勒斯的一个意大利代表就这个问题发言,他描述了劳动者非常困难的境遇,他的发言非常成功。

巴黎的塔尔塔雷用长篇大论的发言来消磨时间,布里斯梅也是这样。

在各种长篇大论的发言后，我和阿普尔加思发言结束了这种状况。我驳斥了关于合作社的教条，我们不是为此召开代表大会的。

阿普尔加思提的决议案被通过。决议案我当然无法给你寄来，因为我自己至今还没有拿到。

就上述问题进行投票表决后，一个美国代表发言。

他的发言除了几点以外，感伤主义味道很浓。没有上帝他简直寸步难行。但总的说来对他的发言反应还不坏，这也是很自然的。他邀请大家参加应届美国代表大会，这一点得热烈赞同。

刚刚提出了一个建议：把还没有讨论的问题转到下次代表大会讨论。

下次代表大会将于明年在巴黎举行；一致通过。

总委员会移到伦敦，或者更确切些说，留在伦敦。明天举行宴会。致友好的问候。

弗·列斯纳

(原件存于马克思恩格斯列宁
研究院档案馆)

保·拉法格致卡·马克思

1869 年 9 月中

1869 年 9 月中于伦敦

亲爱的马克思先生！

　　委员会于星期二〔1869 年 9 月 14 日〕举行了会议；所有的代表都出席了，并向我们作了关于自己行动的报告。荣克第一个发言。无需赘言，他像平常一样，兴奋得不能自已，只讲他自己所遇到的人和事。总的印象是：所有代表对于他们受到的接待、对代表大会工作的进程和他们在瑞士、法国、英国的观感，都非常满意。可怜虫杜邦对于没有到巴塞尔去感到非常遗憾。但是最有趣的是，美国代表卡梅伦出席了这次会议。他出生于苏格兰，个子不高，面部表情坚毅，甚至有些呆板；但是在他的平静外貌后面隐藏着一团烈火，只要他开始讲话，火马上就燃烧起来。他很健谈，是个很好的演说家。他的理论水平不高，只看到他直接碰到的事情。因此，他在代表大会上似乎投票赞成小所有制，虽然口头上他好像是同意吞掉一切；但是财产卡住了他的喉咙，因为他的父亲是一个州的地主，而他想在某个时候在他父亲的一块土地上种大白菜呢。但这暂时还不重要，他很积极，而在目前没有把自己的利益同工人阶级的利益分开，他现在是工人阶级的领袖之一。

他被选为会议主席，这使他的自尊心得到了满足。在荣克的长篇报告和其余的报告人发言之后，大家请卡梅伦发言。他向我们朗读了西尔维斯的信，但把它压缩了，并稍微有些渲染；他的简短发言中有一处很好。他说："现在有两类掠夺者和被掠夺者。"他发言结束时提出了他曾在代表大会提出过的那个建议，即建立移民局；他认为这个局的职责是：每当它得到雇主邀请欧洲人的消息时，它就通知我们，让我们阻止他们离开，每当需要（这是经常发生的）熟练劳动时，它将告诉我们，我们就把移民送到指定地点。总之，卡梅伦想让我们调节移民，使其不致损害美国工人。有一件事我忘了告诉你，也许你已经知道，但这件事很典型，值得重复一下，美国的大工业家把他们工厂周围的土地据为己有，在这些土地上为工人建筑住宅，禁止别的工业或商业企业在附近营业，好让他们自己为工人提供必需品——肉、衣服、糖等。他们还不满足于用这种方法把工人掌捏在自己手中，他们还发行了一种在他们商店里专门使用的特殊货币，并用这种货币给工人发工资。如果这些不幸的人想把这种货币换成金子或银行券，它们就不得不贬值百分之四十。在最近一次代表大会上揭露了这一事实，他们将为消灭这种骗人的制度而斗争。在结束对这次会议的介绍之前，我想给你谈谈哈里斯的一段插曲。当时选出了一个委员会来作关于移民问题的报告。荣克总想讨好所有的人，他建议由哈里斯来作。哈里斯刚一听到自己的名字，就一跃而起，讲了一大套，他一开始就讲："我应当告诉我们的朋友卡梅伦，我不是工联主义者。"从大厅的四面八方响起了不满的叫声。卡梅伦不知如何是好；愤怒的黑尔斯说，"我们和您的意见毫不相干。"但是哈里斯还是继续发言。当他讲完了时，卡梅伦讲话并回答他："我知道，工联只是一种手段，而不是目的，虽然如此，我应当说，没有一个聪明人、没有一个行动的人不是工联主义者。"哈里斯想反驳他，幸而他遭到反对，没有讲成。

卡梅伦惋惜未能见到您。他今天离开。我想送他一张您的照片，但我家里一张也没有。昨天，我和荣克，埃卡留斯和列斯纳同卡梅伦在阿普尔加思那里渡过了一个晚上。代表大会给阿普尔加思留下了深刻的印象，我预料他将是委员会的一个非常积极的成员。是他把您的报告送给设菲尔德报纸几乎全文发表的，他还为这家报纸写了关于代表大会的报道。阿普尔加思甚至比原来设想的要激进一些。《泰晤士报》曾在社论中断言：英国代表投票反对没收土地。阿普尔加思在委员会里驳斥了《泰晤士报》的这种错误说法，并补充说，如果他知道农民的困苦生活而持另一种意见，他会感到"自己是可耻的"。阿普尔加思又提出了移民问题；他认为，只有这才是迫使英国人支持我们的真正手段。甚至预见到利用这个移民局来赚钱的可能性。我们可以把它变成通讯局，并规定较低的薪俸，我们就能做到使多人向我们提出申请。其次，卡梅伦答应给我们提供必要的情报，并说我们可以同土地转卖者签订合同，如果我们把移民送到他们那里去，他们会给我们一定的提成。无论如何，我们应立即按卡梅伦的意见来开始工作，即阻止欧洲人应雇主的要求到美国去。根据阿普尔加思的建议，我们决定，在关于代表大会的报道的小册子中应当宣布建立我们的移民局，工联在自己每月报告中一定要提到这点；这会帮助传播我们的影响和关于我们的消息。他向我们建议，如果可能的话，每月或每三个月印一份报道，并把它散发给所有的协会。

燕妮在她写的一封信中说，您将很难摆脱库格曼的盛情接待。我觉得，您有一个很好的借口，因为，您非常有必要在日内回到伦敦。

施纳普斯病得很重；我们的行期未定。向燕妮致友好的问候。握手。

保·拉法格

（原件存于马克思恩格斯列宁
研究院档案馆）

弗·阿·左尔格致卡·马克思（节选）

伦　敦

1872 年 7 月 15 日于霍博肯

举行了代表大会的美国联合会决定：

1. 我们要使总委员会相信，我们对总委员会抱有强烈的好感并支持它。

2. 我们声明，我们赞同我们所了解的总委员会的一切行动和措施……

4. 我们承认，强有力的集中是绝对必要的，否则，在统治阶级日益增强的集中面前，我们就会显得软弱无力。但是我们认为，在消灭一切阶级统治后，要建立联邦制度，也就是实行独立的公共管理。

您最真诚的　弗·阿·左尔格

按《第一国际海牙代表大会（1872 年 9 月 2—7 日）：报告和书信》（莫斯科 1972 年版第 313—314 页）刊印

原文为德文

E. 格拉泽·德·维尔布罗尔致
卡·马克思（节选）

伦　敦

1871 年 8 月 8 日于布鲁塞尔

亲爱的、最尊敬的导师：

　　我在上封信里没有提到我同我们的著名活动家们就代表会议一事谈话的结果。想法本身很容易被接纳，原因是我真没有想过你们会物色到德巴普。假如仍然是比利时代表，就马上会有人对我讲，在没有讲清目的的情况下，不能向支部要钱，而你们还不想公开有关代表会议的事宜。由于布鲁塞尔支部比约伯①还穷，因此将来就要找一条绕远的路。谈到我还没有见过面的德巴普，有几点意见：（1）他可能难以走开；（2）由于同他前岳父的关系明显冷淡，他在莱特的根基正在变弱，因此有可能得不到多数人的赞成。布里斯梅认为，德巴普难以给协会再做点什么，目前唯一受大家尊敬的人是公民斯滕斯，《国际》的专职主编。还是根据布里斯梅的意见，安斯被《自由报》紧紧缠身，对他不能有过多的奢望……这就是那些领袖

① 约伯，《圣经》中的人物。约伯是上帝的忠实仆人，以虔诚和忍耐著称。魔鬼攻击他，把他变得又穷又病；使得他却在困苦穷乏中诅咒自己。

们，你们可以在这个基础上作出判断，战士们是了不起的。当然，我的评价应该限制在我们的范围之内，但是现在无论是在对待人上，还是对待他们的人格上，绝对要放弃幻想；由于我既不担心有所冒犯，也不担心有所伤害，因此我将直言不讳。

各个方面的人都问我，您的著作《**资本论**》是否已译成法文。假如已经译完，在哪可以得到。

请您注意，应将信件直接寄给我：我的邻居是一个胆小的人，当他没有得到事先提醒的情况下，拆开比果的信，认为这是一起政治阴谋，因此感到十分恐惧。最好能够直接给我写信，因为我从不认为有寄给我的一封信会丢失……

我住在伦敦期间，甚至在那之前，听说费利克斯·皮阿也在那里……假如要相信某些传言的话，我希望知道，这个被轻易推测出来的消息所依据的是什么？比方说，有人向我担保说，费利克斯·皮阿仍在瑞士并受到残酷的迫害。我对这个吵吵闹闹、精力旺盛的人物没有一点好感，到目前为止，这个人总是会随时跑掉。假如现在是另外一种情况，那倒让我十分惊奇，但我很想知道真相。因此请您询问一下那些担保皮阿在伦敦的人。当然，费利克斯·皮阿同国际没有任何直接联系，但我有理由认为，有人想逮捕他就是希望利用他的证词来确认，协会是怎样参与公社筹备的。毫无疑问，您是知道杜弗尔就国际提交的法律草案。根据我知道的消息，各国政府就消灭协会达成了一致的协议，特别是比利时和瑞士政府。我一点都不怀疑马鲁的法律草案会通过，而那个时候集会权就被取消了，同时协会也一样。您甚至可以想到，我们英勇的军队将被彻底改组，所有贯穿国际主义内容的东西都将被清除，而且在比利时还会接连不断地发生像在瑟兰和奥伊彭一样的屠杀。我非常了解自己的国家并可以预料她的未来。在这里除了一时的精神振奋，什么指望也没有，这就意味着在没有外部推动的情况下，比利时没有发生任何真正革命的可能。

可是现在还看不见推动力能够来自何方，因为我们的法国邻居一时重病缠身①，似乎应该期待他人更多的援手……

请您向马克思女士表示敬意。

您极其忠诚的

E. 格拉泽·德·维尔布罗尔

首次发表   按手稿印制

原文为法文

---

① 写信人指的是在巴黎公社失败后，法国工人受到了残酷的迫害。

保·罗班致卡·马克思（节选）

伦　敦

1871 年 8 月 20 日于伦敦

亲爱的公民马克思：

　　我很想将有关审议共同章程所附的条例问题列入代表会议日程。希望删除托伦之流在日内瓦代表会议上提出的有关给协会会员提供贷款的谬论，因为这一谬论既没有实施过，也不能实现；另将各次代表大会上通过的有关组织问题的决议列入其中。

　　为了准备向美因茨代表大会提交相应的方案，研究社会问题的巴黎小组及时成立了一个委员会。委员会完成了这项工作，但是支部没有来得及讨论和通过这个方案；那里发生了诉讼、战争等。

　　这个美因茨大会代表德拉埃拟定的方案最好被采纳。

　　亲爱的公民马克思，最后，请您再倾听一下我必须补充的内容，您就把它看成我极其忠诚的体现。新的材料使我形成一个见解，即一些隔阂被人利用，导致您对瑞士分歧的认识产生误解。我希望代表会议将这些问题调查清楚。但是，我对您提前讲这些问题，原因就是我认为您可以改变对一些事和人的评价；也有可能因说得过火，您会形成另外一种观点。假如我仅仅能够让您有点疑惑……

请转达我们向马克思女士的敬意！

忠于您的

保·罗班

东南区肖特-希尔下厄林顿路5号

首次发表 按手稿刊印

原文为法文

皮·日拉尔致卡·马克思

伦　敦

1871 年 9 月 26 日于伦敦

《纽约世界报》

东中央区弗利特街 32 号

致卡尔·马克思博士

尊敬的先生：

　　就像大家知道的一样，国际代表会议在一两天之前就在伦敦闭幕。我十分渴望尽快拿到国际代表会议所有用于发表的报告、声明和呼吁书各一份。如果我能够在伦敦发表这些文件前得到它们，那我马上将其送到纽约，以便在《世界报》上发表，当然，我已准备好支付印制相关复制本的费用。

　　请您告知，您那里是否有可能以及是否同意将相关的资料尽快地提供给我？

　　表示深深的敬意！

您的忠实公仆　**皮·日拉尔**

首次发表

按手稿刊印

原文为英文

乔·哈里斯致卡·马克思①

伦　敦

1871 年 10 月 4 日于伦敦

9 月 10 日的《伍德赫尔和克拉夫林周刊》国际就华施贝恩**全文**发表了一篇声明②。我已经请安德鲁斯定期给您寄一些《周刊》。您收到了没有？《苏格兰人报》用几个版面刊登了有关盛会的报道，我希望在下次的邮件中也有来自美国的类似报道。我给一个住在格拉斯哥马迪纳·考特的朋友去信，请他告诉我那里是否需要金属工业工人；他在回信中说了一些初步想法，认为那里存在欺骗行为，他们生产的产品都是其他城市企业主下的订单，因此工人都避免签订合约。

我不知道埃尔曼的地址，但如果您认为需要的话，可以使用这个地址。

乌拉！威德和勒吕贝！

<table>
<tr><td>首次发表</td><td align="right">按手稿刊印</td></tr>
<tr><td></td><td align="right">原文为英文</td></tr>
</table>

---

① 信书写在明信片上，其地址为：西北区哈弗斯托克小山梅特兰公园路摩德纳别墅 1 号，卡尔·马克思先生。

② 卡·马克思的《美国驻巴黎大使华施贝恩先生》。见俄文版《马克思恩格斯全集》第 2 版第 17 卷第 388—391 页。

昂·培列致卡·马克思

伦　敦

1871 年 10 月 8 日于日内瓦

亲爱的马克思公民：

我希望在我回到日内瓦几天后，就能收到有关罗曼语区纠纷的决议。我们曾想在 8 日的《平等报》发表这一决议，缘由是我们的人都迫不及待地期盼报刊发表这一决议。因此，就像我离开伦敦时您答应的那样，请您帮忙将这项决议给我们寄来。决议要用盖有总委员会公章的公文笺，并由代表会议主席和书记签字，这样我们就可以避免受到他们的责备，说我们在文件上造假。很明显，总委员会里有人向这些先生们传递这里的一切消息；这个人应该是罗班，他是这些人的保护者。因此，请您尽快将决议给我寄来，以便在本周六将其刊登在《平等报》上。

我在离开伦敦前没能握到您的手：宴会的夜晚①，当我和荣克告辞后，街道上已经空无一人。由于我第二天早上就离开了，所以就无法同所有的朋友告别，将来同他们见面有可能也难。

---

① 9 月 24 日，星期日。

在您的家里和我在伦敦短暂的逗留期间，您对我的友好情谊给我留下了最美好的回忆。请向您的两个迷人的女儿转达我最友好的敬意，我们的伊丽莎公民①赞美她们的那些"溢美之词"是不足以来形容她们的；她们是真正的国际主义者，最好是我们众多妇女的榜样。亲爱的公民，我渴望您无论如何要到日内瓦来，我们的朋友会为与您的结识而感到很高兴。

请向我十分敬重的恩格斯先生和埃卡留斯等人转达我的敬意。

有人在日内瓦焦急地等待有关接受流亡者支部的答复。说真的，这些人指的不是我们，而是那些已经加入支部的从前同盟成员。这个支部就是那个宗派组织的复生，就是换了称呼。

请您一定把所附的信件交给我们的光荣的朋友赛拉叶。

静候你们的佳音。

兄弟般地与您握手。

昂·培列

日内瓦于尼凯堂

吴亭和贝克尔向您致以崇高的敬礼。

首次发表

按手稿刊印

原文为法文

---

① 指伊·托马诺夫斯卡娅（德米特里耶娃）。

约·格·埃卡留斯致卡·马克思

伦　敦

1871 年 10 月 11 日于伦敦

西南区威斯敏斯特百老汇 31 号

亲爱的马克思：

我同莫里斯谈话后刚刚返回来。他说，他完全不相信《泰晤士报》编辑部有关我们的报道。

我同意提供两篇文章（每篇的篇幅为两栏），实事求是地阐述国际的起源、任务和目标以及它的活动范围，所有这些都是以事实为依据，而不是出自个人的意见。

确定任务和目标不应该仅仅从我个人的意愿出发，而是要表达出形势的要求，以及同我进行真正合作者的意见。他需要了解真正的情况。我答应他下周交稿。或许，这件事应同小委员会协商一下？

忠诚你的　**约翰·埃卡留斯**

首次发表

按手稿刊印

原文为英文

海·荣克致卡·马克思

伦 敦

1871 年 10 月 12 日于伦敦

亲爱的马克思：

　　培列应该早已收到决议，贝克尔也是，因为我给他们分别寄去了一份。有两个新成立的支部请求批准他们，就此我将写信告知他们应该向罗曼语区联合会委员会申请。

　　谈到美国的资金，我个人认为，我们在总委员会作决定之前最好不要使用它们。基金的分配往后拖延几天，这样做会更好一些。除此之外，就"总委员会具有裁夺分配资金的权力"的问题，我们毫无疑义会收到大多数的意见，甚至是一些持反对立场的意见。我从一开始就原则上支持有关总委员会具备这个权力的意见，并且不担心就这一问题讨论的结果。但是《苏格兰人报》的文章让我担心。原因是文章的作者或者提供材料的人被揭露出来后，找出各种借口进行反控和脱掉干系。可能这个人已经给美国方面写了信，在那里造谣说，由一个两三个人组成的团伙裁夺资金的分配，他们甚至都不同总委员会协商。布恩和哈里斯喜欢用各种机会表明，他们是不会受欺骗的。总委员会里有这种傻瓜，就不知道他们会干出多少令人厌恶的事情。顺便说一句，谈到《苏格兰人报》的文章，您是否收到一封署名奥里的美国人来信。这个人否认自己是文章的作者。我认为文章就是他写的。他是从一位总委员会委员那里得到的材料，而这些材料是用于介绍情况的。我觉得，甚至知道是谁提供了这些东西，我们几天后就会见分晓。

向您全家致敬！

海·荣克

1871 年 10 月 12 日

首次发表

按手稿刊印

原文为英文

乔·哈里斯致卡·马克思

伦　敦

1871 年 10 月 14 日于伦敦

南区万兹沃斯路卡米利安街 3 号

亲爱的马克思博士：

　　如果有可能，请您把托马斯·奥尔索普先生在尤思顿路的地址寄给我。十分紧急。

　　请将附件交给指定人。因今天晚上我在一个剧院有公务性的会晤，因此难以参加总委员会的会议。

　　来自美国的佳音，也就是今天收到了一整捆信件和报纸。纽约的威斯特（英国人支部）想知道有关代表会议的报告什么时候完成。他给埃卡留斯也写了信。《伍德赫尔和克拉夫林周刊》于 10 月 9 日全面阐述了国际的目标等，而《金色年华》（*Golden Age*）刊登了一篇维护巴黎公社社员的佳作。

　　匆匆。致以深深的敬意！

乔治·哈里斯

　　我是在办公室外有人窥视的情况下潦草写就的，他们在监视我。

首次发表

按手稿刊印
原文为英文

斐·约策维茨致卡·马克思

伦　敦

1871 年 10 月 18 日

于柏林市郊弗兰佐泽希-布赫霍尔茨

深深尊敬的先生：

　　我的朋友克瓦斯尼夫斯基于今年 10 月 29 日收到了您的来信。经他同意，我今天想告知您的是，我们已经清楚了柏林同志对这封信的态度以及这封信起到的作用。

　　首先应该告诉您的是，多数在柏林的党员同志，甚至可以说全部，对您下面的话感到震惊："德国既没有选派代表，也没有提出报告，这种报告也像会费一样，从 1869 年 9 月起就没有收到过。德国工人党对国际迄今所保持的纯柏拉图式的关系。"说实话，我们认为这种状况令人难以接受，当然，这种状况即使是能接受，也会损害我们的威望。在这里，也就是特别注重同个人崇拜作斗争的德国，我们出于对享有威望人的坚定信任，结果犯了粗心大意的错误，这是不可饶恕的。

　　目前正在修正这些错误，克瓦斯尼夫斯基直接与您联系的目的就是希望最终能够恢复我们已经失效的 1869 年的会员证效力，这样就在事实和法律上都重新加入了国际。

　　您做了答复，而且克瓦斯尼夫斯基在柏林的民主工人联盟

· 407 ·

的会议上报告了您10月19日的来信内容。同志们立即过来并申请加入国际。就在克瓦斯尼夫斯基作通报的那个小型会议上，好像已经有了23位会员。我们感到高兴的是：这件事成功了，以及出现了以国际支部的身份在柏林和有社会民主工人党成员的地方马上进行公开活动的想法。由于要确认会员资格，因此需要足够的章程和会员券。

然而，有人反对这一想法。因此，克瓦斯尼夫斯基认为，在柏林宣传国际的原则是最不利的，因为那里的工人阶级完全不感兴趣。克瓦斯尼夫斯基认为，只有那些感到好奇和爱惹事的人来参加我们这种会议。就像他讲的一样，在发生斗争的情况下，柏林支部的力量可能处于弱势，因此失败的危险是很大的。

一些人同意克瓦斯尼夫斯基的意见，但与我的观点相悖，而我的观点与柏林党内的许多同志的意见是一致的。毫无疑问，我们认为，为了在一定程度上有效地克服柏林无产阶级现存的麻木不仁（况且，近年来不断增长的住房需求和各种必需品价格的上涨大大促进这一进程），恰恰是要坚决反对希尔施和敦克尔分子以及施韦泽和哈森克莱维尔分子；反对区联盟和消除贫困与赤贫的联盟，反对向流浪人员提供吃住的施舍者。我们认为，即使国际的**柏林会员会议**来了许多好奇者，当然，还有一些爱惹事的人，但终归大多数参加会议的人是希望获得真理的。毫无疑问，特别是在第一次召开的这样会议上，我们要显示出气势来，以便消除我们所面临的一切危险。终究我们在这方面已经积累了一些经验：像监督委员会主席梅茨纳这样的人，就是我们所拥有的卓越的会议领导人；在我们的队伍里有许多精于我们事业的人及其坚定的捍卫者（排在第一位的就是克瓦斯尼夫斯基）。但是我寄予希望特别大的是报刊，他们无论如何都要刊登有关国际柏林支部会议的报道，不在乎是什么态度。沉默制度已经给我们造成了极大的危害，因此在这种情况下，这一制度就难以实施了。到那时，这样的消息将在德国各地的报纸上报道，而且出席第二次会议的人数会增加，当然，敌人也会更加狂怒。与敌人相反，我们力量的首胜自然而然地会增强我们的自信，要知道，我们学会了对付警察各种诡计的办法。

应该再一次引用一位柏林党员的话，这位党员认为，加入国际有可能会变成是出于一种虚荣心。这样的观点是有根据的：有人愿意这样憧憬，如果他能够出示章程和会员券，这就是获得一种荣耀，但是一次又一次所受到的迫害使我们明白，只有以利益为基础的立场，那才是最牢固的。谈到那位同志的其他言论，这就是他认为不折不扣地完成社会民主工人党所担负的责任，毫无疑问，对此要进行驳斥；另外是，在任何情况下，国际都有权要求提供哪怕是德国的一些报道。

这就是我想说的。这是有关柏林状况和倾向的报道。如果您真的不反对，今后将时而告知您一些更加详细的其他情况，而我就想知道，您最感兴趣的是什么？假如您认为有必要这样做，或者我们就此提出专门的请求，就劳驾您告诉我们您的意见。由于考虑到支部有义务在提供给公众的文件中加强自己存在这一事实，因此对我这封信的答复可能是有益的，从另一方面讲，柏林所面临的潜在失败可能会带来恶劣的后果。

周一早上我和克瓦斯尼夫斯基去柏林时，他还没有收到您答应给他的会员券。

敬启。

作家 斐·约策维茨
柏林市郊弗兰佐泽希布赫霍尔茨
（德国社会民主工党监督委员会第二书记）

首次发表

按手稿刊印
原文为德文

海·荣克致卡·马克思

伦　敦

1871 年 10 月 20 日于伦敦

亲爱的马克思：

维尔茨比茨基、沃尔弗和赖德律他们三位流亡者和排字工人们已就印刷事宜达成协议；但是，为了在周一①晚上开工，他们明天晚上必须拿到两个英镑。在对第一批订单进行结算后，他们会将这笔钱还给我们。我们是否可以向他们提供章程和其他出版物？这些东西扎比茨基已经准备好了。

上周二②您已经获得一些资料的印制授权，如果这些资料您还没有交出去，是否就从这些资料开始。

请您费神告诉我，我能同他们讲什么？他们想见您，但我认为他们没有必要去打扰您。

致兄弟般的敬礼！

海·荣克

首次发表

按手稿刊印
原文为英文

---

① 1871 年 10 月 23 日。

② 1871 年 10 月 17 日的总委员会的会议授权。授权印刷包括伦敦代表会议决议在内的总委员会通告。

阿·泰斯致卡·马克思

伦 敦

1871 年 10 月 25 日于伦敦

菲茨罗伊广场豪兰街 24 号

亲爱的公民：

感谢您本月 21 日给我的来信①。但我不得不声明，总委员会给法国人支部的答复丝毫没有改变我的观点，我坚持辞职。

当我打算进入总委员会的时候，伦敦还没有一个所属国际协会的法国人小组；从那时起由巴黎各个支部的代表组成了一个小组，而且由于我接受小组成员所制订的准则，所以我认为加入这个小组是我的天职。

谈到刊有代表大会决议的通告，我同意你们对下面这个问题的意见，问题是：他的签署人是否仅仅是总委员会的成员或者还应该包括在代表会议期间加入总委员会的公民及赞同决议的人。我早就完全同意你们就这个问题的决定。

我深深地敬重您，同时也对我们之间出现的分歧感到遗憾，但是我认为加入法国人支部是我的责任，它的章程符合我

---

① 卡·马克思致阿·泰斯的信没有保存下来。

· 412 ·

历来坚持的原则。

尽管我们在这一点上（唯一的）有分歧，但是无论在什么情况下，请您都不要怀疑我对国际协会所代表的思想的忠诚；而且不要怀疑我对您个人的敬爱，这是您的人格魅力带来的。

致以兄弟般的敬礼！

阿·泰斯

首次发表   用手稿刊印
                                                          原文为法文

赖德律致卡·马克思

伦 敦

1871 年 10 月 25 日于伦敦

先生：

我刚刚就印制章程一事同荣克见了面。

如果稍微推迟一下印制我们已经拿到的那部分文件，就能够印制完您打算周一下午①交给我们的那一部分。假如决议②不能推几天的话，就请您把它们交给你们日常的印刷人员去做。

希望您能够完成必须是您才能完成的工作，假如有可能，希望将这项工作交给我们。

敬礼和致以兄弟般的情意！

赖德律

尤思顿路贾德街克莱蒙特广场 18 号

首次发表

按手稿印制

原文为法文

---

① 1871 年 10 月 30 日。

② 指伦敦代表会议的决议（见 1871 年 10 月 20 日马克思致荣克的信）。

海·荣克致卡·马克思①

伦　敦

1871 年 10 月 25 日于伦敦

亲爱的马克思：

明天和这个周六我将分别给流亡者们寄去 5 英镑和 10 英镑；我在上周六②已经给他们寄去 5 英镑。

谈到我们的章程，在当今的形势下，希望在其他什么地方印制更好；我们将在下周一③拿到决议④。但我们章程的法文本肯定会在同一周给他们的。大约在本周五 9 点，我要到恩格斯那里接回我的孩子，如果您有时间到那里去见我，我将十分高兴。

向所有人致以友好的敬意。

致以兄弟般的敬礼！

海·荣克

首次发表　　　　　　　　　　　　　　　　　　　　　按手稿印制

原文为英文

---

① 信是用荣克的私人用纸写的，上面带有钟表部的地址：海·F. 荣克，钟表匠，伦敦东中央邮区克拉肯韦尔区查尔斯街 4 号。

② 1871 年 10 月 21 日。

③ 1871 年 10 月 30 日。

④ 指伦敦代表会议决议。

齐·迈耶尔致卡·马克思

伦　敦

1871 年 10 月 29 日于伊利诺伊乔利埃特

亲爱的朋友：

请您告知我，您 1 月 21 日给我的来信是最后一封吗？现在我开始怀疑，我的来信有时被扣留。

我是从刊登在纽约《世界报》上的埃卡留斯的信中得知有关 9 月份召开了代表会议的消息。古·迈耶尔极其客气地告诉了我这一事件，同时给我寄来了报纸。我们频繁地通信来交流有关左尔格的情况，他对左尔格的评价比我要好，而且他将有关对我个人观点的一些坦率报道转了过来。他这样做，我想到了。

我感到喜出望外的是，代表会议通过了有关反对成立秘密团体的决定。我们应该采取一劳永逸的措施，铲除这个运动的领袖和领导人；之所以应该采取针对他们的行动，就是因为这些人使现金储备的监督失控。然而，这里的秘密团体发展得越来越大。最强大的是神圣的克里斯平骑士团，但是这个团体很快就要改组。据说，美国机械师联合会十分强大，他们正将所有外国人开除出去。

给我回信的地址：利温格斯通兄弟，宾夕法尼亚州匹兹堡

· 416 ·

市 797 邮箱。

您的　**齐·迈耶尔**

首次发表　　　　　　　　　　　　　　　按手稿印制

原文为德文

亨·格尔哈特致卡·马克思①

伦　敦

1871 年 10 月 30 日于阿姆斯特丹

公民：

现随信寄去国际荷兰支部的一年会费，总额为 11.2 英镑。由于我没有乌德勒支和海牙支部的统计报告，所以寄得迟了点。阿姆斯特丹支部现有 170 人，最初曾答应会接受大量会员的海牙支部缩减为 54 人，而乌德勒支支部已经五六个月都处于勉强度日的状态，近于瓦解。您会发现，人员的总数不够理想。但从另一方面讲，目前形势的发展并没有那么差，国际的原则在这里更加牢固。我相信，尽管有许多人暂时不想加入我们的协会，然而在危险的时刻，他们会以自己的行动证明他们是我们的朋友。

许多工人现在都只是力争成立国家组织，但是我们对这场运动丝毫不畏惧；相反，他们最终会认识到对国际协会的迫切需求。

亲爱的公民，请费心告知我们，你们在 9 月 17 日代表会议上讨论的结果，参加代表会议的荷兰代表是阿姆斯特丹的克

---

① 盖有印章"国际阿姆斯特丹工人支部"。

· 418 ·

楠，但我们还没有收到他的来信。

在收到我寄给您的会费后，还请您尽快将收据寄给我，以便按规定记账。

敬礼并致以兄弟般的情意！

国际荷兰支部通讯书记　亨·格尔哈特

致伦敦总委员会荷兰通讯员、公民马克思。

又及：请您用法文或德文给我们写信，因为我们这里没人会用英文读写。

我的地址：亨·格尔哈特，阿姆斯特丹伦小街 472 号。

首次发表 按手稿印制
原文为法文

沃尔弗致卡·马克思

伦　敦

1871 年 11 月 2 日于伦敦

公民马克思：

有幸给您送去 800 份英文决议以及法文版的校样①。

还差 6 项决议。只要正在印刷的英文印版一到手，就马上进行修改。

敬礼并致以兄弟般的情意！

沃尔弗

贾德街克莱蒙特广场 18 号

首次发表　　　　　　　　　　　　按手稿的照相复制本印制

原文为法文

---

① 伦敦代表大会的法文版。

拿·拉塞西利亚致卡·马克思

伦　敦

1871 年 11 月 14 日于伦敦
伦敦西中央邮区尤斯顿路 3 号马布列顿广场

先生：

昨天晚上我已经开始翻译《章程》①，并希望尽快完成这项工作。是否还需要翻译新的通告函②？

向您的女士们致敬！衷心地握住您的手。再见！③

忠诚您的　**拿·拉塞西利亚**

首次发表

按手稿刊印
原文为法文

---

① 译成意大利文。
② 指伦敦代表会议决议。
③ "再见"一词是用俄语书写的。

海·荣克致卡·马克思

伦 敦

1871 年 11 月 20 日 ［于伦敦］

亲爱的马克思：

斯特普尼一直住在原来的地方（皮卡迪利大街博尔顿 9 号）。我不知道收他多少钱。我支付给赖德律 7 英镑 5 先令的决议印制费，但不知道这是每个语种 500 份还是 800 份的印制费。我也不清楚是否应该按照成本或者多一点的标准来收取斯特普尼的费用。这个恶棍答应过支付 5 到 6 英镑的银行券，但在上周二的总委员会上却很麻利地塞给我 5 英镑；他变得出格地吝啬和小气。我转给沃尔弗斯 1 英镑。普兰塔德寄给我一个 14 英镑 8 先令的存折，用于那个俄国博士的花销。他说，请您替他支付。

致以兄弟般的敬礼！

海·荣克

1871 年 11 月 20 日

首次发表

按手稿印制

原文为英文

弗·阿·左尔格致卡·马克思

伦　敦

1871 年 11 月 21 日于霍博肯

尊敬的朋友：

昨天我收到了您的两封来信①和决议②。对此表示衷心的感谢。遗憾的是没有早一天收到这些信；那样的话我们就会成功地将第 12 支部开除出国际，也会堵住我们那些爱夸耀的法国人的嘴。现在，你们的通报是我们坚持自己行为方式最有说服力的理由，而那几位误入歧途的诚实人毫无疑义会在下一次的会议上重新回到我们这边。第 12 支部使我们非常烦恼，以至于我们任何事情也做不了。这些阴谋分子和饶舌的人面对着世界竟然肆无忌惮地发表一些错误的、虚假的和侮辱性的言论，使得我们无法与他们继续共事。最终我们在中央委员会获得了完全的多数，但是大家认为，解散支部和改组整个系统这一决定要比给他们最严格的纪律处罚更合适。

新的组织将制定极其严格的接纳新支部的审查标准，并且有可能规定，首要条件是：在被接受的支部中，起码有三分之

---

① 见马克思分别于 11 月 6 日和 9 日致左尔格的信。

② 指伦敦代表会议决议。

· 423 ·

二的成员为雇佣工人。有关更加详细和更多的内容，将在下一封信中和无论如何要提交下次会议的解释性通告中进行介绍。

对于爱夸耀的法国人正在做蠢事这一点，我不感到惊讶，因为有关这一点我已在日内瓦听到和在这里体验到了。但是这伙坏蛋对你们的攻击是极其卑鄙和忘恩负义的行为，这种行为我也是刚刚碰上过，真是让人对这群危害社会的乌合之众难以忍受，哪怕是短时的。请您告诉我，在总委员会的法国人委员中谁是可靠的？问的目的是对这里有所了解和伺机采取一些行动。当然，生活在这里的这伙人也是有区别的，年长的和很久以前就生活在这里的法国人几乎毫无例外地属于那种喜好夸夸其谈和吹嘘的一帮人，而在那些比较年轻的流亡者中有很多了不起的人物，只是他们暂时还不能公开露面。"个人的绝对自由"是他们代言人的战斗口号。就在不久前我对一位关键人物说："可是要知道，这是资产阶级的自由，是剥削和饿死的自由。"他回答我说："你不要用这个说法哄骗我，要知道，我是一个蒲鲁东主义者。"果然如此。他们是蒲鲁东主义者，这就是他们对您感到愤怒的根源。为了争夺优势地位，现在他们之间在纽约那份总是喋喋不休地说人坏话的小报上争吵起来，这个结果非常好，因为通过这样的方式，会在发展过程中把情况弄得更加清楚，激进分子们也会被分离出来。他们在口头上夸夸其谈兄弟般情意等的同时，行动上却是对我们进行百般的羞辱；他们嘴上说"团结和和解"的同时，站到了第12支部卑鄙的阴谋分子一边并与我们变得疏远起来，而我们为他们赢得尊重和给他们在这里开辟了道路。无所谓！我们了解他们，知道他们马上就会请求谅解；但我相信，对于他们竭尽全力所进行的反对你们的行为是不会得到我们的宽容和谅解的，如果这样做了，他们艰难的生活状况就是我们造成的，而且要为此负责。

今天给您寄去两份 10 月 21 日的《伍德赫尔和克拉夫林周刊》。明天我买得多一点并给您寄去。假如您还对愚蠢的海因岑感兴趣，就写信告诉我，我将一直给您寄《战斗报》。但我认为未必值得去做。我收到了波克罕的答复。谢谢转过来的邮件！

我今天不能作出正式担保，但我还是认为，这里可以卖掉 1000 册德文版的和 500 册法文版的章程。埃卡留斯的地址在哪？为什么总委员会有关第 12 支部的决定没给我们，没给我？请埃卡留斯或者黑尔斯马上将决定寄给我们，因为有些事情我们未必知道，原因是这个支部几乎从来就没有告诉过我们有关同总委员会通信的情况。第 9 支部（即美国的）希望同总委员会建立直接的联系。毫无疑问，第 9 支部的成员与第 12 支部的成员相比，在信仰上更加忠诚，但是请您记住，在我们与第 12 支部发生冲突时，他们却尽心尽力地维护这个支部。

　　　　　　　您的真诚的　弗·阿·左尔格

首次发表　　　　　　　　　　　　　　　　按影照相复制本印制

原文为德文

约·黑尔斯致卡·马克思①

伦　敦

1871 年 11 月 27 日于伦敦

伦敦西中央区海–霍耳博恩街 256 号

亲爱马克思博士：

　　按您的要求，上周五②给您寄去了一包邮件，内有《法兰西内战》和 6 份《东邮报》。希望您已经收到邮件，按理说周五就应该送达您那里了。我收到了所附的左尔格来信，信中寄来捐给流亡者③的 12 英镑的收据。他再一次询问，纽约联合会委员会欠了多少印刷费等。他急需知道这些情况。因此请您大约算一下您寄出的数量，并请您在明天晚上的会议上交给我。左尔格说，暂时（11 月 12 日）还没有收到有关代表会议的报告。

　　向您致敬和致以兄弟般的敬礼。

约翰·黑尔斯

首次发表

按手稿印制

原文为英文

---

① 信是用国际工人协会的公文笺写的。
② 1871 年 11 月 23 日。
③ 指巴黎公社的流亡者。

阿·赫鲁纳致卡·马克思和弗·恩格斯

伦　敦

1872 年 1 月 24 日于莱比锡

致伦敦的马克思和恩格斯先生

尊敬的先生们和党的同志们:

　　为了向法院控告比德曼，我现需要带有你们宣誓的声明，它要指出刊登在《德意志总汇报》的伦敦代表会议秘密决议文本上的你们的签名是伪造的。

　　由于比德曼坚持认为代表会议的这个文本是真实的，因而他指责我这个《人民国家报》的责任编辑在欺骗人，原因是该报断定这个文本是假的。现在，我以侮辱和诽谤罪对他提起诉讼，就是迫使他要么提交"事实证据"，要么承认自己作假。

　　和此事相关的那期《德意志总汇报》大概还在恩格斯那里。

　　致以最友好的敬礼!

　　　　　　　　　　您最忠诚的　　阿·赫鲁纳

首次发表　　　　　　　　　　　　　　　　按手稿印制

　　　　　　　　　　　　　　　　　　　　原文为德文

427

格拉泽·德·维尔布罗尔致
卡·马克思 （节选）

伦 敦

1872 年 4 月 26 日 ［于布鲁塞尔］

亲爱的、深为敬重的导师：

　　……尽管我在国际没有担负任何工作，也从来没有参加过比利时联合会委员会的会议，但是假如您和荣克能够给我回信，还是完全有可能预先防止出现让人痛心的情况。但是不应该夸大这些事实，或者把这些问题的产生归结为联合会委员会，更明确地说，归结为比利时委员会，因为整个过错最终要落在代表会议代表的头上。后者确认到，同他们的协商是形式上的，总委员会在各联合会通过这样的形式组织投票，就是希望不要对他们的抗议有所关注，最后他们不得不服从于大多数人的意志。但是，假如代表援引的事实的的确确存在，那代表们就应该要求代表会议将他们的表决结果列入会议记录。他们没有这样做，所以在这点上他们有过错。总的来说，斯滕斯笨得像木头疙瘩；德巴普为了躲开会议而缺勤；安特卫普的代表①甚至不懂法语。这样一来，剩下的只有没有失去尊严的洛

---

　　① 指菲·克楠。

兰·韦里肯，但是我认为，他绝对不是豪杰，没有足够的力量去进行抗争。

请您注意，我完全不清楚代表大会通过的秘密协议，就此我没什么讲的，我只是出席了比利时委员会的会议，大概明白了他们指责您个人把协会带到从事政治行动这条路上的原因，其实根据章程协会只限于解决社会经济问题。我补充一点，比利时代表一直反对安斯的建议，同时，委员会为了实现目标，还是用得着他的口才。不过唯一一个能够作出答复的德巴普没有出席会议。而既理智又理性的布里斯梅当时病了；至于斯滕斯和韦里肯，他们在这种情况下只能被迫弃权。这样安斯就占了上风，如果他出席会议并坚持新的章程，由他起草的这一文件就会通过。幸运的是，他当时在韦尔维耶。多亏了德巴普和布里斯梅，没有通过任何会导致伦敦和布鲁塞尔之间发生分裂的决定。但是什么也没有变化，特别是在 6 月份的比利时代表大会上，安斯肯定会采取一切手段来达到他的撤销伦敦总委员会的目的。确切地说，他们实际上是图谋取代您的位置：这些编辑《自由报》的少贵们，既浑浑噩噩又极其虚荣，您的身份对他们是一种极大的伤害、侮辱、贬低；在您的面前安斯不过是一个"大声叫卖、兜售商品的人"。

有关施行会费券，我很快就发现这个办法不妥，而且难以实施。如果相信安斯的话，这里有 8 万会员。泰斯蒂在他的书里称有 10 万人，但实际上只有不到 3 万人，他们大部分人不缴和从来就没有缴过会费。安斯否认比利时的组织软弱和国际的阵地不牢固，他借口会费券措施不可行来掩盖这一点……

　　　　　　您的朋友　**E. 格拉泽·德·维尔布罗尔**

首次发表　　　　　　　　　　　　　　　　　按手稿印制

　　　　　　　　　　　　　　　　　　　　　　原文为法文

沙·罗沙致卡·马克思①

伦　敦

1872 年 5 月 1 日于布鲁塞尔

（邮寄）

亲爱的马克思公民：

请原谅我没有早一点给您写信。到来的前几天是去联络各种必须的关系。因为我想在这里定居，所以一直等到可以确切地告诉您那些确定下来的事情时才动笔。

我见到过格拉泽先生，已经将委托书交给了他，他理应就此给您写信。

我见到了德巴普、布里斯梅和韦里肯。德巴普告诉我，他的身体正在恢复并会完全康复。如果真是这样，那就太好了……布里斯梅几乎什么都没告诉我。

这里有一些十分重要的新闻。我认识了一位比利时人，布鲁塞尔支部的成员；他是一名机械工人，这位年轻人有着美好的愿望，完全知道在这里应做什么。他给我提供所有必要的资料并在这周一会提交一份报告，这份报告我会马上呈给您。为防备万一，我给您他的姓名和地址为：奥克塔夫·范－休滕达

---

① 这封信是用国际工人协会的公文笺写的。印有"国际工人协会总委员会。伦敦"。

431

尔，布鲁塞尔特季恩特大街 25 号。

我从他那里得知，在所谓有影响的委员和布鲁塞尔工人团体之间存在明显的对抗。只有 5 个或 6 个团体加入了协会；一般来说，上述人物在这些团体中没有获得丝毫的信任。

就这 5 个或 6 个团体，刚刚脱离上述的几个人，就力争成立城市特别委员会，每一个团体在委员会中占有两个席位，布鲁塞尔支部同样如此。

过去，布鲁塞尔工人团体的事务由每一年一届的代表大会任命的比利时联合会委员会的委员掌管，他们都是布鲁塞尔支部的委员。这样的做法受到上述团体的排斥，就因为这个原因，其他团体拒绝参加国际运动。

这个年轻人正期待着新事务带来的好结果。

他向我保证，在代表大会选出的布鲁塞尔联合会（总委员会）里，从来没有对赫赫有名的代表会议第 9 项决议提出问题，因为从代表会议返回后，这些先生们声明说，代表会议决定在适当的时候发表前，应该对其保密（对此原则上作出了决定），因此从那时起，有关代表会议上所作的决定就再也没有人提起。

另一方面，我从塞扎尔①那里了解到，比利时中央委员会（由代表大会选出）分为两个阵营②；表现在对待总委员会的关系上，一个是友好的，一个是敌对的。在敌对阵营中，有人

---

① 即德巴普。

② 沙·罗沙在这行字注："我同德巴普是在星期四晚上见面的，而新运动是在两天后开始的，是星期六。"

公开表达撤销总委员会的想法，他们否定总委员会的积极作用并认为总委员会阻碍了协会的发展，因为委员会自己所处的位置容易采取具有权威性的行动和引起冲突。类似的争论也发生在中央委员会中（就在比利时代表大会选出的那个委员会中）。至于这些先生力图运用什么手段达到他们撤销总委员会的目的，塞扎尔不清楚。他认为类似的建议将提交国际例行的全体代表大会。

我**绝对**不能保证所有这些资料的准确性。假如您想使用它们，最好提前告诉我；这样我可以试图得到由塞扎尔签发的信件或声明，当然，如果他同意这样做才行。

显然，协会正在失去在比利时存在的土壤。因为运动已经掌握在一群同类人的手中，这些人或者不招人喜爱，或者大家认为他们愚蠢（特别是斯滕斯），而且交往越来越少，特别是支部中产生消极和冷漠的情绪，由此宣传工作也受到了影响。然而，韦尔维耶和列日及他们的城郊的活动开展得十分好。

我不止一次对不再努力开展政治宣传感到惊讶。不久前，我同韦里肯就这一问题进行过交谈，我问他，怎么可以一次都不组织争取普选权的活动，难道这方面的宣传一点都没有结果？最好让人们习惯政治运动并且懂得国际是决不意味着"主张放弃参与政治"。在没有列举其他理由的情况下，他回答我说，假如说协会开展这样的运动，只要半年时间协会在比利时就会消失。

有关这方面今天讲得够多了。我的工作进展得很糟糕：由于没带文件，我在这里的身份还没变。我不得不听从格拉泽先生①的意见和放弃了参加比利时联合会委员会会议的想法。这样的行为毫无疑问会导致被驱逐的后果。

　　向您的全家致敬。握手。

沙·罗沙

　　向赛拉叶一家致敬。

　　沙·罗沙，罗吉尔大街180号。

首次发表　　　　　　　　　　　　　　　　　　　　按手稿印制
　　　　　　　　　　　　　　　　　　　　　　　　原文为法文

---

　　①　即 E. 格拉泽·德·维耳布罗尔。

昂利·培列致卡尔·马克思①

1873 年 7 月 12 日

1873 年 7 月 12 日于日内瓦

亲爱的马克思：

　　您可能觉得我有点粗心大意，很少关心和您保持联系的事情。但是，我觉得，您对我们的事情了如指掌，我担心给您写信会打扰您。贝克尔多次向我询问——前不久还问过，问我有没有收到您的大作《资本论》的最新卷本。可惜的是，没有收到。自从收到您费心寄给我的第一卷本以来，我什么都没收到。当然，我很想拜读，一边阅读一边学习关于社会主义的有关知识。这方面的知识，我还很欠缺。我手上一直都有您亲自注释的第一个卷本。对此，我深表感激。法文版很漂亮。这对爱学习的工人来说就是一笔宝贵的财富。可能您知道，全协会代表大会要在日内瓦召开，我们正在找地方。"反权威主义者们"也要在日内瓦召开代表大会。两个代表大会同时召开，这太可笑了。对此，我们有思想准备。

　　不瞒您说，国际工人协会在瑞士处境非常困难。老贝克尔——我和他曾经是很好的朋友——损害了国际，大大伤害了

---

　　①　手稿，共 1 页，国际社会史研究所马克思恩格斯遗著 D 3629。

它。您知道，我们曾经发起成立瑞士地方联合会。贝克尔担心失去**权势**，暗中捣鬼，千方百计地阻止该计划的实施。最后，他组成了一个所谓的"瑞士工人团体行业联合会"，把格吕特利联盟和工人教育协会都弄了进去。格吕特利联盟以极端民族主义思想而闻名，反对国际工人协会，因此也反对瑞士罗曼语区的人、意大利人和其他德国团体。我们不希望任由一个民族主义政治团体来支配我们。而这个团体和官方有联系，一心想要在瑞士领导工人运动。我们要把它丢在一边。对于老贝克尔之所以这样做的动机，我不得而知。但是，这里面包含有极端修正主义的东西。我会把德文版的章程寄给您，由您来评判。

请您转达我对您两个可爱的女儿，对龙格、赛拉叶和恩格斯最衷心的问候。请让我像兄弟般地握您的手。

昂·培列

我的通讯地址是：昂·培列，佩龙街 11 号。

昂利·培列致卡尔·马克思^①

1873 年 8 月 9 日

1873 年 8 月 9 日于日内瓦

亲爱的马克思：

来信已收到。^② 万分感谢您把《资本论》三本分册寄给我。

我正在找书商，这并不容易。在我们的城市里，书商一般要么是老加尔文派，要么就是教皇至上派。我把负责在日内瓦销售的某书商的名片寄给您。他的条件是：40% 的佣金和日内瓦独家经销商。您看看，是否同意他的条件。但是，我和您一样觉得，没有时间可以浪费了。在全协会代表大会期间，小册子^③应该在日内瓦销售。

在本函中，我无法向您讲述我们瑞士罗曼语代表大会^④的成果——在代表大会上成立了瑞士地方联合会。大会上发生的有些事情实在太蹊跷了。我和杜瓦尔不再是新一届委员会委

---

① 手稿，共 1 页，国际社会史研究所马克思恩格斯遗著 D 3630。

② 马克思致培列的信已经遗失。

③ 卡·马克思和弗·恩格斯《社会主义民主同盟和国际工人协会》。

④ 指 1873 年 8 月 3—4 日在日内瓦召开的瑞士罗曼语区联合会第五次代表大会。

员。我们宁可暂时退隐一段时间。但是，我们会一直照样干下去的。代表大会将在日内瓦帕基斯的航海宾馆举行。请您劳驾通知一下和我们一起干的英国联合会委员会。另外，我把法文版通告寄给您。请您把通告刊登在英国报纸上。请接受我衷心的问候。

昂·培列

佩龙街 11 号

书商的通讯地址是：Ch. 罗歇，图书文具店，

瑞士日内瓦库堂街 22 号。